Expansion · Interaktion · Akkulturation

Globalhistorische Skizzen
Band 33

Weltmaschinen
Digitale Spiele als globalgeschichtliches Phänomen

Expansion · Interaktion · Akkulturation

Globalhistorische Skizzen

Geschäftsführende Herausgeber:

Helene Breitenfellner (Wien), Eberhard Crailsheim (Madrid),
Andreas Obenaus (Wien)

Mitherausgeber:

Thomas Ertl (Wien), Sylvia Hahn (Salzburg),
Bernd Hausberger (Mexiko-Stadt), Stephan Köhler (Mannheim),
Andrea Komlosy (Wien), Thomas Kolnberger (Luxemburg),
Jean-Paul Lehners (Luxemburg), Gottfried Liedl (Wien),
John Morrissey (Baden), Florian Musil (Wien),
Manfred Pittioni (Wien), Angela Schottenhammer (Salzburg),
Clemens Six (Groningen), Ilja Steffelbauer (Wien),
Philipp A. Sutner (Wien), Birgit Tremml-Werner (Zürich),
Peer Vries (Amsterdam)

für den Verein zur Förderung von
Studien zur interkulturellen Geschichte,
Institut für Kultur- und Sozialanthropologie, c/o Mag. Ilja Steffelbauer,
Universitätsstraße 7, A-1010 Wien und den
Forschungsschwerpunkt Globalgeschichte der Historisch-
Kulturwissenschaftlichen Fakultät der Universität Wien,
Universitätsring 1, A-1010 Wien

Josef Köstlbauer, Eugen Pfister,
Tobias Winnerling, Felix Zimmermann (Hg.)

Weltmaschinen

Digitale Spiele als globalgeschichtliches Phänomen

mandelbaum *verlag*

Deutsche Bibliothek – CIP Einheitsaufnahme
Weltmaschinen
Digitale Spiele als globalgeschichtliches Phänomen
Josef Köstlbauer/Eugen Pfister/Tobias Winnerling/Felix Zimmermann (Hg.) –
Wien: Mandelbaum Verlag, 2018
ISBN 978-3-85476-566-0

Gefördert mit Mitteln der Philosophischen Fakultät an der Heinrich Heine Universität
Düsseldorf und in Zusammenarbeit mit dem Arbeitskreis Geschichtswissenschaft
und Digitale Spiele.

HEINRICH HEINE
UNIVERSITÄT DÜSSELDORF

gespielt | Arbeitskreis
Geschichtswissenschaft
und Digitale Spiele

© 2018, Mandelbaum Verlag, Wien
Alle Rechte vorbehalten
Satz: Marianne Oppel, Weitra
ISBN 978-3-85476-566-0
Lektorat: Helene Breitenfellner und Andreas Obenaus
Coverbild: https://www.pexels.com/de/foto/antik-antike-globe-antiquitat-
antiquitatengeschaft-414916/ (23.4.2018)
Umschlaggestaltung: Michael Baiculescu
Druck: Primerate, Budapest

Inhalt

Josef Köstlbauer – Eugen Pfister – Tobias Winnerling –
Felix Zimmermann
7 **Einleitung: Welt(weit) spielen**

Globale Konflikte

Kathrin Trattner
27 **Digitale Orientalismen. Imaginationen des *War on Terror* in Kriegsspielen**

Mahshid Mayar
47 **Überleben im Anthropozän. Wege zu einer Definition von *Humanitarian Crisis Games***

Globalisierte Mythen und Narrative

Janwillem Dubil
77 **Vom lebenden Leichnam zum Global Player. Der amerikanische (Alp-)Traum *Plants vs. Zombies* und die Amerikanisierung des Untoten**

Andreas Womelsdorf
100 **Indigenität, Freiheit und Geschlecht im Computerspiel *Assassin's Creed III***

Florian Kerschbaumer
124 **(Post-)Koloniale Narrative in Computerspielen. Globalhistorische Forschungsperspektiven und -potenziale**

Digitale Globalgeschichte

Claas Henschel

141 **Warum die Azteken nicht England unterwarfen. Die spielmechanische Umsetzung teleologischer Vorstellungen zur Geschichte der Frühen Neuzeit in *Europa Universalis IV***

Daniel Giere

158 **Transparenz bei der Analyse digitaler Spielinhalte. Eine globalhistorische Perspektive auf die Boston Tea Party in *Assassin's Creed III***

Globalisierung und digitale Spiele

Nico Nolden

181 **Keimzelle verborgener Welten. Globalisierungsprozesse beim MMORPG *The Secret World* als globalhistorische Zugriffswege**

Andreas Endl – Alexander Preisinger

202 **Vom Wissen der digitalen Spiele. Aktuelle Klimawandeldiskurse als simulierte Erfahrung**

Claus Celeda

222 **(De-)Globalisierung durch Jugendschutz. Jugendschutzmechanismen und der Versuch ihrer Vereinheitlichung**

244 **Autorinnen und Autoren**

Einleitung: Welt(weit) spielen

„Kann es sein, dass die Institutionen für die Produktion möglichst exakten und vollständigen Wissens und die Fantastik, das erzählerische Erzeugen künstlicher Welten, enger miteinander verknüpft sind, als es die offiziellen Selbstdarstellungen der Experten nahelegen? Es ist zumindest verlockend, den Bildschirm des vernetzten PCs am Ende des 20. Jahrhunderts als direkten Nachfolger einer fast tausend Jahre älteren Visualisierungsapparatur aufzufassen: der magischen Kristallkugel, mit deren Hilfe der kundige Gelehrte alles sichtbar machen könne, weit Entferntes in der Gegenwart ebenso wie Ereignisse in der Vergangenheit."[1]

Digitale Spiele als globales Massenmedium des 21. Jahrhunderts?

Seit den bescheidenen ersten Gehversuchen auf zweckentfremdeten Analogcomputern in den ausgehenden 1950er Jahren,[2] dann auf gigantischen Hochschul-Mainframe-Computern der 1960er und 1970er Jahre und schließlich auf den teilweise noch aus Selbstbausätzen zusammengebastelten Personal Computern der 1980er Jahre haben digitale Spiele eine beachtliche Entwicklung durchgemacht. Scheinbar unaufhaltsam erlangten sie im weiteren Verlauf weltweite Verbreitung und sind mittlerweile zu unverzichtbaren Bestandteilen der globalisierten Medienwelten des 21. Jahrhunderts geworden.[3] Bis auf den Namen verbindet aber nur mehr wenig die heute verfügbare bunte Vielfalt digitaler Spiele mit ihren grell blinkenden, schrill quietschenden Vorgängern. Die Grafik ist fast fotorealistisch, der Soundtrack oft von Symphonieorchestern eingespielt. Produktion und Spielemarkt sind global. Sogenannte Triple-A-Spiele,[4] also Spiele mit Produktionsbudgets, die mehrere hun-

---

[1] Groebner 2014, 21.
[2] Siehe beispielsweise: OXO (Noughts and Crosses) 1952 und Tennis for Two 1958.
[3] Vgl. Kerschbaumer/Winnerling 2014, Köstlbauer/Pfister 2018.
[4] Diese Bezeichnung stammt aus der Spieleindustrie selbst; anders als man vermuten könnte, ist das namensgebende AAA keine Abkürzung, sondern soll als

dert Millionen Euro ausmachen, erscheinen uns im wahrsten Sinne des Wortes als globale Produkte: Große Publisher wie Electronic Arts, Activision Blizzard und Ubisoft sind längst multinationale Riesenunternehmen mit Filialen auf allen Kontinenten. Durch eine zunehmende Spezialisierung der an der Spieleentwicklung und -vermarktung beteiligten Abteilungen ist es mittlerweile Usus, dass die mehreren hundert Mitarbeiter*innen, die an der Entstehung eines Spiels beteiligt sind, auf unzählige Filialen und Zulieferbetriebe über den ganzen Erdball verstreut arbeiten. Gleichzeitig ist es auch kleineren Teams möglich, überall auf der Welt ein Spiel zu entwickeln, das dann (potentiell) weltweite Verbreitung erfahren kann. Man denke etwa an das von einer kleinen schwedischen Firma (Mojang) entwickelte Spiel *Minecraft*.[5]

Aufwendig produzierte Spiele wie *Grand Theft Auto V*,[6] *Overwatch*[7] oder *Player Unknown's Battlegrounds*[8] erreichen mittlerweile noch am Tag der Veröffentlichung Millionen Spieler*innen weltweit und sind dank dem regelmäßigen Erscheinen von Erweiterungen auch Monate und teilweise Jahre später noch lukrativ. Mit einem Umsatz von rund 800 Millionen Dollar in den ersten 24 Stunden nach seinem Erscheinen im Jahr 2013[9] zeigt *Grand Theft Auto V* eindringlich, wie digitale Spiele auf einem weltweiten Markt operieren, um – entsprechende Infrastruktur und entsprechendes Marketing vorausgesetzt – derart enorme Umsätze zu generieren. Digitale Spiele, die für geografisch oder kulturell beschränkte Märkte produziert werden, bilden deshalb gerade im oberen Preissegment heute die Ausnahme. Das heißt, dass Spiele – hier großen Film- und Serienproduktionen vergleichbar – einem globalen Publikum gefallen wollen, um sich gut verkaufen zu können.

Spiele sind also Weltmaschinen in zweierlei Sinn – einerseits ‚produzieren‘ sie virtuelle Welten,[10] in denen die Spieler*innen (inter)agieren, andererseits sind sie Maschinen, die an der Schaffung unserer vermeintlich schönen neuen globalisierten Welt der Digitalität mitwirken. Was heißt das nun für die Spiele – und was heißt es für unsere Welt? Ist die globale Omnipräsenz digitaler Spiele ein verbindendes oder ein

---

Kennzeichnung den höchstmöglichen Produktionsstandard markieren, ähnlich wie etwa bei Energieeffizienzklassen für Elektrogeräte.

5   Minecraft 2009.
6   Grand Theft Auto V 2013.
7   Overwatch 2016.
8   Player Unknown's Battlegrounds 2017.
9   Take-Two Interactive 18.09.2013.
10   Kerschbaumer/Winnerling 2014, 13 f.

trennendes Phänomen? Reproduzieren diese Weltmaschinen alte (nationalzentrierte) Machtstrukturen und Narrative, oder bilden sich hier neue (transnational-globale) Verbindungen und Schwerpunkte heraus, die auf eine zunehmend integrierte globale Kultur digitaler Phänomene hindeuten? Denn digitale Spiele inszenieren sich gern als ,externe' – ortsunabhängige – Phänomene, die eben nicht an die Strukturen der traditionellen Welt, seien sie medialer, politischer oder kultureller Art, gebunden sind,[11] sondern von diesen unabhängig in einem digitalen Gefüge existieren, und werden auch oft so wahrgenommen. Damit rücken sie analytisch in eine beunruhigende Nähe zu jenen Phänomenen, die Gilles Deleuze und Félix Guattari unter dem Oberbegriff der „Nomadic War Machine" verhandelt haben,[12] um das Militär und sein problematisches Verhältnis zur Staatsgewalt zu begreifen: Wer gebietet wem? Lässt sich Gewalt einhegen, oder schreibt sie die Regeln vor? Solche Fragen lassen sich mit bestürzender Leichtigkeit auf digitale Spiele übertragen. Dass ein beträchtlicher Teil der digitalen Spiele dem virtuellen Nachvollzug der realen ,War Machines' gewidmet ist, ist dabei nur das Sahnehäubchen.

Obwohl digitale Spiele lediglich aus Verhältnissen binärer Zahlen untereinander bestehen, haben sie eben auch eine beträchtliche Wirkmacht in jenen Räumen, in denen diese Digitalität produziert und konsumiert wird.[13] Kann sich diese Wirkmacht nur über das Versprechen einer Losgelöstheit des digitalen Spiels von allen ,realen' Ankerpunkten entwickeln und liegt darin der globale Erfolg digitaler Spiele begründet – da sie dadurch überall auf dem Globus durch ihre Spieler*innen in deren jeweilige realweltliche Situationen eingepasst werden können? Oder gibt es nicht vielmehr Anknüpfungspunkte an reale Globalisierungserfahrungen überall in diesen Medien, die sie gerade durch diese spezifische Gebundenheit alltäglich und lebensweltlich einholbar machen und erden?

Motive für dieses Buch

Vor dem Hintergrund eines globalisierten Marktes ist es nachvollziehbar, dass in der einschlägigen Forschung, d. h. in den Game Stu-

---

[11] Vgl. Deleuze/Guattari 2013, 412.
[12] Deleuze/Guattari 2013, 409–492.
[13] Vgl. Deleuze/Guattari 2013, 420.

dies, vermehrt von einem globalen Phänomen, von „Global Games"[14] gesprochen wird. Das schließt einen geografischen und/oder kulturellen Fokus aber von vornherein aus. Zugleich fehlt ironischerweise eine genuin globale Perspektive auf digitale Spiele. Spiele werden nicht so sehr als Produkte und Agenten einer Globalisierung begriffen, sondern eben zumeist als ortlose und kulturell ungebundene Artefakte. Auf den geografischen und kulturellen Entstehungsrahmen der Spiele wird zumeist nicht eingegangen. Einen anderen, wenn auch nicht weniger fragwürdigen Weg gehen viele der bisherigen ‚Geschichten' des digitalen Spiels, wie auch Henry Lowood und Raiford Guins in einer kritischen Bestandsaufnahme attestieren.[15] In diesen ‚Geschichten' des digitalen Spiels wird dessen Entstehungsgeschichte ganz eindeutig als Leistung einiger weniger männlicher, weißer, US-amerikanischer, später auch japanischer Entwickler und Geschäftsmänner konstruiert: William Higginbotham, Steve Russel, Nolan Bushnell und Shigeru Miyamoto werden zu den Zentralfiguren erhoben.[16] Dass zur gleichen Zeit auch in Frankreich, Großbritannien, Westdeutschland, den Niederlanden und in Südkorea eigene Spielekulturen entstanden, wird hier ausgeblendet. Nach wie vor finden sich in der englisch- und deutschsprachigen Literatur viel zu wenige Untersuchungen der asiatischen, vor allem aber so gut wie keine der afrikanischen und südamerikanischen Spielekultur. Einen bedeutenden ersten Schritt hat hier der von Mark J. P. Wolf herausgegebene Sammelband *Video Games Around the World*[17] gemacht.

Sowohl Globalgeschichte in und von digitalen Spielen als auch Globalisierungsprozesse in digitalen Spielen wurden bisher fast vollständig ignoriert. Das sollte geändert werden! Die Idee zum vorliegenden Buch entstand daher aus einer Zusammenarbeit des Vereins zur Förderung von Studien zur interkulturellen Geschichte[18] und des Arbeitskreises Geschichtswissenschaft und Digitale Spiele.[19] Irritiert von der Anrufung des ‚globalen' Phänomens des digitalen Spiels bei gleichzeitigem Fehlen globalhistorischer Fragestellungen tritt der vorliegende Sammelband

---

[14]   Dyer-Witheford/de Peuter 2009.

[15]   Lowood/Guins 2016.

[16]   Vgl. insbesondere das häufig zitierte Buch *The Ultimate History of Video Games*, Kent 2001.

[17]   Wolf 2015.

[18]   Verein zur Förderung von Studien zur interkulturellen Geschichte, http://www.univie.ac.at/VSIG/site/ [05.03.2018].

[19]   gespielt | Blog des Arbeitskreises Geschichtswissenschaft und Digitale Spiele, https://gespielt.hypotheses.org/ [05.03.2018].

an, einige der angesprochenen Forschungslücken wenn schon nicht zu schließen, so doch zumindest aufzuzeigen. Klar ist, dass es sich dabei nur um einen ersten Schritt handeln kann. Vor allem ist es uns nicht möglich, der mangelnden Erforschung von Spieler*innenkulturen und der Geschichte(n) von Spieleentwickler*innen aus Afrika, Südamerika und weiten Teilen Asiens erste Ergebnisse entgegenzusetzen. So bleiben auch wir zuletzt in einer euroamerikanischen Perspektive verhaftet. Erklärtes Ziel aber ist es, diese Begrenzung systematisch aufzuzeigen, um zu ihrer Überschreitung anzuregen.

Die Produktion und Distribution von digitalen Spielen zeigen sich als Phänomene, die kaum Ländergrenzen kennen, auch wenn sie verschiedensten nationalen Normen, Anforderungen und Regulierungen unterliegen. Der Beitrag von Claus Celeda befasst sich besonders mit diesem Problem anhand der gesetzlichen Regelungen in Deutschland, Österreich und der Schweiz.

Gerade im Lichte dieser globalen Prägung digitaler Spiele lassen die von den Autor*innen dieses Bandes in digitalen Spielen identifizierten Narrative einen multiperspektivischen Zuschnitt vermissen. Kritische Auseinandersetzungen mit kolonialen Vergangenheiten und kriegerischen Gegenwarten scheinen vielfach noch einem Primat der Gewalt beherrschten Erzählungen weichen zu müssen. Die Beiträge von Daniel Giere, Claas Henschel, Florian Kerschbaumer, Kathrin Trattner und Andreas Womelsdorf beschäftigen sich mit dieser Erfahrung. Daniel Giere und Claas Henschel untersuchen Implementierungen globalhistorischer Perspektiven in digitalen Spielen. Giere zeigt, wie in *Assassin's Creed III*[20] die Boston Tea Party von 1773 entgegen den historischen Tatsachen zu einem extrem gewalttätigen Ereignis umgedeutet wird. Henschel zeichnet detailliert nach, wie die Spielmechanik von *Europa Universalis IV*[21] ein teleologisches Geschichtsverständnis umsetzt und die europäische Expansion und nachfolgende globale Dominanz Europas als scheinbar unausweichliches Phänomen etabliert. Dies entspricht auch dem Befund Florian Kerschbaumers, der anhand verschiedener populärer Spielereihen das Fortbestehen kolonialer Narrative nachweist – auch wenn postkoloniale Interpretamente langsam an Bedeutung zu gewinnen scheinen. Auf dieses Spannungsverhältnis zwischen kolonialem Narrativ und postkolonialer Kritik zielt auch Andreas Womelsdorf, der sich einmal mehr mit *Assassin's Creed III* aus-

---

[20] Assassin's Creed III 2012.
[21] Europa Universalis IV 2013.

einandersetzt, genauer gesagt mit der Repräsentation von Indigenität und Geschlecht. Er zieht unter anderem den Schluss, dass die Präsentation und ‚Aufwertung' indigener Akteur*innen weiterhin im Rahmen fortbestehender kolonialer Epistemologien stattfindet. Narrative von Gewalt und Krieg stehen im Zentrum von Kathrin Trattners Beitrag. Drastisch verdeutlicht sie, wie Rhetorik und visuelle Imaginationen des *War on Terror* das Bild von Islam und Muslimen in digitalen Spielen prägen. Und sie zeigt die alten und neuen Orientalismen auf, die hier in einem neuen, ‚digitalen' Orientalismus zusammenfließen.

Doch es sind nicht nur die derart verpassten Chancen dieses global wirkmächtigen Mediums, die sich in einer globalgeschichtlichen Auseinandersetzung mit diesem zeigen. Im Spannungsfeld zwischen finanzstarken Großproduktionen und Independent-Games sind es innovative spielerische Auseinandersetzungen mit weltumspannenden Phänomenen und Austauschprozessen, die herausstechen und Horizonte zu öffnen vermögen. In den ludischen Systemen des digitalen Spiels tun sich neue Zugänge zu globalen Prozessen auf, die einen gewichtigen Beitrag zum Verständnis einer vernetzten und sich vernetzenden Welt leisten können. Janwillem Dubil nutzt ein simples *Tower Defense Game,* um die Wandlungen des Zombies vom synkretistischen Versatzstück des haitianischen Voodoo erst zur literarischen Figur und dann über Film und Fernsehen zum Archetypen einer globalisierten Populärkultur zu beschreiben. Der Zombie ist zum globalisierten Mythos geworden, in immer neuen Einschreibungen dient er als Vehikel für die Artikulation von Gesellschafts- und Kulturkritik, ein Prozess, der längst auch in digitalen Spielen stattfindet.

Ein im wahrsten Sinne des Wortes globales Phänomen behandeln Andreas Endl und Alexander Preisinger in ihrem Beitrag zur Darstellung des Klimawandels in Spielen. Anhand eines Fallbeispiels zeigen sie die Möglichkeiten und Grenzen der Vermittlung wissenschaftlicher Spezialdiskurse in digitalen Spielen auf. Nico Nolden wiederum untersucht, wie in der virtuellen Welt eines *Massively Multiplayer Online Role Playing Game* (MMORPG) Globalisierungsprozesse, Globalisierungsperspektiven und eine globale „erinnerungskulturelle Kommunikation" wirksam werden. Wie Kathrin Trattner berührt auch Mahshid Mayar in ihrem Beitrag die Medialisierung der globalen Konflikte der Gegenwart und jüngeren Vergangenheit. Sie erkundet, wie *Humanitarian Crisis Games* Erzählungen über Katastrophen nutzen, um individuelles Leiden und Überleben als allgemein menschliches Schicksal in einer zunehmend globalisierten Welt darzustellen.

Im Ganzen erscheint es uns daher eine wesentliche Leistung dieses Bandes zu sein, als Quersumme aus allen Beiträgen noch einmal ganz deutlich den Graben aufzuzeigen, der zwischen den kommerziellen und den ideellen Transaktionen liegt, also zwischen der Warenförmigkeit der besprochenen Spiele einerseits und ihren Eigenschaften als kulturelle und in manchen Fällen sogar künstlerische Produkte andererseits. Das eine darf nicht vorschnell mit dem anderen in eins gesetzt werden. Zirkulation kann auf verschiedene Weisen stattfinden: Die Zirkulation von Titeln auf einer Warenebene erlaubt keinen einfachen Rückschluss auf die Zirkulation ihrer Inhalte auf einer intellektuellen Ebene – und umgekehrt. Cashcows der Spieleindustrie sind nicht gleich Weltmaschinen der Spieler*innen – können aber natürlich welche sein. Globalisierung ist also nicht gleich Globalisierung. Aber was soll sie denn eigentlich sein?

Was ist das nun für ein Tier, die Globalgeschichte?

Die Geschichtswissenschaft hat als Disziplin im Lauf ihrer Geschichte ein mittlerweile nur mehr schwer überschaubares Feld von Subdisziplinen und Forschungsfeldern eröffnet. Ebenso vielfältig sind die jeweiligen Forschungsfragen, Methoden und Traditionslinien. Innerhalb dieser vielgestaltigen Landschaft ist die Dominanz einer einzelnen Teildisziplin kaum vorstellbar. Das heißt aber nicht, dass es keine wissenschaftlichen Konjunkturen und Moden gab und gibt. Diese finden Ausdruck in Forschungsthemen und Publikationen, aber auch in Lehrplänen und nicht zuletzt im Interesse der Studierenden an entsprechenden Lehrveranstaltungen oder Studiengängen. Schließlich ist das Ausmaß struktureller Institutionalisierung, also die Schaffung – oder Abschaffung – von Professuren, Instituten, Clustern und anderem mehr, ein klarer Indikator für wachsende oder sinkende Popularität. Folgt man derartigen Indikatoren, dann ist die Globalgeschichte nach wie vor „in", um Andreas Eckert zu paraphrasieren.[22] Begriffe wie Globalisierung, Global- oder Weltgeschichte stehen dabei für Probleme und Debatten, für eine Kultur der wissenschaftlichen Kritik und Auseinandersetzung.[23] So lotet

---

[22]   Eckert 2012.
[23]   Zu Begrifflichkeiten und Bedeutungen siehe etwa Conrad 2013, 5–12; Osterhammel/Petersson 2012, 7–15; Komlosy 2011, 7–14; Sieder/Langthaler 2010, 9–14; Hopkins 2002, 11–22; Held/McGrew/Goldblatt/Perraton 1999, 2–14 Siehe insbesondere auch die im Mandelbaum Verlag erschienene Reihe Global-

auch jeder der in diesem Band versammelten Beiträge eine oder mehrere der unzähligen Dimensionen global perspektivierter Geschichtsschreibung so aus, dass sie zusammen einen Überblick bieten.

Das Bedürfnis, größere Zusammenhänge zu überschauen, gab es immer in den Geschichtswissenschaften, sei es in der Wirtschaftsgeschichte, in der Betrachtung imperialer Geschichte, in der US-amerikanischen *World History*, in der Auseinandersetzung mit Kulturtransfers oder in universalhistorischen Entwürfen. Zweifellos hängt die Entwicklung der Welt- oder Globalgeschichte seit den 1980er Jahren mit der allgemeinen Konjunktur der Vorstellung einer Globalisierung im selben Zeitraum zusammen, der von Historiker*innen historisiert und problematisiert wurde. Bezeichnete der Begriff Globalisierung ursprünglich die zunehmende globale Verflechtung des ausgehenden 20. Jahrhunderts, basierend auf Marktliberalisierung und technologischen Wandel, so diskutieren Historiker*innen heute Globalisierung in der Frühen Neuzeit, im Mittelalters oder gar in der Antike.[24] Andere Autor*innen verweisen auf begrenzte Globalisierungen, die zwar durch weiträumige Interaktionen gekennzeichnet, aber keinesfalls von weltumspannender Reichweite sind.[25]

Dahinter stehen ein gewachsenes historiografisches Bewusstsein für die „Verknüpfung der Welt"[26] in allen Epochen und ein systemisches Erfassen von globalen ökonomischen Verhältnissen. Die Welt war immer schon verbunden und verschränkt.[27] In diesem Zusammenhang ist etwa auf das Forschungsprojekt Globalized Peripheries der Viadrina Universität Frankfurt zu verweisen, das ein Forschungsteam um Klaus Weber verfolgt, oder auf das Konzept der *slavery hinterlands*, wie ein aktueller Sammelband von Eve Rosenhaft und Felix Brahm betitelt ist.[28] Gerade anhand des Sklavenhandels lässt sich zeigen, wie auch atlantikferne

---

geschichte. Die Welt von 1000–2000: Feldbauer/Hausberger/Lehners 2008–2011.

[24] Vgl. Osterhammel/Petersson 2012, 16–21; Walter 2006, 1–7. Zu *World History* siehe nach wie vor McNeill 1991. Zur Anwendung des Globalisierungsparadigmas auf Epochen von der Frühen Neuzeit bis in die Frühgeschichte siehe Hausberger 2015; Antunes 2004; Abu Lughod 1991; Jennings 2011.

[25] So etwa Jennings 2010.

[26] Vgl. Titel von Hausberger 2015.

[27] *The Globalized Periphery: Atlantic Commerce, Socioeconomic and Cultural Change in Central Europe (1680–1850)*, ein DFG-Projekt, das von 2015 bis 2017 an der Europa-Universität Viadrina in Frankfurt an der Oder durchgeführt wurde.

[28] Brahm/Rosenhaft 2016.

Regionen in einen globalisierten Markt integriert wurden – mit mannigfachen sozioökonomischen Auswirkungen. Das für den deutschen Raum maßgebliche Historiker*innennetzwerk H-Soz-Kult hat vor Kurzem entsprechend eine Diskussion und aktuelle Standortbestimmung der Globalgeschichte an deutschsprachigen Universitäten angeregt.[29]

David Held, Anthony McGrew, David Goldblatt und Jonathan Perraton formulierten einen analytischen Rahmen für historische Globalisierungsprozesse, der uns für diesen Band tragfähig und weiterführend scheint. Vier Faktoren werden dafür herangezogen: Ausdehnung globaler Netzwerke, Intensität des Austausches, Geschwindigkeit des Austausches, Wirkung von Vernetzung und Austausch in den beteiligten Gesellschaften. Das Mittelalter erscheint so als Zeit ‚dünner‘ Globalisierung, in der es zwar weiträumige Vernetzung gab, diese aber mit geringer Geschwindigkeit, Intensität und Wirkung ausgestattet war. Demgegenüber wird die Frühe Neuzeit als Phase der expansiven Globalisierung, gekennzeichnet durch weiträumige Vernetzung mit zwar geringer Intensität und immer noch geringer Geschwindigkeit, aber großen Rückwirkungen gedacht. Das 19. Jahrhundert ist charakterisiert durch dichte Globalisierung; hier kam es aufbauend auf den Strukturen der Frühen Neuzeit zu weiträumiger Vernetzung und intensivem Austausch mit hoher Geschwindigkeit und großem Impact. Das 20. Jahrhundert schließlich ist die Periode diffuser Globalisierung, in der globale Vernetzung, hohe Intensität und hohe Geschwindigkeit vielfach geringen Auswirkungen gegenüberstehen.[30]

Zur Bedeutung der Globalgeschichte

In der Geschichtswissenschaft haben sich globalhistorische Perspektiven mittlerweile fest etabliert und es herrscht größtenteils Einigkeit über die mit globalhistorischen Fragestellungen verknüpften methodischen Zugriffe wie historischer Vergleich, Transfer- und Vernetzungsgeschichte.

Im populären Geschichtsverständnis ist die Globalgeschichte vor allem im deutschsprachigen Raum aber so gut wie gar nicht verankert. Historiker*innen mag das wenig überraschen, sind doch auch wich-

---

[29] H-Soz-Kult 2017.
[30] Held/McGrew/Goldblatt/Perraton 1999, 14–28. Eine intelligente Kritik und Erweiterung dieses Modells formulierte Cátia Antunes. Vgl. Antunes 2004, 19 f.

tige Teildisziplinen wie die Sozial- und Wirtschaftsgeschichte in populären Geschichtsdarstellungen kaum präsent. In der Populärkultur ist Geschichte nach wie vor und zuallererst akteurszentrierte Nationalgeschichte. Sie findet vor allem dann statt, wenn Heere aufeinanderprallen, Könige und Königinnen den Thron besteigen, ‚große Werke' in Kunst und Wissenschaft vollbracht werden. Akteure und Verkörperung der Geschichte wie der jeweiligen Nationen sind nach wie vor ‚große Männer'. Selbst staatliche Selbstdarstellungen bedienen bis heute gerne solche Narrative: Das Humboldtforum im wiedererstandenen Berliner Stadtschloss ist Beispiel dafür. Wäre es einer Spieleserie wie *FarCry* oder *BioShock* entsprungen,[31] sähe es wohl genau so aus, wie es sich nun allen Beobachter*innen leibhaftig darbietet. Ein retrofuturistisches Gebäude, das Tradition und Innovativität gleichermaßen suggerieren will, gefüllt mit einer Menge rätselhafter, offensichtlich aus anderen Zeiten und Räumen stammender Objekte, die die Betrachter*innen zu einer sinnhaften Narration zusammenzusetzen angehalten sind: Einer Narration, die sich am Ende als eine sehr klischeehafte Vorstellung globaler Zusammenhänge entpuppt und die Unliebsames einfach ausblendet, im Nirgendwo verschwinden lässt. In diesem Akt der historischen Rekonstruktion scheinen formative Perioden deutscher Geschichte (schließlich stand am selben Platz jahrzehntelang der nun spurlos verschwundene „Palast der Republik" der DDR) wie ausgelöscht. Problematisch ist auch die dort geplante Präsentation „außereuropäischer" Sammlungen, die weniger kosmopolitisch als geschichtsvergessen wirkt, war es doch der Kolonialismus, der diese Sammlungen hervorbrachte und der eigentlich zu thematisieren wäre. Die Geschichtsbilder digitaler Spiele folgen ähnlich antiquierten Traditionalismen. Besonders dann, wenn digitale Spiele globale Geschichte inszenieren, greifen sie auf dasselbe Reservoir an gesellschaftlich verankerten Vorstellungen zurück. Diese sind auf den ersten Blick recht schnell identifizierbar. Ob auf den blutgetränkten Schlachtfeldern von *Call of Duty: WWII*[32] oder *Battlefield 1*[33], ob Seite an Seite mit Samuel Adams in *Assassin's Creed III* – siehe hierzu den Beitrag von Daniel Giere in diesem Band – oder als atomar aufgerüsteter Ghandi in der *Civilization*-Reihe[34]: Der eigene Platz in der Geschichte muss erkämpft und erobert werden. Auch hier dominie-

---

[31]   Far-Cry-Serie 2004–2016; BioShock-Serie 2007–2016.
[32]   Call of Duty 2017.
[33]   Battlefield 1 2016.
[34]   Civilization 1991–2016.

ren „große Männer" (und hin und wieder auch Frauen); Spieler*innen
schlüpfen in die virtuellen Stiefel von Gaius Julius Cäsar, Katharina
der Großen und Napoleon und erobern die digitalen Welten im virtuellen Sturm. Selbst ernannte „Globalstrategiespiele" werden im englischen Sprachraum auch als *4X Games* bezeichnet, wobei die vier X für
eXplore, eXpand, eXploit und *eXterminate* stehen. Das ständige Bedürfnis nach aggressivem Wachstum wird zur zentralen Spielmechanik. Virtuelle Imperien stagnieren nicht, sie zerfallen nicht, nein, sie expandieren scheinbar endlos weiter. Hier wird das Diktat des Wachstums auf
Kosten der anderen spielerisch verinnerlicht.

Das Denken in großen Räumen und in weit ausholenden Zeiträumen, wie es sich für globalgeschichtliche Forschung eignet, lässt sich
nur schwer mit diesem – freundlich formuliert – ‚traditionellen' Bild
der Geschichte vereinen. Traditionelle Ereignisgeschichte kommt dem
narrativen Aspekt von digitalen Spielen zweifellos in weit höherem Maße
entgegen, als dies die strukturellen Ansätze der Globalgeschichte tun.
Gleichzeitig ist aber durchaus festzustellen, dass die Interpretamente
globalhistorischer Forschung auch aktuelle Ereignisdarstellungen in der
Geschichtswissenschaft beeinflussen.

Vom wissenschaftlichen Bild globaler Verflechtungen und langdau-
ernder historischer Prozesse findet sich in digitalen Spiele keine Spur,
ebenso wenig finden Diskussionen um Natur und Ursachen der sogenannten *Great Divergence,*[35] der spätestens mit der Hochindustriali-
sierung des späten 19. Jahrhunderts auseinanderklaffenden Schere der
wirtschaftlichen Produktivität zwischen Asien und Europa, ihren Nie-
derschlag. Im Sinne einer „ReOrientierung"[36] wäre zu fragen, weshalb
zwar die europäische Expansion und das Gold und Silber Lateiname-
rikas ihren Platz in diesen Erzählungen haben, aber nicht das China
der Ming-Zeit, dessen Markt dieses Silber aufsog? Weshalb die Kriege
der Europäer und ihre Entdeckungen, aber nicht die dramatische
Geschichte des Sklavenhandels darin stattfinden können? Und wenn
doch, dann reduziert auf populärkulturelle *Memes*, die niemandem
mehr weh tun – wie die anachronistisch-feministisch aufgehübschten
Afroamerikaner*innen in *Assassin's Creed III.*[37]

---

[35]   Zur Kontroverse um die „Great Divergence" und den „Rise of the West" vgl.
     unter anderem: Broadberry/Gupta 2006; Goldstone 2000; de Pleijt/van Zan-
     den 2016; Pomeranz 2000; Yazdani 2017.
[36]   Frank 1998.
[37]   Hammar 2015; Zimmermann 2016; vgl. auch Trouillot 1996.

Was bedeutet das für unseren Band?

Trotz Dipesh Chakrabatys vielbeachteter Kritik an der anhaltenden Europazentrierung der internationalen Historiografie – Stichwort „Provincializing Europe"[38] – künden auch heute sowohl die Globalgeschichte als auch digitale Spiele weiterhin von einer vorwiegend europäisch-nordamerikanischen Perspektive. Denn es handelt sich zum überwiegenden Teil immer noch um von europäisch-nordamerikanischen Autor*innen an europäisch-nordamerikanischen Hochschulen in europäischen Sprachen verfasste Beschreibungen. Europa und die USA regieren vielleicht nicht mehr die Welt, aber wenigstens beherrschen sie noch, was und wie man über diese Vorherrschaft zu denken habe.[39] Offensichtlich ist, dass es sich bei den digitalen Spielen nicht anders verhält, nur dass sie nicht an Hochschulen entstehen, sondern in privatwirtschaftlichen Unternehmen. Über den Erfolg ihrer weltweit verkauften Spiele haben diese Großkonzerne mit entsprechend großer Deutungsmacht bestimmt, was innerhalb des diegetischen Diskurses digitaler Globalisierungsspiele historisch sagbar ist. Die kanadisch-französische Spieleschmiede Ubisoft bietet hierfür das Paradebeispiel. Die Beiträge von Jan-Willem Dubil, Claas Henschel, Florian Kerschbaumer und Kathrin Trattner befassen sich gerade auch in diesem Sinn mit der Verbindung globalgeschichtlicher Topoi mit jenen digitaler Spiele. In der Diskussion um die an die *Wolfenstein*-Reihe[40] angelegten Selbstzensurpraktiken[41] wurde erst kürzlich deutlich, dass sich diese global agierenden Publisher ihrer Wirkmächtigkeit auf globale und nationale Erinnerungskulturen scheinbar nicht bewusst sind oder zumindest der aus diesem Einfluss erwachsenden Verantwortung kaum gerecht werden. Nach den Ursachen und Wirkungen der trotz allem weiterhin starken Fokussierung der Spielnarrative auf Europa und Nordamerika zu fragen, bedeutet demnach auch, politischen Ideologien und erinnerungskulturellen Standpunkten nachzuspüren, die unter dem Deckmantel ökonomischer Unabdingbarkeit und spielerischer Unantastbarkeit („It's just a game!") in millionenfach verkauften Titeln Wurzeln geschlagen haben.[42]

---

[38]   Chakrabarty 2000.
[39]   Vgl. Nohr 2010, 187 f.
[40]   Wolfenstein 2014; Wolfenstein II 2017.
[41]   Vgl. Zimmermann 2017.
[42]   Vgl. Pfister 2018.

Die Ritter des Einen Auges

Uns und die Autor*innen des Bandes interessiert aber nicht nur diese enge, sondern auch eine noch deutlich umfangreichere, lose Verbindung. Denn mit der Omnipräsenz digitaler Spiele überall dort, wo digitale Umgebungen einen wesentlichen Teil des alltäglichen Lebens bilden – also zwar nicht global im Sinn eines jeden Teil des Globus gleichermaßen betreffenden, aber im Sinn eines die ganze Welt umspannenden kulturellen Phänomens –, tritt in diesen ersten Dekaden des 21. Jahrhunderts nunmehr der von Valentin Groebner eingangs beschriebene Effekt der virtuellen Kristallkugel ein, die alles zu zeigen vermag, was auf der Bühne dieses Globus gespielt wird. Die Verhältnisse unserer Zeit, und mit ihnen die historischen Rahmenbedingungen, aus denen heraus sie sich entwickelt haben, spiegeln sich in den Spielen der Menschen, die in ihnen leben. Und dank der weltweiten Kommunikationsinfrastruktur sind diese Reflexionen omnipräsent, sie durchdringen den Alltag immer tiefer. Die Sozial-, Technik- und Mediengeschichte der letzten dreißig bis vierzig Jahre wäre unvollständig ohne die Betrachtung digitaler Spiele[43], die wir – der Logik der Kristallkugel folgend – als Weltmaschinen bezeichnen möchten, da ihre immersiven Prozesse darauf gerichtet sind, den Bildschirm des Ausgabegeräts in eben dieser Logik zum Fenster in digitale Weiten umzufunktionieren, die als in sich vollständige Kosmen den Anspruch eigener Welthaftigkeit erheben. Diese Geschichte wird so lange unvollständig bleiben, bis der globale Rahmen dieses Phänomens angemessen gesetzt und historisch kontextualisiert sein wird. Dabei ist das Aufzeigen und Ausmessen dieser Leerstelle natürlich nicht mit ihrer Füllung gleichzusetzen! Vielmehr werden allgemeinverbindliche Aussagen über gleich welchen dieser Themenbereiche erst dann möglich sein, wenn die Behandlung digitaler Spiele ebenso selbstverständlich in sie einfließt wie die aller anderen Medienformate der globalen Mediengesellschaft. Die Weltmaschinen haben ihren Platz schließlich in dieser unserer Welt.

In dieser eher losen, aber strukturell aussagekräftigen Verkopplung moderner globalgeschichtlicher Relevanz mit digitalen Spielen, die das Untersuchungsfeld für Diagnosen und Methoden der Gegenwart öffnet, ohne dabei die historische Dimension aus dem Blick zu verlieren, situiert sich unser aller weiteres Erkenntnisinteresse. Ob sich die mit der Allgegenwart und Wirkmächtigkeit digitaler Spiele verbundene massen-

---

[43] Vgl dazu Köstlbauer 2015.

mediale Kommerzialisierung der global verfügbaren Geschichtsbilder nun mit Jack Kerouac pessimistisch weiterdenken ließe: „[A]llmählich hat es doch den Anschein, als ob alle Menschen auf der Welt bald das Gleiche denken werden"[44] – wenn nämlich vor allem die Aussagen über globalgeschichtliche Prozesse ein großes Echo finden, die von digitalen Spielen verbreitet werden –, muss erst noch ausgelotet werden. Hierzu stellen alle Beiträge des Bandes tastende erste Schritte dar. Ebenso kritisch geprüft werden muss hier allerdings auch Kerouacs nachgeschobener, verhalten optimistischer Gedanke der medialen Neutralisierung des Bösen im Menschen: „Nur eins lasse ich den Leuten, die [*digital spielen*], den Millionen und Abermillionen Rittern des Einen Auges: Sie tun niemandem etwas, wenn sie vor dem Auge sitzen."[45]

Wie dem auch immer sei: Ihnen allen ist dieser Band gewidmet.

Literatur

Abu-Lughod 1991 = Janet Abu-Lughod, Before European Hegemony: The World System A.D. 1250–1350, London 1991.

Antunes 2004 = Cátia Antunes, Globalisation in the Early Modern Period. The Economic Relationship between Amsterdam and Lisbon, 1640–1705, Amsterdam–New Brunswick, NJ 2004.

Brahm/Rosenhaft 2016 = Felix Brahm/Eve Rosenhaft (Hg.), Slavery Hinterland. Transatlantic Slavery and Continental Europe, 1680–1850, Woodbridge 2016.

Broadberry/Gupta 2006 = Stephen Broadberry/Bishnupriya Gupta, The Early Nodern Great Divergence: Wages, Prices and Economic Development in Europe and Asia, 1500–1800, in: Economic History Review 59 (2006) 1, 2–31.

Chakrabarty 2000 = Dipesh Chakrabarty, Provincializing Europe: Postcolonial Thought and Historical Difference, Princeton 2000.

Conrad 2013 = Sebastian Conrad, Globalgeschichte: Eine Einführung, München 2013.

Deleuze/Guattari 2013 = Gilles Deleuze/Félix Guattari, A Thousand Plateaus. Capitalism and Schizophrenia, übers. v. Brian Massumi, London u. a. 2013.

De Pleijt/van Zanden 2016 = Alexandra M. de Pleijt/Jan Luiten van Zanden, Accounting for the "Little Divergence": What Drove Economic Growth in Pre-industrial Europe, 1300–1800?, in: European Review of Economic History 20 (2016), 387–409.

---

[44] Kerouac 1998, 80. Im Original beziehen sich Kerouacs Ängste vor einer einheitlichen globalen Massenkultur, zu Papier gebracht in den 1950er Jahren, auf das Fernsehen, was wieder einmal zeigt, wie sehr sich die immergleichen Befürchtungen in jedem Medienwandel wiederholen, ohne damit unbedingt begründeter zu werden.

[45] Ebd., Einfügung i.O.: „die fernsehen".

Dyer-Witheford/de Peuter 2009 = Nick Dyer-Witheford/Greig de Peuter, Games of Empire: Global Capitalism and Video Games, Minneapolis 2009.

Eckert 2012 = Andreas Eckert, Globalgeschichte und Zeitgeschichte, in: APuZ 1–3 (2012), http://www.bpb.de/apuz/59791/globalgeschichte-und-zeitgeschichte?p=all [04.03.2018].

Feldbauer/Hausberger/Lehners 2008–2011 = Peter Feldbauer/Bernd Hausberger/Jean-Paul Lehners (Hg.), Globalgeschichte. Die Welt von 1000–2000, 8 Bde., Wien 2008–2011.

Frank 1998 = Andre Gunder Frank, Reorient: Global Economy in the Asian Age. Berkeley–Los Angeles 1998.

Goldstone 2000 = Jack A. Goldstone, The Rise of the West – Or Not? A Revision to Socio-Economic History, in: Sociological Theory 18 (2000) 2, 175–194.

Groebner 2014 = Valentin Groebner, Wissenschaftssprache digital. Die Zukunft von gestern, Konstanz 2014.

Hammar 2015 = Emil Lundedal Hammar, Ethical Recognition of Marginalized Groups in Digital Games Culture, In: Proceedings of DiGRA 2015: Diversity of Play: Games – Cultures – Identities, Digital Games Research Association 2015, 1–14, http://www.digra.org/digital-library/publications/ethical-recognition-of-marginalized-groups-in-digital-games-culture/ [05.03.2018].

Hausberger 2015 = Bernd Hausberger, Die Verknüpfung der Welt. Geschichte der frühen Globalisierung vom 16. bis zum 18. Jahrhundert, Wien 2015.

Held/McGrew/Goldblatt/Perraton 1999 = David Held/Anthony McGrew/David Goldblatt/Jonathan Perraton, Global Transformations. Politics, Economics and Culture, Cambridge–Oxford 1999.

Hopkins 2002 = Anthony G. Hopkins, The History of Globalization and the Globalization of History, in: Ders. (Hg.), Globalization in World History, London 2002, 11–45.

H-Soz-Kult 2017 = H-Soz-Kult, Diskussionsforum: „Außereuropäische Geschichte", „Globalgeschichte", „Geschichte der Weltregionen"? Neue Herausforderungen und Perspektiven, in: H-Soz-Kult, 07.11.2017, https://www.hsozkult.de/text/id/texte-4325 [08.03.2018].

Jennings 2011 = Justin Jennings, Globalizations and the Ancient World, Cambridge 2011.

Kent 2001 = Steven L. Kent, The Ultimate History of Video Games: From Pong to Pokemon and Beyond – The Story Behind the Craze That Touched Our Lives and Changed the World, New York 2001.

Kerouac 1998 = Jack Kerouac, Gammler, Zen und hohe Berge, übers. v. Werner Burckhardt, Reinbeck b. Hamburg 1998.

Kerschbaumer/Winnerling 2014 = Florian Kerschbaumer/Tobias Winnerling, Postmoderne Visionen des Vormodernen. Des 19. Jahrhunderts geisterhaftes Echo, in: Dies. (Hg.), Frühe Neuzeit im Videospiel. Geschichtswissenschaftliche Perspektiven, Bielefeld 2014, 11–26.

Köstlbauer/Pfister 2018 = Josef Köstlbauer/Eugen Pfister, Vom Nutzen und Nachteil einer Historie digitaler Spiele, In: Christoph Hust (Hg.): Digitale Spiele. Interdisziplinäre Perspektiven zu Diskursfeldern, Inszenierung und Musik, Bielefeld 2018, 89–106.

Köstlbauer 2015 = Josef Köstlbauer, Spiel und Geschichte im Zeichen der Digitalität, in: Wolfgang Schmale u. a. (Hg.), Digital Humanities, Stuttgart 2015, 95–124.

Komlosy 2011 = Andrea Komlosy, Globalgeschichte. Methoden und Theorien, Wien–Köln–Weimar 2011.

Lowood/Guins 2016 = Henry Lowood/Raiford Guins (Hg.), Debugging Game History: A Critical Lexicon, Cambridge 2016.

McNeill 1991 = William H. McNeill, The Rise of the West. The History of the Human Community. With a Retrospective Essay, Chicago–London 1991.

Nohr 2010 = Rolf F. Nohr, Strategy Computer Games and Discourses of Geopolitical Order, in: Eludamos. Journal for Computer Game Culture, 4 (2010) 2, 181–195.

Osterhammel/Petersson 2012 = Jürgen Osterhammel, Niels P. Petersson, Geschichte der Globalisierung. Dimensionen, Prozesse, Epochen, München 2007 (1. Aufl. 2004).

Pfister 2018 = Eugen Pfister, „Keep your Politics out of my Games!", in: Spiel-Kultur-Wissenschaften, 08.02.2018, https://spielkult.hypotheses.org/1566 [05.03.2018].

Pomeranz 2000 = Kenneth Pomeranz, The Great Divergence: China, Europe, and the Making of the Modern World Economy, Princeton 2000.

Sieder/Langthaler 2010 = Reinhard Sieder/Ernst Langthaler (Hg.), Globalgeschichte 1800–2010, Wien–Köln–Weimar 2010.

Stiftung Humboldt Forum im Berliner Schloss 2018 = Stiftung Humboldt Forum im Berliner Schloss, Ein Schloss für alle, in: Humboldt Forum im Berliner Schloss, http://www.humboldtforum.com/de/inhalte/berliner-schloss [05.03.2018].

Take-Two Interactive 18.09.2013 = Take Two Grand Theft Auto V° Retail Sales Exceed $800 Million Worldwide During First Day of Launch, in: Take-Two News Release, 18.09.2013, http://ir.take2games.com/phoenix.zhtml?c=86428&p=irol-newsArticle&ID=1856046 [08.03.2018].

Trouillot 1996 = Michel Rolph Trouillot, Silencing the Past: Power and the Production of History, Boston 1996.

Walter 2006 = Rolf Walter, Geschichte der Weltwirtschaft. Eine Einführung, Wien–Köln–Weimar 2006.

Wolf 2015 = Mark J. P. Wolf (Hg.), Video Games Around the World, Cambridge 2015.

Yazdani 2017 = Kaveh Yazdani, India, Modernity and the Great Divergence. Mysore and Gujarat (17th to 19th C.), Leiden 2017.

Zimmermann 2017 = Felix Zimmermann, Wider die Selbstzensur – Das Dritte Reich, nationalsozialistische Verbrechen und der Holocaust im Digitalen Spiel, in: gespielt | Blog des Arbeitskreises Geschichtswissenschaft und Digitale Spiele, 27.08.2017, https://gespielt.hypotheses.org/1449 [05.03.2018].

Zimmermann 2016 = Felix Zimmermann, Wandeln zwischen den Welten – Verkleidung als Akt der Befreiung in Assassin's Creed: Liberation, In: gespielt | Blog des Arbeitskreises Geschichtswissenschaft und Digitale Spiele, 21.10.2016, https://gespielt.hypotheses.org/1010 [16.03.2018].

Ludografie

Assassin's Creed III 20212 = Assassin's Creed III, Ubisoft Montreal [u. a.], PC (Windows) [u. a.], Ubisoft 2012.

Battlefield 1 2016 = Battlefield 1, EA Dice, PC (Windows) [u. a.], Electronic Arts 2016.

BioShock-Serie 2007-2016 = BioShock-Serie, 2K Games [u. a.], PC (Windows) [u. a.], 2K Games 2007–2016.

Call of Duty 2017 = Call of Duty: WWII, Sledgehammer Games, PC (Windows) [u. a.], Activision 2017.

Civilization 1991–2016 = Sid Meier's Civilization I–VI, Firaxis Games [u. a.], PC (Windows) [u. a.], 2K Games [u. a.] 1991–2016.

Europa Universalis IV 2013 = Europa Universalis IV, Paradox Developement Studio, PC (Windows u. a.), Paradox Interactive 2013.

Far-Cry-Serie 2004–2016 = Far Cry-Serie, Crytek/Ubisoft, PC (Windows) [u. a]., Ubisoft 2004–2016.

Grand Theft Auto V 2013 = Grand Theft Auto V, Rockstar North, PC (Windows) [u. a.], Rockstar Games 2013.

Minecraft 2009 = Minecraft, Mojang, PC (Windows) [u. a], Mojang/Microsoft 2009.

Overwatch 2016 = Overwatch, Blizzard Entertainment, PC (Windows) [u. a.], Blizzard Entertainment 2016.

OXO (Noughts and Crosses) 1952 = OXO (Noughts and Crosses), Alexander Shafton Douglas, EDSAC-Computer, 1952.

Player Unknown's Battlegrounds 2017 = Player Unknown's Battlegrounds, PUBG Corporation, PC (Windows) [u. a.], Bluehole Inc. 2017.

Tennis for Two 1958 = Tennis for Two, William Higinbotham, Analogcomputer mit Oszilloskop 1958.

Wolfenstein 2014 = Wolfenstein: The New Order 2014, MachineGames, PC (Windows) [u. a.], Bethesda Softworks 2015.

Wolfenstein II 2017 = Wolfenstein II: The New Colossus, MachineGames, PC (Windows) [u. a.], Bethesda Softworks 2017.

Globale Konflikte

Digitale Orientalismen

Imaginationen des *War on Terror* in Kriegsspielen

Kathrin Trattner

Vorbemerkungen

„Your games which are producing from you, we do the same actions in the battlefields!!", heißt es zu Beginn eines von einem Sympathisanten des sogenannten ‚Islamischen Staats' stammenden YouTube-Videos, das 2014 für große mediale Aufmerksamkeit sorgte.[1] Es handelt sich dabei um Ausschnitte aus einem vermeintlichen Computerspiel, *Grand Theft Auto: Salil al-Sawarem*, das als Mod von *Grand Theft Auto V*[2] erkennbar ist. Unter einem Mod, kurz für *Modification*, versteht man eine Veränderung oder Erweiterung eines bestehenden Computerspiels, die (zumeist) von GamerInnen selbst vorgenommen wird, im Gegensatz zu professionellen SpieleentwicklerInnen. Etwa zur selben Zeit tauchte ein auf Twitter und Facebook vielfach geteiltes Bild von zwei IS-Kämpfern auf, das den Schriftzug trug: „This is our Call of Duty – And we respawn in Jannah".[3] *Call of Duty*[4], eine der erfolgreichsten US-amerikanischen Kriegsspielreihen, wird hier dem Dschihad gegenübergestellt, der ein tatsächliches Ausleben der im Spiel lediglich virtuell inszenierten kriegerischen Männlichkeit biete. Hier ist darüber hinaus eine religiöse Referenz enthalten: *Respawnen* bezeichnet das Wiederauftauchen getöteter Charaktere innerhalb eines Computerspiels, also eine Art Auferstehung, die im Falle der IS-Kämpfer im islamischen Paradies, *Jannah*, stattfinde.

Aus diesen beiden Social-Media-Phänomenen gehen zwei Dinge deutlich hervor: Zum einen zeigt sich, dass Computerspiele als globales Phänomen zu verstehen sind. Globale Rezeptionen, Aneignungen

---

[1]   Vgl. Hall 2014; Al-Rawi 2016.
[2]   Grand Theft Auto V 2013.
[3]   Vgl. Hall 2014.
[4]   Call of Duty-Reihe 2003–2017.

und Umdeutungen von Spielen wie *Call of Duty*, die eindeutig westliche Diskurspositionen widerspiegeln, können als Beispiele für Prozesse kultureller Transfers dienen. Zum anderen verweisen die erwähnten Beispiele auf eine inhärente Verbindung von Krieg und Spiel – eine Beobachtung, die in den Game Studies keineswegs neu ist.[5] David Annandale spricht in diesem Zusammenhang von einer symbiotischen Beziehung zwischen Krieg und Computerspiel, wo der Krieg das Interesse an dessen virtueller Repräsentation anrege und ebendiese Repräsentation wiederum die Partizipation am realen Konflikt ermutige – oder zumindest die Zustimmung dafür.[6] Auch im Falle der amerikanischen Spieleindustrie der letzten 15 Jahre ist diese Verflechtung deutlich erkennbar. So wurde der von der Bush-Administration als Reaktion auf die Anschläge des 11. September 2001 ausgerufene *War on Terror* im bereits zuvor fest etablierten und stetig wachsenden Genre digitaler Kriegsspiele rasch als Schauplatz und Handlungsrahmen aufgegriffen. Spielende werden darin aktiver Bestandteil virtueller Gefechte, die mit größtmöglicher „Authentizität"[7] in jüngster Vergangenheit stattgefundene oder gegenwärtig stattfindende Konflikte nachinszenieren oder diese als lose Vorlage verwenden. Diese Spiele bedienen sich dabei einer Rhetorik, die sich mit jener des *War on Terror* deckt:[8] Es wird die Vorstellung eines *Clash of Civilizations*[9] bedient, der nicht zuletzt spezifische Zuschreibungen von Identität und Alterität hervorbringt und weitertradiert. Wie Ian Bogost betont, wird schließlich kein Computerspiel in einem kulturellen Vakuum produziert, es trägt immer die Vorurteile seiner UrheberInnen.[10] Solche Vorurteile sowohl freizulegen und zu dekonstruieren als auch hinsichtlich ihrer globalen Rezeptionen und Aneignungen zu analysieren ist aus globalgeschichtlicher Perspektive in mehrerlei Hinsicht relevant. Schließlich „fragt [Globalgeschichte] nach dem Ausmaß, den Spielarten und Folgen des Euro- und Westzentrismus, wenn sie sich auf die Suche nach den Transfers und Vernetzungen macht."[11] Dies soll im Folgenden hinsichtlich US-amerikanischer Kriegsspielproduktionen seit 9/11 und deren arabisch-muslimischer Aneignungen und Subversionen untersucht werden.

---

5   Vgl. u. a. Der Derian 1990; Halter 2006; Schubart/Virchow 2006; Payne 2016.
6   Vgl. Annandale, 97.
7   Vgl. Galloway 2004.
8   Vgl. Stahl 2006, 118.
9   Vgl. Huntington 1993; 1997.
10 Vgl. Bogost 2008, 128.
11 Sieder/Langthaler 2010, 12.

Der globale *War on Terror* als *Clash of Civilizations*: Neue und alte Orientalismen

Zunächst gilt es jedoch zu klären, was unter dem Begriff des *War on Terror*, der in jüngeren US-amerikanischen Kriegsspielen ein zentrales Konzept darstellt, eigentlich zu verstehen ist. Es handelt sich dabei um einen überaus unscharfen Überbegriff für militärische Interventionen im Ausland, wie den Krieg in Afghanistan seit 2001 und den Irak-Krieg 2003, und sicherheitspolitische Maßnahmen im Inland.[12] Der Begriff des *War on Terror* umriss also von Beginn an weder einen klaren Feind noch ein eindeutiges Kriegsgebiet, ebenso wenig wie einen eindeutigen Endpunkt. Dieser sei laut Bush erst erreicht, wenn jede terroristische Vereinigung von globaler Reichweite gefunden, aufgehalten und besiegt sei, denn: „Diese Terroristen töten nicht nur, um Leben zu beenden, sondern um eine Art zu leben zu zerrütten und zu beenden. [...] Das ist der Kampf der zivilisierten Welt. Das ist der Kampf aller, die an Fortschritt und Pluralismus, Toleranz und Freiheit glauben."[13] Was in diesem Zitat sichtbar wird, ist die Vorstellung, die Selbstmordattentäter hätten das World Trade Center aufgrund dessen, „wer [die USA] sind"[14] angegriffen – was wiederum nahelegt, dass die Attentäter selbst ganz anders sind. Ein populärer Erklärungsansatz für die Anschläge von 9/11 und den *War on Terror*, der besonders in den USA rasch zu einer gängigen Annahme wurde, lautete dementsprechend simplifizierend, der Islam und der ‚Westen' befänden sich in einem Kampf der Kulturen, einem *Clash of Civilizations*.[15]

Der Begriff des *Clash of Civilizations* wurde durch einen 1990 erschienenen Artikel von Bernard Lewis mit dem Titel *The Roots of Muslim Rage*[16] geprägt. Populär wurde er durch den Politikwissenschaftler Samuel

---

[12] Vgl. Rosenberg 2004.
[13] CNN 2001 [Übersetzung: KT].
[14] Holloway 2008, 10 [Übersetzung: KT].
[15] Vgl. ebd., 7. An dieser Stelle ist festzuhalten, dass George W. Bush in seinen Reden durchaus darauf bedacht war, nicht ‚den Islam' als den Feind zu erklären, sondern dezidiert terroristische Vereinigungen. Wie jedoch unterschiedliche nach dem 11. September 2001 durchgeführte Studien zeigen, betrachtete ein erheblicher Teil der US-amerikanischen Bevölkerung dennoch die Ereignisse vorwiegend im Rahmen eines Kampfes der Kulturen zwischen dem Islam und dem ‚Westen'. Vgl. hierzu u. a. Collet 2009, 457; Bottici/Challand 2006, 322; Tessler 2004.
[16] Vgl. Lewis 1990.

Huntington,[17] bei dem in der deutschen Übersetzung nicht vom Kampf der Zivilisationen, sondern der Kulturen die Rede ist.[18] Kulturen sind laut Huntington „die ultimativen Stämme, und der Kampf der Kulturen ist der Stammeskonflikt im Weltmaßstab."[19] Seine zentrale These ist, dass „Kultur und die Identität von Kulturen […] heute, in der Welt nach dem Kalten Krieg, die Muster von Kohärenz, Desintegration und Konflikt [prägen]."[20] Martin Riesebrodt fasst dies wie folgt zusammen: „Die neuen, großen politischen Machtblöcke beruhen weniger auf politischen Ideologien und wirtschaftlichen Interessenslagen als vielmehr auf höchst allgemeinen kulturellen Abgrenzungskriterien, die Huntington als ‚Zivilisationen' bezeichnet."[21] Huntingtons Verständnis von Zivilisation beziehungsweise Kultur suggeriert demnach eine Homogenität und Geschlossenheit nach innen sowie eine „Isolation nach außen"[22]. Der wesentlichste Faktor, nach dem sich Kulturen voneinander abgrenzen, ist laut Huntington die Religion.[23] Dabei geht er von einer grundlegenden „Natur"[24] unterschiedlicher Religionen aus, die er letztlich als Ursache für globale Konflikte versteht. Besonders unterschiedlich ihrer „Natur" nach seien der Islam und das Christentum – bei Huntington wiederum gleichbedeutend mit dem „Westen" – was sich in einem ewigen konfliktären Verhältnis widerspiegle,[25] denn: „Solange der Islam der Islam bleibt (und er wird es bleiben) und der Westen der Westen bleibt (was fraglicher ist), wird dieser fundamentale Konflikt zwischen zwei großen Kulturkreisen und Lebensformen ihre Beziehungen zueinander weiterhin und auch in Zukunft definieren"[26]. Eine Präzisierung, „worin denn das ‚Islamische' des Islam und das ‚Christliche' des Westens eigentlich besteht und warum diese Gegensätze zu Konflikten führen müssen"[27], bleibt Huntington schuldig.

---

[17] Vgl. Huntington 1993; Huntington 1997.
[18] Zur Terminologie in der deutschen Übersetzung von Huntington vgl. Riesebrodt 2001, 141 f.
[19] Huntington 1997, 331.
[20] Ebd., 19.
[21] Riesebrodt 2001, 15.
[22] Ebd., 16.
[23] Vgl. Huntington 1997, 52.
[24] Ebd., 337.
[25] Vgl. ebd., 337 ff.
[26] Ebd., 339. Zur Kritik an Huntingtons Islamverständnis, vgl. u. a.: Mottahedeh 1995; Said 2001; Riesebrodt 2001, 17 ff.
[27] Riesebrodt 2001, 19.

Während Huntingtons These zur Zeit ihrer Veröffentlichung von der wissenschaftlichen Community weitestgehend abgelehnt wurde, ist nach den Anschlägen des 11. Septembers und im Zuge des darauffolgenden *War on Terror* besonders im nicht-wissenschaftlichen Kontext ein Revival dieses Erklärungsmusters für globale Konflikte zu beobachten.[28] Den wesentlichen Grund dafür sieht Holloway in der Einfachheit einer solchen Abstraktion, da komplexe und unklare historische Mächte auf eine zugänglichere Form reduziert werden.[29] Besonders deutlich kann diese späte Popularisierung des Huntington-Paradigmas in der Berichterstattung US-amerikanischer Medien über den Islam und den Nahen Osten nach 9/11 beobachtet werden.[30] Auch in Hinblick auf Computerspiele, deren Setting der *War on Terror* bildet, ist eine dualistische Sichtweise des Islam und des ‚Westens‘, entsprechend jener Huntingtons, deutlich erkennbar. So werden etwa in den nachfolgend näher thematisierten Kriegsspielen insbesondere muslimisch geprägte Länder des Nahen oder Mittleren Osten als Zentren der Bedrohung im Sinne des religiös-ideologischen Nährbodens des anti-westlichen Terrors geschildert.

Diese scharfe Trennung zwischen dem Islam und dem ‚Westen‘ als grundlegend verschiedene Wesenheiten, wie sie Huntington vornimmt und die mediale Rhetorik des *War on Terror* aufgreift, ist jedoch keineswegs ein Produkt der Zeit nach dem Kalten Krieg oder gar erst nach 9/11. Laut Edward Said ist der sogenannte ‚Orient‘ eines der in der europäischen Geschichte am tiefsten verankerten und am häufigsten wiederkehrenden Bilder des ganz Anderen[31] – und der Islam nimmt eine zentrale Rolle in diesem Gefüge ein. In seinem 1978 erschienenem Werk *Orientalismus*, das als Gründungsdokument der Post Colonial Studies gilt, „zeichnet Said nach, wie der koloniale Diskurs die kolonisierten Subjekte *und* Kolonisatoren gleichermaßen produziert hat und wie der Orient durch die ‚Orientexperten‘, die vorgaben, den Orient zu kennen, erst hergestellt wurde.“[32] Orientalismus ist also ein Denkmuster, das auf der ontologischen und der epistemologischen Trennung von ebendiesem erfundenen ‚Orient‘ und dem gleicherma-

---

[28] Vgl. Abrahamian 2003, 529 f.; Bottici/Challand 2006, 322; Holloway 2008, 7 f.; Kumar 2010, 259.
[29] Vgl. Holloway 2008, 11.
[30] Vgl. Abrahamian 2003; Seib 2005; Holloway 2008, 7–11; Kumar 2010.
[31] Vgl. Said 2003, 1.
[32] Castro Varela/Dhawan 2005, 30.

ßen konstruierten ‚Okzident' aufbaut.[33] Besonders stark betont wurde
die Andersheit des ‚Orients' in der französischen und britischen Tradition ab Ende des 18. Jahrhunderts im Kontext der Kolonialisierung.
Typische Zuschreibungen gegenüber den Orientalisierten sind in dieser Deutungs- und Darstellungstradition etwa Demokratieunfähigkeit,
Despotismus und Rückwärtsgewandtheit. Saids Konzept des Orientalismus ist mittlerweile fest im wissenschaftlichen Kanon verankert und
wird durchaus auch auf Analysen der Gegenwart angewandt. Orientalismen, wie Said sie beschrieb, scheinen schließlich keineswegs ver-
schwunden zu sein. Vielmehr wirkt es, als würden sich in einem postkolonialen und durch die fortschreitende Globalisierung veränderten
Zusammenhang, in dem die Grenzen und die Konflikte andere sind,
auch orientalisierende Zuschreibungen den neuen Bedingungen anpas-
sen. Mohammad Samiei erläutert in diesem Zusammenhang:

> „Obwohl viele Voraussetzungen, die für den Kristallisationsprozess
> des orientalistischen Diskurses verantwortlich waren, nicht mehr vor-
> handen sind, wäre es naiv zu denken, alte Muster der menschlichen
> Geschichte, die den Westen-und-Islam Dualismus geformt haben,
> seien einfach verschwunden. Weit gefehlt: Sie wurden innerhalb eines
> globalisierten Rahmenwerks wiederhergestellt, umgeschichtet und neu
> verbreitet und haben ein neues Paradigma geformt, das als ‚Neo-Ori-
> entalismus' bezeichnet werden kann."[34]

Sowohl im ‚klassischen' Orientalismus als auch im Neo-Orientalismus
dominiert die Vorstellung, der Islam sei nicht mit einem westlichen
Demokratieverständnis kompatibel, was nach wie vor häufig simplifizierend auf die Religion zurückgeführt wird, oftmals versetzt mit rassistischen Stereotypisierungen. Das Feindbild, das sich in amerikanischen Computerspiel-Aufarbeitungen des *War on Terror* präsentiert, ist
stark von ebensolchen neo-orientalistischen Zuschreibungen geprägt, in
denen die Trennung zwischen dem Islam und dem ‚Westen' eine zentrale Rolle spielt.[35] Im Folgenden werden nun vier aktuelle US-amerikanische Kriegsspiele exemplarisch herangezogen, um diese Tendenzen aufzuzeigen: *Call of Duty 4: Modern Warfare*[36], *Medal of Honor*[37],

---

[33] Vgl. Said 2003, 1 f.
[34] Samiei 2010, 1148 [Übersetzung: KT].
[35] Vgl. Höglund 2008.
[36] Call of Duty 4: Modern Warfare 2007.
[37] Medal of Honor 2010.

Battlefield 3[38] und *Medal of Honor: Warfighter*[39]. Diese wurden als Beispiele gewählt, da es sich dabei jeweils um Teile der drei erfolgreichsten Kriegsspiel-Franchises handelt, die hinsichtlich Stil und Mechanik als Orientierungspunkt für andere kommerzielle Spiele desselben Subgenres und Settings dienen. Alle Beispiele sind dem Genre der *First-Person-Shooter* (FPS) zuzuordnen, sprich, der Einsatz von Schusswaffen ist integral für die Spielmechanik und findet aus der Ego-Perspektive statt.[40] Häufig werden die genannten Spiele auch als *Military Shooter*[41] bezeichnet, was neben der Shooter-Mechanik auch den Kriegskontext, in dem ihre Handlungen stattfinden, hervorhebt. In den behandelten Beispielen wird mit dem Anspruch größtmöglicher Authentizität ein immerwährender Krieg gegen den Terror zwischen dem demokratischen ‚Westen‘ und dem islamisch-fundamentalistischen Nahen Osten nachinszeniert. Es handelt sich um einen *Clash of Civilizations* ganz im Huntington'schen Sinne, der neo-orientalistische Stereotype von ‚uns‘ und ‚den Anderen‘ wiederholt sichtbar werden lässt. Diese west-zentristische Trennung der Welt in Zentrum und Peripherie gilt es aus globalhistorischer Perspektive aufzudecken und zu kritisieren, nicht zuletzt, um wiederum deren nicht-westliche Aneignungen und Umdeutungen nachvollziehen zu können.

Bilder des *War on Terror* und des Islam im amerikanischen *Military Shooter*[42]

Zentrum und Peripherie

„You ever ask yourself how this part of the world gets so fucked up all the time?", fragt ein US-amerikanischer Soldat in *Battlefield 3* seine Kameraden, als sie durch eine virtuelle irakische Stadt ziehen. Die labyrinthartig organisierten Straßen sind weitestgehend menschenleer, die Gebäude zerschossen. Solche Vorstellungen arabischer Städte als dunkle, exotische, labyrinthartige und strukturlose Orte folgen einer langen Tradition innerhalb der westlichen Beschreibung des sogenann-

---

[38] Battlefield 3 2011.
[39] Medal of Honor: Warfighter 2012.
[40] Vgl. Vorhees 2014, 251.
[41] Vgl. Payne 2016, 4–7.
[42] Teile dieses Abschnittes sind bereits in Form eines Blogbeitrags erschienen. Vgl. Trattner 2017.

ten ‚Orients'.[43] Bei Kriegsspielen dient eine derartige Repräsentation des umkämpften virtuellen Raumes nicht nur dazu, das Spielgeschehen durch die vielen Möglichkeiten für Verstecke, Hinterhalte und Ähnliches spannender zu gestalten. Über die Darstellung des betreffenden geografischen Raums werden auch kulturelle Stereotype transportiert, die nicht zuletzt als Rechtfertigung für das dortige militärische Eingreifen dienen sollen. Es handelt sich bei solchen virtuellen Schauplätzen von aktuellen, den *War on Terror* thematisierenden *Military Shootern* nicht immer, wie etwa im Beispiel *Battlefield 3*, um real existierende Länder, wie Afghanistan, Irak, Syrien oder Pakistan, sondern oftmals auch um fiktionale Orte, deren Darstellungen jedoch auf eben diesen realen Staaten (respektive einer gewissen Wahrnehmung) aufbauen.[44] Ein Beispiel hierfür ist etwa der namenlose, jedoch offensichtlich arabisch-muslimische Staat, der in *Call of Duty 4: Modern Warfare* vom Terroristen Khaled Al-Asad eingenommen wird. Eine gewisse kulturelle und religiöse Markierung des Spielraums spielt also offenbar eine Rolle, während einzelne Schauplätze im Sinne von konkreten Ländern oder Städten weitestgehend austauschbar erscheinen.[45] Bis auf *Medal of Honor*, dessen Handlung ausschließlich in Afghanistan stattfindet, verorten alle der behandelten Beispiele ihr Spielgeschehen im Sinne eines globalen *War on Terror* in unterschiedlichen Ländern. Trotz dieser Betonung des globalen Charakters von Terrorismus liegt der Fokus in allen Fällen auf unspezifischen Schauplätzen im Nahen oder Mittleren Osten, die als Ausgangspunkt eines anti-westlichen, religiös fundierten Extremismus geschildert werden.

Dem Genre entsprechend werden die virtuell umkämpften Städte in erster Linie als Schauplätze militärischer Gewalt repräsentiert. Sie erscheinen als Orte des immerwährenden Krieges und Chaos, die militärischer Intervention von außen bedürfen.[46] Darin kommt auch das (neo-)orientalistische Stereotyp des demokratieunfähigen ‚Orients' zum Ausdruck. Durch das Reduzieren des Nahen Ostens auf einen dauerhaften Kriegsschauplatz wird der dortige Kriegszustand zum Alltag erklärt und dadurch auch gewissermaßen naturalisiert.[47] Es ist jedoch

---

43   Vgl. Graham 2006, 256 f.
44   Vgl. Höglund 2008.
45   Vgl. Machin/Suleiman 2006, 7.
46   Vgl. Höglund 2008.
47   Vgl. ebd.

weitestgehend ein von den SpielerInnen als ‚sauber' wahrzunehmender Krieg, sind doch die im Zuge des virtuellen *War on Terror* umkämpften Städte mit Ausnahme einiger weniger Beispiele beinahe zur Gänze frei von ZivilistInnen.[48] SpielerInnen sind also nicht mit ‚collateral damage' konfrontiert, eine Fehlentscheidung im Spiel hat keine toten Frauen und Kinder zur Folge.

Ein Beispiel hierfür ist die Mission „Hot Pursuit" in *Medal of Honor: Warfighter*.[49] Es handelt sich um eine Autoverfolgungsjagd durch unterschiedliche Teile Karachis, unter anderem mitten durch einen Straßenmarkt in der Innenstadt, also einem grundsätzlich zivilen Ort, der jedoch frei von ZivilistInnen ist.[50] Die Transformation der dargestellten Städte als menschenlose Territorien, die ausschließlich von terroristischen Guerillas besetzt werden,[51] beeinflusst die moralische Bewertung der urbanen Kriegsführung, da ja keine zivilen Opfer sichtbar sind.[52] Es werden also einerseits tradierte imaginative Geografien, die islamische Städte mit Terrorismus gleichsetzen, verfestigt und andererseits zugleich dadurch die Notwendigkeit der ‚Befriedung' und der ‚Säuberung' durch die westliche militärische Intervention gerechtfertigt.[53]

Solche Codierungen der virtuellen Geografien des Nahen Ostens als ewiges Kriegsgebiet zeigen eine Teilung der Welt in Zentrum und Peripherie, in der neo-orientalistische Zuschreibungen wiederholt werden. Bialasiewicz spricht in diesem Zusammenhang von einer imaginierten Kluft zwischen dem (hier US-amerikanischen) Heimatland und den bedrohlichen ‚Grenzländern'.[54] Darin wird eine für die populäre Wahrnehmung des *War on Terror* zentrale Vorstellung nachdrücklich formuliert: Die Vorstellung nämlich, es gebe grundsätzlich terroristische Territorien, während die USA zugleich als homogene und tugendhafte heimatliche Gemeinschaft inszeniert werden[55] – ein klassisch orientalisierender Topos, der sich auch in Huntingtons Ausführungen zum konfliktären Verhältnis des Islams und des ‚Westens' zeigt.

---

[48] Vgl. King/Leonard 2010, 100.
[49] Vgl. Trattner 2016, 42.
[50] Vgl. Höglund 2014.
[51] Vgl. ebd.
[52] Vgl. King/Leonard 2010, 100.
[53] Vgl. Graham 2006, 265.
[54] Vgl. Bialasiewicz u. a. 2007, 417.
[55] Vgl. ebd.

Identität und Alterität

Die virtuellen Geografien des Nahen und Mittleren Ostens sind also stark von dem der medialen Rhetorik des *War on Terror* immanenten Konzept von ‚uns‘ und ‚den Anderen‘ geprägt.[56] In dieser Inszenierung spielt gemäß neo-orientalistischer Stereotype der Islam eine wesentliche Rolle. Bewegt man sich als SpielerIn durch die virtuellen Städte, so findet man häufig prominent platzierte Moscheen und Minarette, die nicht nur als visuelle Indikatoren des Islam dienen, sondern manchmal als Verstecke für Terroristen auch aktiv ins Gameplay mit eingebunden werden, wie etwa in *Battlefield 3*.[57] Grundsätzlich kann aber davon ausgegangen werden, dass die Markierung des Spielraums als eindeutig muslimisch vor allem zwei Funktionen erfüllt: Einerseits soll eine gewisse Authentizität des dargestellten Raumes und eine spezifische Erwartungshaltung gegenüber diesem bestärkt werden, andererseits wird dadurch vor allem die Andersheit des Nahen und Mittleren Ostens stark betont.[58] Diese Andersheit betrifft auch die jenem Raum zugeschriebenen Figuren – sprich, die Feinde. Wie Astrid Ensslin beobachtet, vollzieht sich die Charakterisierung von spielinternen Feinden häufig über das Weitertradieren und Festigen kultureller und politischer Stereotype.[59] Im Kontext von Kriegsspielen ist dies mit Nachdruck zu betonen, da das Setting sowie die damit verbundenen Mechanismen des Gameplays zumeist klare Positionierungen und damit besonders eindeutige Freund-Feind-Konstellationen hervorbringen. Das gilt zumindest im Kontext erfolgreicher AAA-Games, sprich von großen Entwicklerstudios mit besonders hohem Budget produzierten und entsprechend beworbenen Spielen.

In Kriegsspielen, die ihr Geschehen im Kontext des *War on Terror* verorten, sind die Fronten also klar abgesteckt. Sie stecken direkt in den Regeln der Spiele verborgen, die z. B. vorgeben, auf welcher Seite man als SpielerIn steht. In allen hier thematisierten Beispielen – zumindest in deren Single-Player-Kampagnen[60] – nimmt man als SpielerIn

---

[56] Vgl. Graham 2009, 36.
[57] Vgl. Šisler 2014, 117.
[58] Vgl. Trattner 2016, 36.
[59] Vgl. Ensslin 2012, 54.
[60] Ein Gegenbeispiel ist der Multiplayer-Modus in der Beta-Version von *Medal of Honor* (2010), wo man die Taliban spielen konnte. Dies löste in den USA einen großen Skandal aus, woraufhin das Wort aus dem Spiel entfernt und durch „Opposing Force" ersetzt wurde. Vgl. Frum 2010.

die Rolle eines oder mehrerer US-Soldaten ein, seltener die von US-Verbündeten. Dadurch werden eine klare Abgrenzung zwischen dem amerikanisch-europäisch-westlichen Eigenen und dem orientalisch-arabischen-muslimischen Anderen sowie eine unmittelbar durch die Regeln des Spiels vorgegebene Positionierung innerhalb dieser Dichotomie verfestigt.

Die deutliche Dichotomisierung zwischen Freund und Feind zeigt sich auch darin, dass alle Figuren, mit denen interagiert werden kann, entweder Verbündete oder Feinde sind. Da es kaum ZivilistInnen auf den Schlachtfeldern des virtuellen *War on Terror* gibt, stellt militärische Gewalt demnach die einzige Möglichkeit der Interaktion zwischen den SpielerInnen und den dem virtuellen muslimischen Kulturraum zugeordneten Figuren dar. Andere Formen der Interaktion sind von den Regeln in Hinblick auf spielinterne Feinde nicht vorgesehen. Und abgesehen von diesen begegnet man niemandem. Die stereotypen Feinde sind auch ikonografisch eindeutig markiert und erscheinen in erster Linie als eine Reihe schematisierter Attribute, die auf arabische Muslime verweisen, wie etwa traditionell anmutende Kopfbedeckungen, weite Kleidung und dunkle Haut.[61] Die narrative Ebene verbindet diese visuellen Markierungen schließlich explizit mit islamistisch motiviertem internationalem Terrorismus.[62] Der spielinterne Feind wird also auf eine stereotype, rassistische und vor allem generalisierende Art und Weise dargestellt, die Assoziationen mit dem Islam hervorruft. Dies geschieht in erster Linie durch die von den Spielen vorausgesetzte unauflösliche Verbindung zwischen dem geografischen Schauplatz, der arabischen Kultur, dem Islam und dem Terrorismus, die als so selbstverständliches ‚Wissen‘ angenommen wird, dass sie nur selten konkret thematisiert werden muss. Ebenso wie die muslimische Identität der Feinde wird auch der islamistische Hintergrund des Terrorismus, um den sich die Handlung dreht, oftmals nicht detailreich verhandelt, in manchen Fällen sogar gar nicht explizit angesprochen.[63] Vielmehr setzen die Spiele eine gewisse populäre geopolitische Imagination des *War on Terror* voraus, die diese Punkte automatisch verbindet.

Wie Edward Said in *Orientalismus* betont, wird durch die Formulierung von Alterität auch Identität in Opposition dazu konstruiert und

[61] Vgl. Šisler 2014, 116.
[62] Vgl. ebda.
[63] Vgl. Trattner 2016, 38.

gefestigt.[64] In den betreffenden Spielen ist erkennbar, dass die spielbaren (zumeist) US-amerikanischen Soldaten in scharfer Abgrenzung
zum Feind charakterisiert werden. Bei den Beispielen aus den Spielereihen *Call of Duty*, *Battlefield* und *Medal of Honor* zeigt sich dies beispielsweise darin, dass die dargestellten US-Soldaten deutlich individualisiert auftreten, obwohl die Kameradschaft und demnach das Kollektiv, in dessen Dienst man handelt, stark betont werden. So gibt es
etwa einige wenige Protagonisten, die mit einer Hintergrundgeschichte
näher charakterisiert oder auch mit ihrer Familie gezeigt werden, wie
im Falle des Protagonisten Preacher in *Medal of Honor: Warfighter*.
Durch die Darstellung von Soldaten als Väter und Ehemänner wird
nicht nur eine zusätzliche Identifikationsgrundlage für das Publikum
geschaffen, es wird zugleich auch das betreffende militärische Eingreifen gerechtfertigt.[65] Bei *Medal of Honor: Warfighter* wird dies in der offiziellen Beschreibung des Spiels deutlich: „Beim Versuch seine Familie
wieder zusammenzuführen und seine Ehe zu kitten, entdeckt er, dass
diese letztendlich der Grund sind, für den er in den Kampf zog."[66] Dies
ist ein starker Kontrast zu den terroristischen Feinden, deren Motive
nicht offengelegt werden. Sie scheinen lediglich von irrationalem Hass
getrieben zu sein mit dem primären Ziel, Chaos zu verbreiten.[67] Diese
Zuschreibung irrationaler Gewalt, die im Gegensatz zu westlichen Formen der Zivilisation steht, ist auch eine klassisch-orientalistische.[68]

Arabisch-muslimische Kriegsspiele zwischen Subversion und Reproduktion

Mittlerweile dürfte klar sein, was in den besprochenen US-amerikanischen *Military Shootern* in erster Linie als das Eigene verstanden werden kann. Damit liegt auch die Vermutung nahe, das angenommene
Zielpublikum seien insbesondere junge US-amerikanische Männer.[69]
Da es sich aber um eine globale Industrie handelt, sind diese natürlich keineswegs die einzigen KonsumentInnen. Auch in jenen Ländern, die häufig Schauplätze der Kampfhandlungen im virtuellen Krieg

---

[64]   Vgl. Said 2003, 1, 332.
[65]   Vgl. Trattner 2016, 44.
[66]   EA 2012.
[67]   Vgl. Schulze von Glaßer 2012, 16.
[68]   Vgl. Riso 2013, 152.
[69]   Vgl. Höglund 2008.

gegen den Terror sind, werden die entsprechenden Spiele konsumiert – obwohl simplifizierende und generalisierende Darstellungen des Islam und einzelner arabischer oder anderer muslimischer Länder durchaus als diskriminierend wahrgenommen und kritisiert werden. Das zeigen beispielsweise Diskussionen von GamerInnen auf unterschiedlichen Social-Media-Plattformen[70] sowie Verbote einzelner Spiele in diversen Staaten.[71] Die kritische Auseinandersetzung mit Fremddarstellungen kann auch als Ausgangspunkt für die Konstruktion alternativer medialer Narrationen und damit alternativer Geschichtsschreibungen in Form eigener Spieleproduktionen außerhalb der westlichhegemonialen Perspektive gesehen werden.[72] Vít Šisler unterscheidet dabei zwischen „zwei signifikant unterschiedlichen Arten, wie arabische Produzenten bisher versucht haben, diese Fehldarstellungen zu untergraben – durch das Instrumentalisieren und Umkehren stereotyper Darstellungen, Narrative und Gameplay-Mechanismen europäischer und amerikanischer Spiele […], oder durch die Humanisierung arabischer und muslimischer Charaktere unter Verwendung distinkt islamischer Narrative (wie etwa *Under Siege, Quraish*).“[73] Bleibt man im Kontext der Kriegsspiele, die sich selbst als direkte Reaktion auf westliche Fehldarstellungen von Arabern und Muslimen in Computerspielen bezeichnen, so ist man eher mit ersterer Form der Subversion konfrontiert.

Ein Beispiel dafür sind zwei *First Person Shooter*, produziert und verbreitet durch die Hisbollah, die Konflikte mit Israel thematisieren. So behandelt *Special Force*[74] die Ereignisse um den Rückzug Israels aus dem Libanon im Jahr 2000, während *Special Force 2: Tale of the Truth-*

---

[70]   Vgl. Trattner 2016, 45–48.

[71]   Ein Beispiel hierfür ist Pakistan, wo *Medal of Honor: Warfighter* sowie *Call of Duty: Black Ops II* (Call of Duty: Black Ops II 2012) verboten wurden. Vgl. hierzu: Makuch 2013.

[72]   Zu arabisch-muslimischen Spieleproduktionen vgl. u. a.: Machin/Suleiman 2006; Tawil-Suori 2007; Šisler 2008, 2009, 2014.

[73]   Šisler 2008, 215 [Übersetzung: KT]. Das Actionspiel *Under Siege* (Under Siege 2005) und das Echtzeitstrategiespiel *Quraish* (Quraish 2005) stammen vom selben syrischen Entwicklerstudio und werden häufig als Beispiele für eine gelungene und als realitätsnah empfundene digitale Inszenierung muslimischer Geschichte und Identität genannt. Vgl. hierzu Galloway 2004; Tawil-Souri 2007; Šisler 2008, 213–216; Šisler 2014.

[74]   Special Force, Hisbollah, PC (Windows), Hisbollah 2003.

ful Pledge[75] während des Libanonkriegs 2006 spielt. Die veränderte Ausgangssituation im Gegensatz zu den besprochenen US-amerikanischen Kriegsspielen führt zu einem anderen Umgang mit Fragen nach Aneignung von Raum, Identitätskonstruktion und nationalistischen Narrativen. Die Kampfhandlungen finden nicht im unspezifischen, als fremd codierten Territorium statt, vielmehr ist hier das eigene Gebiet umkämpft. Vorab ist festzuhalten, dass sich beide Spiele, die von der Hisbollah als konkrete Reaktionen auf Darstellungen arabischer Muslime in westlichen Spielen bezeichnet wurden,[76] vollkommen innerhalb der spielmechanischen und grafischen Konventionen US-amerikanischer *First Person Shooter* bewegen. Auch in Hinblick auf die Erzählweise finden sich darin dieselben militaristischen Narrative wie jene der westlichen ‚Vorbilder‘ wieder, nur eben aus der Perspektive islamischer Kämpfer.[77] Die Spiele können demnach bis zu einem gewissen Grad als einfache Umkehrungen der Freund-Feind-Konstellation verstanden werden, die sich stark ihrer US-amerikanischen Gegenstücke bedienen. Sie arbeiten ebenfalls intensiv mit Vereinfachungen, Stereotypisierungen sowie einem simplen Gut-Böse-Dualismus und gehen sehr selektiv mit Referenzen auf reale historische und politische Ereignisse um.[78]

Dennoch gibt es zentrale Unterschiede, insbesondere hinsichtlich der zugrundeliegenden Kategorien in der Darstellung des Eigenen und des Fremden. Während US-Soldaten in US-amerikanischen Kriegsspielen häufig individualisiert dargestellt werden, stehen in den Hisbollah-*Shootern* das Kollektiv und die Verpflichtung diesem gegenüber viel deutlicher im Vordergrund.[79] Der Held im Kriegsgeschehen ist somit nicht der einzelne Soldat, sondern das Kollektiv, das sich vor allem über die gemeinsame religiöse Identität definiert. So werden die Kämpfer in *Special Force* beispielsweise durch die Ausrüstung mit billigen, schlechten Waffen in klarer Abgrenzung zur technologischen Überlegenheit Israels konstruiert. Damit wird laut Machin und Suleiman betont, dass die Stärke der Hisbollah-Kämpfer direkt von Gott und nicht aus der Technologie komme.[80] Die Identitätskonstruktion über die religiöse Zugehörigkeit ist zentral, denn, wie Šisler erklärt:

---

[75] Special Force 2: Tale of the Truthful Pledge, Hisbollah, PC (Windows), Hisbollah 2007.

[76] Vgl. Šisler 2008, 211.

[77] Vgl. Galloway 2004.

[78] Vgl. Šisler 2014, 119.

[79] Vgl. Machin/Suleiman 2006, 7.

[80] Vgl. ebd., 7.

„Durch die Situierung der Spielenden innerhalb der immersiven Simulation realer Konflikte in Palästina und im Libanon sowie durch deren vorwiegend religiöse Rahmung tragen die Spiele zur Vorstellung einer globalen muslimischen Identität bei."[81] Dem, was in vielen US-amerikanischen Kriegsspielen als westliche Großallianz gegen den Islam verstanden werden soll,[82] steht hier eine pan-islamische Vorstellung gegenüber, nach welcher die muslimische *umma* gegen den Feind von außen verteidigt werden müsse.[83] Die Darstellung des Eigenen, das sich wesentlich über Religion definiert und kollektiv gefasst wird, weicht also stark von jener der US-amerikanischen Spiele ab. Die Repräsentation der Feinde hingegen bleibt in ihren Strukturen weitgehend dieselbe: Wie dies in westlichen Kriegsspielen überwiegend der Fall ist, wird in den Hisbollah-Spielen der Feind ebenfalls grundsätzlich kollektiv und generalisiert dargestellt.[84]

Diese Umkehrung der Freund-Feind-Konstellation unter gleichzeitiger Beibehaltung der US-amerikanischen medialen Konventionen ist in mehrerlei Hinsicht als ambivalent zu betrachten. Sie zeigt ein Grundproblem von an die Peripherie des globalen Wirtschaftssystems gedrängten Gesellschaften auf, nämlich, sich selbst nur im Verhältnis zu wirtschaftlich und kulturell dominierenden Zentren beschreiben zu können.[85] Eine Strategie im Umgang mit diesem ungleichen Vergleich stellt laut Komlosy die „Selbstsetzung durch Umkehrung" dar, was „bedeutet, dass die Herabminderung der eigenen Kultur im westlichen Orientalisierungs-Diskurs nicht ernst genommen, sondern ein gegenläufiges historisches Narrativ entwickelt wird"[86]. Die besprochenen Spiele können einerseits als Aushandlungsorte ebensolcher gegenläufiger historischer Narrative gesehen werden, bedienen sich aber andererseits dabei keiner alternativen ‚Sprache' – im weitesten Sinne – sondern jener, die dem Orientalismus-Diskurs selbst eigen ist. Demnach sind diese Gegennarrative wohl irgendwo zwischen Subversion und Reproduktion zu verorten.[87]

---

81 Šisler 2014, 119 [Übersetzung: KT].
82 Vgl. Höglund 2008.
83 Vgl. Šisler 2014, 119.
84 Vgl. Machin/Suleiman 2006, 11.
85 Vgl. Komlosy 2011, 154.
86 Komlosy 2011, 157.
87 Vgl. Machin/Suleiman 2006, 3.

Zusammenfassung[88]

„Muslim blood is cheap",[89] stellte die pakistanisch-neuseeländische Game-Designerin Farah Khalaf auf der Game Developers Conference 2016 im Rahmen eines Panels mit dem Titel *The Current State of Muslim Representation in Video Games* fest. In der Tat ist muslimisches Blut in vielen Spielen, insbesondere in vielen aktuellen *Military Shootern*, ‚billig'. Als AkteurInnen im virtuellen *War on Terror* finden sich die SpielerInnen inmitten eines inszenierten *Clash of Civilizations* wieder. Der Islam wird in diesem Gefüge als grundsätzlich politisch und ideologisiert verstanden und demnach in erster Linie als Nährboden für anti-westlichen Terrorismus. Dieses von neo-orientalistischen Zuschreibungen geprägte Feindbild, bei dem unreflektierte Gleichsetzungen eine wesentliche Rolle spielen, wird im Nahen und Mittleren Osten durchaus kritisch wahrgenommen. Die Auseinandersetzung mit solchen Fremddarstellungen geschieht unter anderem in Form von eigenen Spieleproduktionen, die versuchen, dieses Bild zu unterwandern. Durch die Betrachtung solcher Spiele zeigt sich einerseits, dass die Aneignung transferierter Kulturprodukte in einem globalen Zusammenhang ein komplexer Prozess ist, der keineswegs eine passive Aufnahme bedeutet, sondern vielmehr eine „aktive Auseinandersetzung und Kreation, Neuschöpfung"[90], eingebettet in einen anderen politischen und soziokulturellen Kontext, der auch andere Bilder des Eigenen und des Fremden hervorbringt. Andererseits ist hier die Subversion der westlich-hegemonialen Perspektive unter gleichzeitiger Beibehaltung der transferierten medialen Konventionen ambivalent: Die Frage, ob dies nun als *Empowerment* gelesen werden kann, oder doch eher als das Gegenteil, muss an dieser Stelle offengelassen werden.

Literatur

Abrahamian 2003 = Ervand Abrahamian, The US Media, Huntington and September 11, in: Third World Quarterly 24 (2003) 3, 529–544.

Al-Rawi 2016 = Ahmed Al-Rawi, Video Games, Terrorism, and ISIS's Jihad 3.0, in: Terrorism and Political Violence (2016), 1–21.

---

[88] Teile dieses Abschnittes sind bereits in Form eines Blogbeitrags erschienen. Vgl. Trattner 2017.

[89] Takahasi 2016.

[90] Sieder/Langthaler 2010, 17.

Annandale 2010 = David Annandale, Avatars of Destruction. Cheerleading and Deconstructing the "War on Terror" in Video Games, in: Jeff Birkenstein u. a. (Hg.), Reframing 9/11. Film, Popular Culture and the "War on Terror", New York 2010, 97–106.

Bialasiewicz u. a. 2007 = Luiza Bialasiewicz u. a., Performing Security. The Imaginative Geographies of Current US Strategy, in: Political Geography 26 (2007), 405–422.

Bogost 2008 = Ian Bogost, The Rhetoric of Video Games, in: Katie Salen (Hg.), The Ecology of Games. Connecting Youth, Games, and Learning, Cambridge, Mass. 2008, 117–140.

Bottici/Challand 2006 = Chiara Bottici/Benoît Challand, Rethinking Political Myth. The Clash of Civilizations as a Self-Fulfilling Prophecy, in: European Journal of Social Theory 9 (2006) 3, 315–336.

Castro Varela/Dhawan 2005 = María do Mar Castro Varela/Nikita Dhawan, Postkoloniale Theorie. Eine kritische Einführung (Cultural Studies 12), Bielefeld 2005.

CNN 2001 = CNN, Transcript of President Bush's address to a joint session of Congress on Thursday night, September 20, 2001, http://edition.cnn.com/2001/US/09/20/gen.bush.transcript/ [08.06.2017].

Collet 2009 = Tanja Collet, Civilization and Civilized in Post-9/11 US Presidential Speeches, in: Discourse & Society 20 (2009) 4, 455–475.

Der Derian 1990 = James Der Derian, The Simulation Syndrome. From War Games to Game Wars, in: Social Text 24 (1990), 187.

EA 2012 = EA, Medal of Honor Warfighter. Spielinfo, 2012, http://www2.ea.com/de/medal-of-honor-warfighter [12.06.2017].

Ensslin 2012 = Astrid Ensslin, The Language of Gaming, Houndmills u. a. 2012.

Frum 2010 = Larry Frum, Playing as 'Taliban' removed from 'Medal of Honor' game, in: CNN 01.10.2010, http://edition.cnn.com/2010/TECH/gaming.gadgets/10/01/medal.of.honor.taliban/index.html [25.08.2017].

Galloway 2004 = Alexander R. Galloway, Social Realism in Gaming, in: Game Studies 4 (2004) 1, http://www.gamestudies.org/0401/galloway/ [12.06.2017].

Graham 2006 = Stephen Graham, Cities and the 'War on Terror', in: International Journal of Urban and Regional Research 30 (2006) 2, 255–276.

Graham 2009 = Stephen Graham, Cities under Siege. The New Military Urbanism, London 2009.

Hall 2014 = Matthew Hall, "This is our Call of Duty": How ISIS is Using Video Games, in: Salon 01.11.2014, http://www.salon.com/2014/11/01/this_is_our_call_of_duty_how_isis_is_using_video_games/ [13.06.2017].

Halter 2006 = Ed Halter, From Sun Tzu to Xbox. War and Video Games, New York 2006.

Höglund 2008 = Johan Höglund, Electronic Empire. Orientalism Revisited in the Military Shooter, in: Game Studies 8 (2008) 1, http://gamestudies.org/0801/articles/hoeglund [04.06.2017].

Höglund 2014 = Johan Höglund, Magic Nodes and Proleptic Warfare in the Multiplayer Component of Battlefield 3, in: Game Studies 14 (2014) 1, gamestudies.org/1401/articles/jhoeglund.

Holloway 2008 = David Holloway, 9/11 and the War on Terror (Representing American events), Edinburgh 2008.

Huntington 1993 = Samuel P. Huntington, The Clash of Civilizations? in: Foreign Affairs 72 (1993) 3, 22–49.

Huntington 1997 = Samuel P. Huntington, Der Kampf der Kulturen. The Clash of Civilizations. Die Neugestaltung der Weltpolitik im 21. Jahrhundert, 4. Aufl., München 1997.

King/Leonard 2010 = Richard C. King/David J. Leonard, Wargames as a New Frontier. Securing American Empire in Virtual Space, in: Nina Huntemann/ Matthew Thomas Payne (Hg.), Joystick Soldiers. The Politics of Play in Military Video Games, New York 2010, 91–105.

Komlosy 2011 = Andrea Komlosy, Globalgeschichte. Methoden und Theorien (UTB Geschichte 3564), Wien 2011.

Kumar 2010 = Deepa Kumar, Framing Islam. The Resurgence of Orientalism During the Bush II Era, in: Journal of Communication Inquiry 34 (2010) 3, 254–277.

Lewis 1990 = Bernard Lewis, The Roots of Muslim Rage, in: The Atlantic Monthly 226 (1990) 3, 47–60.

Machin/Suleiman 2006 = David Machin/Usama Suleiman, Arab and American Computer War Games. The Influence of a Global Technology on Discourse, in: Critical Discourse Studies 3 (2006) 1, 1–22.

Makuch 2013 = Eddie Makuch, Pakistan bans Black Ops II, Medal of Honor: Warfighter, in: Gamespot 25.01.2013, https://www.gamespot.com/articles/pakistan-bans-black-ops-ii-medal-of-honor-warfighter/1100-6402835/ [14.05.2016].

Mottadeh 1995 = Roy P. Mottahedeh, The Clash of Civilizations. An Islamicist's Critique, in: Harvard Middle Eastern and Islamic Review 2 (1995) 1, 1–26.

Payne 2016 = Matthew Payne, Playing War. Military Video Games After 9/11, New York–London 2016.

Riesebrodt 2001 = Martin Riesebrodt, Die Rückkehr der Religionen. Fundamentalismus und der „Kampf der Kulturen" (Beck'sche Reihe 1388), 2. Aufl., München 2001.

Riso 2013 = Guiseppe de Riso, Affect and Agency in Modern Warfare Videogames. Feeling the Muslim Enemy, in: Alicante Journal of English Studies 26 (2013), 143–155.

Rosenberg 2004 = Emily S. Rosenberg, War on Terrorism, in: Paul S. Boyer (Hg.), The Oxford companion to United States history, Oxford 2004, http://www.oxfordreference.com/view/10.1093/acref/9780195082098.001.0001/acref-9780195082098-e-1720 [25.08.2017].

Said 2003 = Edward W. Said, Orientalism. 25th anniversary ed. with a new preface by the author, New York 2003.

Said 2001 = Edward W. Said, The Clash of Ignorance, in: The Nation 04.10.2001, https://www.thenation.com/article/clash-ignorance/ [12.08.2017].

Samiei 2010 = Mohammad Samiei, Neo-Orientalism? The Relationship between the West and Islam in our Globalised World, in: Third World Quarterly 31 (2010) 7, 1145–1160.

Schubart/Virchow 2009 = Rikke Schubart/Fabian Virchow, War isn't Hell, it's Entertainment. Essays on Visual Media and the Representation of Conflict, Jefferson, N.C. 2009.

Schulze von Glaßer 2012 = Michael Schulze von Glaßer, Das virtuelle Schlachtfeld. Medal of Honor – Warfighter, Die Story – Der Hintergrund – Die Produktion, in: IMI-Studie (2012) 15.

Seib 2005 = Philip Seib, The News Media and "the Clash of Civilizations", in: Ders. (Hg.), Media and Conflict in the Twenty-First Century, New York 2005, 217–234.

Sieder/Langthaler 2010 = Reinhard Sieder/Ernst Langthaler, Einleitung. Was heißt Globalgeschichte?, in: Reinhard Sieder/Ernst Langthaler (Hg.), Globalgeschichte 1800–2010, Wien u. a. 2010, 9–38.

Šisler 2008 = Vít Šisler, Digital Arabs. Representation in Video Games, in: European Journal of Cultural Studies 11 (2008) 2, 203–220.

Šisler 2009 = Vít Šisler, Palestine in Pixels. The Holy Land, Arab-Israeli Conflict, and Reality Construction in Video Games, in: Middle East Journal of Culture and Communication 2 (2009) 2, 275–292.

Šisler 2014 = Vít Šisler, From Kuma\War to Quraish. Representation of Islam in Arab and American Video Games, in: Heidi Campbell/Gregory Price Grieve (Hg.), Playing with Religion in Digital Games (Digital Game Studies), Bloomington, IN 2014, 109–133.

Stahl 2006 = Roger Stahl, Have You Played the War on Terror?, in: Critical Studies in Media Communication 23 (2006) 2, 112–130.

Takahasi 2016 = Dean Takahasi, How the West Gets Muslims Wrong in Video Games, in: VentureBeat 28.03.2016, https://venturebeat.com/2016/03/28/how-the-west-fails-to-represent-muslims-correctly-in-video-games/ [13.06.2017].

Tawil-Souri 2007 = Helga Tawil-Souri, The Political Battlefield of Pro-Arab Video Games on Palestinian Screens, in: Comparative Studies of South Asia, Africa and the Middle East 27 (2007) 3, 536–551.

Tessler 2003 = Mark Tessler, Arab and Muslim Political Attitudes. Stereotypes and Evidence from Survey Research, in: International Studies Perspectives (International Studies Perspectives) 4 (2003) 2, 175–181.

Trattner 2016 = Kathrin Trattner, Religion, Games, and Othering. An Intersectional Approach, in: gamevironments (2016) 4, 24–60, http://elib.suub.uni-bremen.de/edocs/00105343-1.pdf [14.07.2016].

Trattner 2017 = Kathrin Trattner, Von Terroristen und Schurkenstaaten. Bilder des Islam und des Nahen Ostens im Military Shooter, in: Spiel–Kultur–Wissenschaften (2017), http://spielkult.hypotheses.org/1430 [06.06.2017].

Voorhees 2014 = Gerald Voorhees, Shooting, in: Mark J. P. Wolf/Bernard Perron (Hg.), The Routledge Companion to Video Game Studies (Routledge companions), New York 2014, 251–258.

Ludografie

Battlefield 3, EA DICE, PC (Windows) [u. a.], Electronic Arts 2011.

Call of Duty 4: Modern Warfare, Infinity Ward, PC (Windows) [u. a.], Activision 2007.

Call of Duty: Black Ops II, Treyarch, PC (Windows) [u. a.], Activision 2012.

Call of Duty-Reihe, Infinity Ward / Treyarch / Sledgehammer Games [u. a.], PC (Windows) [u. a.], Activision 2003–2017.

Grand Theft Auto V, Rockstar North, PC (Windows) [u. a.], Rockstar Games 2013.

Medal of Honor, Danger Close [u. a.], PC (Windows) [u. a.], Electronic Arts 2010.

Medal of Honor: Warfighter, Danger Close, PC (Windows) [u. a.], Electronic Arts 2012.

Quraish, Afkar Media, PC (Windows) [u. a.], Dar al-Fikr 2005.

Special Force, Hisbollah, PC (Windows), Hisbollah 2003.

Special Force 2: Tale of the Truthful Pledge, Hisbollah, PC (Windows), Hisbollah 2007.

Under Siege, Afkar Media, PC (Windows), Dar al-Fikr 2005.

Überleben im Anthropozän

Wege zu einer Definition von *Humanitarian Crisis Games*[1]

Mahshid Mayar

Einführung

Das Überleben angesichts oder trotz eines oder mehrerer widriger äußerer Umstände ist ein wesentliches handlungstreibendes Element in digitalen Spielen. Dass SpielerInnen gefordert sind, Zombie-Angriffe zu überleben (*Call of Duty*-Reihe[2], Zombie-Modus[3]; *Dead Nation*[4]), *die Belagerung des Planeten durch Außerirdische oder Monster zu durchbrechen (Resistance*-Reihe[5]; *War of the Worlds*[6] und *Fortnite*[7]), *wilde Tiere abzuwehren (Metal Gear Solid 3: Snake Eater*[8]; *Tokyo Jungle*[9]), *Hunger, Verwüstung oder Entkräftung zu überleben (Survival Kids*[10]; *PlayerUnknown's Battlegrounds*[11]) *und natürliche, ökonomische oder politische Katastrophen abzumildern oder durchzustehen (Darfur is Dying*[12]; *Resident-Evil*-Reihe[13]), macht bestimmte digitale Spiele nicht bloß ansprechend, sondern vor allem möglich – das heißt, spielbar. Neben dem Spielsteine-Stapeln in Kombinationsspielen wie *Tetris*[14] oder *Candy Crush Saga*[15],

---

[1] Ich danke Niko Rohé für seine Kommentare zu früheren Versionen dieses Texts.

[2] Call of Duty-Reihe 2003–2017.

[3] Ein Spielmodus, der SpielerInnen in einen Überlebenskampf gegen heranstürmende Zombie-Horden versetzt. Die Herausforderung liegt darin, den Wellen an Zombies möglichst lange standzuhalten.

[4] Dead Nation 2010.

[5] Resistance-Reihe 2006–2012.

[6] War of the Worlds 1982.

[7] Fortnite 2018.

[8] Metal Gear Solid 3: Snake Eater 2004.

[9] Tokyo Jungle 2012.

[10] Survival Kids 1999.

[11] PlayerUnknown's Battlegrounds 2017.

[12] Darfur is Dying 2006.

[13] Resident-Evil-Reihe 1996–2017.

[14] Tetris 1984.

[15] Candy Crush Saga 2012.

die einer sehr abstrakten Logik des Überlebens folgen, werden alle paar Monate Listen der kommerziell produzierten oder Independent-„Survival"-Titel mit menschlichen ProtagonistInnen, die rund um die Welt in verschiedenen Spiele-Hotspots entwickelt und gespielt werden, erstellt. Das zeigt einerseits, dass DesignerInnen aus diesem Konzept Kapital schlagen, und andererseits die Beliebtheit dieser Spiele bei globalen Spielergemeinschaften.

Dieser Beitrag fokussiert innerhalb dieser verschiedenen spielförmigen Varianten des Überlebens auf das Subgenre der „Humanitarian Crisis Games" (im Folgenden auch kurz: HCG).

In meinem Verständnis digitaler Spiele als Weltmaschine argumentiere ich im Folgenden für eine Definition von Humanitarian Crisis Games als Ausdruck individueller Reaktionen auf historisch relevante Katastrophen, die zwar lokal auftreten, aber globale Auswirkungen oder Wurzeln haben. Zugleich bestimme ich einige der Eigenschaften von HCGs durch eine Analyse verschiedener Lernspiele („Educational Games"). Daran anschließend untersuche ich zwei „Survival Games" näher: *Saragame*[16], einen Independent-Titel über das Überleben während des Bosnienkriegs, und *This War of Mine*[17], ein kommerziell erfolgreiches Beispiel für ein HCG, das vom selben Krieg inspiriert wurde.

Humanitarian Crisis Games: Wege zu einer Definition

Das Überleben im Angesicht realweltlicher Katastrophen ist durch Serious-Game-Titel[18] wie *Stop Disasters*[19] und *Disaster Watch*[20], *Food Force*[21], *Citizen Ship*[22] und *Darfur is Dying* bis hin zu den Verkaufs-

---

[16] Saragame.

[17] This War of Mine 2014.

[18] „Serious Games" sind Spiele, deren Zielsetzung über reine Unterhaltung hinausgeht, ganz gleich, ob sie im Schulunterricht eingesetzt werden, zur Weiterbildung von ArbeitnehmerInnen, oder um das Bewusstsein für ethische, soziale oder wirtschaftliche Problemlagen zu schärfen. Stellvertretend hierfür können die Spiele stehen, die im Auftrag der Vereinten Nationen erstellt wurden. In den letzten Jahren sind enorme Anstrengungen unternommen worden, um Serious Games zu fördern, etwa auch durch das Land Nordrhein-Westfalen. Für nähere Informationen über den Stand der Serious Games in Deutschland siehe: http://www.seriousgames.de/ [07.02.2018].

[19] Stop Disasters 2007.

[20] Disaster Watch 2006.

[21] Food Force 2005.

[22] Citizen Ship 2005.

erfolgen *This War of Mine* und *This War of Mine: The Little Ones*[23] zu einem Thema geworden, über das in der Welt digitaler Spiele viel diskutiert und gestritten wird. Als Instanzen des von Mary Flanagan treffend benannten „*critical play*" werfen HCGs einen kritischen Blick auf Globalisierungsprozesse und gamifizieren deren Rückwirkungen auf regionaler, lokaler und individueller Ebene. So wie in HCGs ist *critical play* das zentrale Element von Spielen und Spielerfahrungen, die SpielentwicklerInnen wie auch SpielerInnen herausfordern, sich Spielwelten oder spielerische Praktiken anzueignen beziehungsweise solche zu erschaffen, die Fragen des menschlichen Lebens aufgreifen. Diese Fragen können abstrakter Natur sein und zum Nachdenken über Konzepte der Kooperation, des Gewinnens und Verlierens anregen oder sich auf ganz konkrete Gegebenheiten wie die US-amerikanischen Militäraktionen im Kambodscha der frühen 1970er Jahre beziehen.[24]

HCGs entnehmen ihre natürlichen und humanitären Katastrophen der Zeitgeschichte, werden meist für Unterrichtszwecke oder zur moralischen Sensibilisierung entwickelt (was bedeutet, dass sie altersgruppenspezifisch sind) und werden üblicherweise kostenlos online zur Verfügung gestellt. Sie können klare moralische oder politische Botschaften enthalten und an ihre SpielerInnen zu vermitteln versuchen. Sie können außerdem ihre SpielerInnen dazu anhalten, sich Gedanken über einen laufenden Konflikt oder eine aktuelle Katastrophe zu machen, der oder die den Spielinhalt darstellt, oder noch einmal über ihre eigene Rolle bei der Eindämmung oder Auflösung einer historischen Katastrophe nachzudenken, die dieses Spiel simuliert. Für den Anfang lassen sich HCGs in zwei große Kategorien unterteilen: Zum einen gibt es „referentielle" Titel wie *Inside the Haiti Earthquake*[25], *Saragame* und *Ayiti: The Cost of Life*[26], die auf einen spezifischen Ort und eine spezifische Zeit von historischer Signifikanz verweisen, entweder um an die Opfer dortiger Ereignisse zu erinnern, oder – im Fall gegenwärtiger Konflikte oder Katastrophen – Aufmerksamkeit darauf zu lenken und bei ihren SpielerInnen moralisch verantwortliche Handlungsweisen hervorzurufen. Zum anderen existieren „supra-referentielle" HCGs, die, selbst wenn sie von einem spezifischen Ereignis aus unserem kulturellen Gedächtnis inspiriert wurden, dieses Ereig-

---

23 This War of Mine: The Little Ones 2016.
24 Vgl. Flanagan 2009, 6.
25 Inside the Haiti Earthquake 2010.
26 Ayiti: The Cost of Life 2006.

nis seiner spezifischen Umstände entkleiden und es in generischer
Weise inszenieren.

Hierbei gilt es zu beachten, dass durch die Ähnlichkeiten, die zwischen diesen beiden Kategorien – der referentiellen und der supra-referentiellen – bestehen, weder notwendigerweise die lokale, regionale oder
nationale Geschichtsschreibung durch die in ihnen spielförmig erzähl-
ten Ereignisse entwertet noch die Glaubhaftigkeit der Ansprüche dieser
Titel auf eine globale Geschichtsschreibung heruntergespielt werden.
Anders ausgedrückt: Derartige globale Ansprüche zu erheben oder den
Stellenwert und die Folgen eines Mikro-Ereignisses oder der Handlungen eines Akteurs in mikrohistorischer Position in globalen Zusammenhängen zu untersuchen heißt nicht, die Wichtigkeit der Aufzeichnung
und Untersuchung solcher Stellenwerte und Folgen auf lokaler, regionaler oder nationaler Ebene zu leugnen. Reinhard Sieder und Ernst
Langthaler argumentieren hinsichtlich der Beziehung anderer Formen
der Geschichtsschreibung mit der neueren Globalgeschichte ähnlich:

> „Damit werden staats- und länderspezifische Politik-, Wirtschafts-,
> Sozial- und Kulturgeschichten nicht obsolet, ganz im Gegenteil. Wir
> heben ausdrücklich hervor, dass Globalgeschichte unbedingt der empi-
> risch sorgfältig erarbeiteten Fallstudien bedarf (von Länder- über Regi-
> onal- bis zu Stadt- und Gemeindestudien), und dies jeweils zu allen
> großen Aspekten von Wirtschaft, Gesellschaft, Herrschaft, Politik und
> Kultur (10)."[27]

Nebenbei bemerkt können die Titel der ersten Kategorie durchaus in die
zweite Kategorie übergehen oder wenigstens in ihre Richtung weisen,
wie etwa das Online-Nachrichtenspiel *September 12th: A Toy World*[28].
Obwohl ursprünglich ein zum Nachdenken anregendes Nachrichten-
spiel über die Anfangsphase der US-Invasionen im Irak und in Afghanistan, wird *September 12th* mittlerweile von KünstlerInnen wie Päda-
gogInnen vor allem als Kommentar zur Absurdität und Inkonklusivität
des sogenannten „global war on terror" wahrgenommen. Die Logik des
Spiels liegt in seiner Unspielbarkeit, wie Gonzalo Frasca in der Einleitung zum Spiel klar feststellt: „This is not a game … This is a simulation. It has no ending. It has already begun."[29]

---

[27]   Sieder/Langthaler 2010, 10.
[28]   September 12th: A Toy World 2003. Online spielbar unter http://www.news-
       gaming.com/games/index12.htm [08.07.2017].
[29]   Ebd.

Das Wichtigste an diesem Spiel ist hier, wie es sich im Lauf der Zeit von einem referentiellen zu einem supra-referentiellen Titel wandelte. Diese Transformation liegt darin begründet, dass es Frasca gelang, die Zukunft beider Besatzungsvorhaben als das, was nunmehr eine globale Front geworden ist, entlang derer der sogenannte *War on Terror* ausgefochten wird, vorauszusehen. In seiner jetzigen Form ist der globale Krieg gegen den Terror ein Raum, in dem die proaktiven Überlebensstrategien bewaffneter westlicher GamerInnen mit den reaktiven Überlebensstrategien unbewaffneter ZivilistInnen des Mittleren Ostens und bewaffneter, schwer unterscheidbarer und schwer zu vernichtender TerroristInnen zusammenprallen. Damit entwickelte sich *September 12th*, obwohl ursprünglich ein referentielles Spiel, im Lauf der Zeit von einer zeitgemäßen und sehr umstrittenen Reaktion auf die historisch relevanten unilateralen Kriegshandlungen der USA unter Präsident George W. Bush zu einem Titel, der in Richtung eines nicht-referentiellen HCG weist und von SpielerInnen gespielt wird, die mit dem andauernden Kriegsgeschehen unterschiedliche politische Einstellungen, Narrative und Erinnerungen verbinden. Im aktuellen politischen Klima fungiert das Spiel damit als Plattform, auf der Terrorismus als globalisierendes Phänomen, dessen Gruppierungen sich – allen klaren Demarkationen wie Nationalität, Religion, ethnische oder geografische Zugehörigkeit entziehend – vergrößert haben, infrage gestellt, reflektiert und spielerisch verhandelt werden kann. Im Folgenden greife ich auf beide Kategorien, referentiell und supra-referentiell, zurück.

HCGS als ein Subgenre Digitaler Survival Games verstehen das ‚Überleben' in Form individuellen Wettstreits wie auch kollektiver Kooperation in einer sich globalisierenden Welt angesichts humanitärer und Umweltkatastrophen als unvermeidliche, kantige, die ganze Geschichte durchziehende Verbindung zwischen den verschiedenen Skalen menschlicher Existenz (individuell, stammesförmig, urban, national usw.). Innerhalb des skalaren Ansatzes in der Humangeografie heißt „zwischen den Skalen springen", dass Phänomene oder deren Konsequenzen von der Skala (individuell, lokal, national, global), innerhalb derer sie stattfinden, auf eine andere Skala umgelegt werden, um ihre Effekte zu studieren und sie verstehen zu können. Dieses Konzept, ursprünglich entwickelt von Neil Smith,[30] ist bereits selbst als Beispiel skalarer Rigidität kritisiert worden, als eine Metapher, die die in ihr wie selbstverständlich festgeschriebenen vertikalen Hierarchien zwischen

---

[30] Smith 1992, 54–81.

den einzelnen Skalen noch verstärkt.[31] Ich möchte jedoch behaupten,
dass diese Spiele Individuen oder Gruppen von Individuen (AkteurInnen, die humanitäre Krisen passiv oder aktiv (mit)verursacht haben,
nur um ihnen schlussendlich zum Opfer zu fallen) lokalen, nationalen
oder globalen Katastrophen gegenüberstellen und dann zwischen den
Skalen springen, um sowohl den Überlebensdrang dieser Akteure zu
prüfen als auch ihren Willen, aus historischer Perspektive folgenreiche,
natürlicherweise nicht vermeidbare, politisch undurchschaubare und/
oder wirtschaftlich verheerende Katastrophen zu überstehen, sobald
diese sich ankündigen. Damit ist eine erste Eigenschaft dieser Titel als
Weltmaschinen herausgearbeitet.

Als ein passendes Beispiel bringt *My Life as a Refugee*[32] die täglichen Schwierigkeiten von Flüchtlingen in die Spielumgebung ein und
erlaubt den SpielerInnen damit, über die lebensverändernden Entscheidungen dieser Flüchtlinge nachzudenken, die diese treffen müssen, um
zu überleben, sich in Sicherheit zu bringen, ihre Angehörigen wieder-
zusehen und ein neues Leben zu beginnen zu können (siehe Abb. 1).[33]
Meritas, Paulos und Amikas einsame Reise auf der Suche nach Sicherheit und die schwierigen, lebensverändernden Entscheidungen, die
sie beständig in kürzester Zeit fallen müssen, dabei bei jedem Schritt
durch feindliche Truppen bedroht oder in Gefahr, getötet, vergewaltigt
oder zum Dienst an der Waffe gezwungen zu werden, öffnen den SpielerInnen dieses Titels ein Fenster, das den Blick auf Überlebensaspekte
ermöglicht, die normalerweise kein integraler Bestandteil ihres täglichen Lebens sind. Das Spiel lädt seine SpielerInnen ein, sich selbst an
die Stelle seiner jungen Charaktere zu versetzen, wenn sie dessen Herausforderung: „Mal sehen, ob Du hast, was es zum Überleben braucht"
annehmen und ihre eigenen Antworten auf seine Fragen wie „Kannst
Du überleben?", „Kannst Du Dir vorstellen, was es heißt, durch Krieg
von Deiner Familie getrennt zu werden?" zu finden. Auch wenn es bes-
tenfalls emotionale Reaktionen bei seinen SpielerInnen hervorrufen
kann, ist *My Life as a Refugee* insofern ein HCG, als der Überlebens-
wille von Merita, Paulo und Amika mit dem Überlebenswillen aller
SpielerInnen in Verbindung tritt, die über ein Smartphone verfügen

---

[31]   Eine Diskussion von Skalen in der Humangeografie einschließlich einer mul-
       tiperspektivischen Analyse des Konzepts des Skalenspringens bei: Marston/
       Jones III./Woodward 2005, 416–432.

[32]   My Life as a Refugee 2012.

[33]   Vgl. „Life and Death Decisions", http://mylifeasarefugee.org/ [08.07.2017].

Abb. 1: Wahl zwischen Situationen aus dem echten Leben,
http://mylifeasarefugee.org/game.html

und sich die Mühe machen, die App kostenlos herunterzuladen, ganz gleich, wer sie sind, wo sie leben und was ihre persönlichen Geschichten oder kollektiven Erinnerungen über das Überleben sein mögen. In gewissem Sinn wird jedes HCG, wie hier beispielhaft *My Life as a Refugee*, durch die Durchlässigkeit und Überlagerung der nicht notwendigerweise deckungsgleichen Realwelt und der Spielwelt ermöglicht und spielbar gemacht.

Darüber hinaus ist das Spiel ein suprareferentielles HCG, da es alle geografischen und historischen Spezifika seiner Ereignisse entfernt, um politische Krisen als Ereignisse globalisieren zu können, die potentiell jederzeit jeder und jedem an jedem Punkt auf dem Globus zustoßen könnten. So ergibt sich durch das Loslösen von historischen und geografischen Referenzpunkten Suprareferentialität – nicht, um das Individuelle und Lokale übersehen zu können, sondern um die Möglichkeit zu betonen, dass lokale Geschehnisse sich überall bei jeder beliebigen Gruppe von Individuen ereignen können. So könnten sich die SpielerInnen die fragliche Krise als sich potentiell wo auch immer ereignend vorstellen, während ihre Überlebenden gleich welchen Alters, welcher ethnischen Zugehörigkeit oder Genders sein und sich jeder beliebigen nationalen, nicht- oder subnationalen Gemeinschaft zugehörig fühlen können. Die Stärke des Titels liegt trotz einer relativ gleichgültigen Beurteilung durch SpielekritikerInnen in der Kraft der Masse: *My Life as a Refugee* ist ein Spiel inmitten eines sich ausweitenden Netzwerks von Erzählungen (mit gleichem oder ähnlichem Titel) über das Leben von Flüchtlingen, ihre Erinnerungen und Memoiren, die allesamt in den letzten Jahren als Autobiografien, Filme, Comics, TED-Talks, und digitale Spiele erschienen sind und die Flüchtlingskrisen der Zeitgeschichte erfahrbar machen, indem sie individuelle Geschichten nutzen, um ein globales Publikum anzusprechen.[34]

In HCGs wie den bereits genannten sind die spielbaren Charaktere zumeist un- oder schlechtbewaffnete ZivilistInnen, die durch ihre Grundbedürfnisse – Nahrung, sauberes Wasser, Unterkunft – gezwungen werden, sich in dystopische Landschaften oder Städte zu begeben und angesichts durch das Spiel zu unvorhersehbaren Zeitpunkten heraufbeschworener gewalttätiger Zufallsbegegnungen zu improvisieren. So werden die Erfahrungen, die die Individuen mit Katastrophen gemacht haben, mitsamt ihrer Affekte und Reaktionsstrategien in einen Satz von Möglichkeiten von Überlebensszenarien überführt, auf die die SpielerInnen zurückgreifen können, um ihre eigenen Überlebensnarrative zu entwickeln. Damit fungieren die individuellen Reaktionen der spielbaren Charaktere als vielflächige Verbindungsstücke zwischen lokal auftretenden natürlichen, ökonomischen oder politischen Katastrophen und deren globalen (tatsächlichen oder potentiellen) Rückwirkungen, während die Glieder, die diese Kette zusammenhalten, eben diese spielbaren Charaktere darstellen, falls sie durch die SpielerInnen verwaltet und modifiziert werden. Hier zeigt sich eine zweite Eigenschaft von HCGs als ‚Weltmaschinen‘: Ihre Fähigkeit, Skalen zu komplexen, anthropozentrischen Netzwerken zu verknüpfen, innerhalb derer Katastrophen sich entfalten, verändern, verlagern, und Verwüstungen anrichten, bevor sie (hoffentlich) schlussendlich abklingen.

Gerade bei HCGs kann und sollte vor allem die individuelle Skala in den Blick genommen werden, die von globalen Katastrophen am stärksten betroffen ist. Durch das Individuum werden bestimmte historisch relevante Ereignisse oder lokale Probleme mit abstrakten globalen Dynamiken und allgemeingültigen Prozessen auf bedeutungsstiftende und erfahrbare Weise verknüpft. Schließlich bestehen aus SpielerInnenperspektive die einzigen nachvollziehbaren Verknüpfungen der Skalen während einer Krise in der menschlichen Wahrnehmung, der menschlichen Natur, dem menschlichen Feld affektiver Reaktio-

---

[34] Siehe beispielsweise Phyuyel 2015 und Amnesty International 2012, die verschiedenen Ausstellungen und Videos der gemeinnützigen Organisation Torn From Home: My Life as a Refugee und Biografien und Autobiografien von Flüchtlingen, wie etwa Rawlence 2016 und Ghannam 2016.

nen und dem menschlichen Überlebenswillen. Die Bewältigungsstrategien von Individuen sind es, die wirklich effektiven Wandel hervorbringen, da sie Teile eines universellen Vorrats menschlicher Willensäußerungen und Handlungen sind. Einzig durch das Individuum, als eines unter Milliarden Teilen der Menschheit, werden Katastrophen wie Kriege in gemeinsame Probleme der Menschheit auf der ganzen Welt verwandelt, die Umweltdebatten entnationalisiert und wir alle – trotz unserer verschiedenen Vergangenheiten und Gegenwarten – an unsere gemeinsame Heimat, unser geteiltes Schicksal und unsere gemeinsame Zukunft erinnert. Wie Emir Cerimovic, der als Kind die Belagerung Sarajevos – das ikonische Ereignis des Bosnienkriegs – überlebte, im filmischen Vorspann zu *This War of Mine* sagt: „I know one thing. It might happen to anyone. War always happens at somebody's doorstep.“[35]

Sobald wir das Individuum vernachlässigen, werden wir nur allzu rasch Opfer unserer Bereitschaft, uns zu distanzieren, uns abzugrenzen, mit den Achseln zu zucken und zu vergessen, wenn Katastrophen uns als ‚global‘ begegnen. In der Welt digitaler Spiele zeigt sich eine derartige Missachtung des Individuums und individueller Geschichten vor allem in Titeln, die sich auf den gräulichen Glanz und die blind hingenommene Erregung bewaffneter Konflikte konzentrieren – seien sie historisch oder imaginär –, ohne dabei eine Möglichkeit zu bieten, von den Geschehnissen affektiert zu werden und ihre dergestaltige Seite aus der Perspektive der Unbewaffneten, der Versehrten, der zufälligen, unbeteiligten Opfer, kurz: der Nicht-HeldInnen zu verstehen. Tatsächlich macht ein abstraktes ‚Globales‘ Katastrophen in diesem Sinn nicht notwendigerweise in einem höheren Grad unmittelbar, fassbar oder einer Reaktion würdig. Das Etikett ‚global‘ kann – und wird auch oftmals – eher dazu beitragen, Katastrophen für SpielerInnengemeinschaften in noch abstraktere Gebilde zu verwandeln, weiter weg und weniger bedrohlich denn je, wenn es sie nicht anhand individueller Lebensgeschichten kartiert.

Um zur dritten Eigenschaft von HCGs als Weltmaschinen zu kommen: Es sind üblicherweise regionale, sub-nationale Katastrophen, von denen Individuen in ihrem täglichen Leben betroffen werden und die damit die Transmissionsriemen humanitärer Krisen darstellen; ‚global‘ funktioniert in diesen Spielen als ein Schlüsselbegriff, solange er dazu beiträgt, über all unsere Unterschiede hinsichtlich geografischer und

---

[35]   11 bit studios, „This War of Mine Launch Trailer – The Survivor“, https://www.youtube.com/watch?v=gotK5DLdVvI [12.06.2017].

historischer Herkunft, Hautfarbe, Sprache und Religion hinaus unsere Aufmerksamkeit auf die Endlichkeit unseres einen einzigen Planeten und seine Verwundbarkeit zu richten. Nach Ursula Heise ist es erforderlich, die Besessenheit der Kulturwissenschaften von „historical, cultural, and linguistic differences" aufzugeben und deutlich mehr dringend benötigte Aufmerksamkeit auf „global scenarios of change and risk" zu richten, um den Anbruch des Anthropozäns als kritischen Punkt der Diskussion akzeptieren zu können. Unter „Anthropozän" verstehe ich im Folgenden nicht die Definition einer geologischen Epoche der Erdgeschichte, die unter GeologInnen und ÖkologInnen bereits intensiv diskutiert wurde. Mein Verständnis des Begriffs basiert auf dem der Environmental Humanities.[36] Ich beziehe mich dabei vor allem auf Ursula Heise, die – ganz gleich, ob GeologInnen sich nun darauf verständigen, den Begriff als Bezeichnung einer neuen Epoche der Erdgeschichte anzusehen oder nicht – Folgendes feststellt: „[T]he Anthropocene has turned humankind at large into the protagonist of a new deep-time narrative, generated heated debates over the merits of such a species narrative as opposed to an emphasis on economic and geopolitical inequality...."[37] In diesem Sinn sind HCGs Weltmaschinen, weil sie uns als SpielerInnen und KritikerInnen dazu treiben, die Grenzziehungen unserer persönlichen mentalen Weltkarten zu überdenken. So ermöglichen sie es, ein besseres Verständnis dafür zu entwickeln, wie sich unsere eigenen Erfahrungen, Entscheidungen, Belastungen und Bewegungen auf lokaler Ebene (aus unserer persönlichen Komfortzone hinaus und in sie hinein) und die anderer verknüpfen, wie sich ‚das Globale' problematisieren lässt und wie dessen Gestalt und Kraft verändert werden können. Damit stellen sie zugleich eine Einladung dar, den übermäßigen Gebrauch des Worts ‚global' im Umgang mit Katastrophen wie auch in der Diskussion der Möglichkeiten und Beschränkungen, die das Anthropozän bietet, zu reflektieren.

Ein Vergleich: *Saragame* und *This War of Mine*

Um die ineinander übergehenden Interaktionen dieser Skalen und das ‚Globale' in Humanitarian Crisis Games als Weltmaschinen sowie in

---

[36]   Um einen Überblick über die entsprechende Diskussion über das Anthropozän zu erhalten, empfehle ich: Ackerman 2015; Davis/Turpin 2015; Oppermann/Iovino 2017; Heise/Christensen/Niemann 2017; Schaumann/Sullivan 2017.

[37]   Heise/Christensen/Niemann 2017, 1.

Bezug auf historische Ereignisse besser verständlich zu machen, werfe ich im Folgenden einen genaueren Blick auf zwei Spiele, die vom selben zeithistorischen Ereignis inspiriert wurden: Der Belagerung Sarajevos in den 1990ern.[38] Das erste, *Saragame*, ist ein kostenloser, referentieller Independent-Titel, den der Bosnier Emir Cerimovic entwickelte, der ein Jahr unter der Belagerung lebte, bevor seiner Familie die Flucht gelang.[39] Das zweite, *This War of Mine*, ist ein kommerzieller Titel, der ebenfalls von der Belagerung inspiriert wurde, entwickelt und vertrieben von den polnischen Entwicklern 11 bit studios.[40] Obwohl *Saragame* ein strikt referentieller Titel ist, handelt es sich, wie sich zeigen wird, bei *This War of Mine* um ein Beispiel für die bereits angesprochene Entwicklung referentieller HCGs hin zu suprareferentiellen. Im Folgenden vergleiche ich diese Spiele hinsichtlich der Strecke, die die Belagerung Sarajevos als historisches Ereignis zurücklegt – von Simulation und Spielbarkeit in *Saragame* bis hin zu einem Spiel mit globalen Ambitionen, in dem Sarajevo transformiert und auf eine Stadt, jede beliebige Stadt der Welt, projiziert wird. *Saragame* ist ein semi-autobiografischer, auf Flash basierender zweidimensionaler Ein-Spieler-Titel, der von einem Überlebenden der Belagerung Sarajevos entwickelt wurde. In Emir Cerimovics Worten: „[In *Saragame* w]e play a teenager on his own in Sarajevo between 1992 and 1995. Trought [sic!] expressionist draws and animations, an artistic ‚boring' game, where war is more real than in any modern ‚realistic' game."[41] Das Spiel bezieht sich auf die prekären, ermüdenden Routinen des täglichen Lebens eines Jugendlichen, der die Belagerung auf sich selbst gestellt überleben musste. So wird das Spiel tatsächlich, wie Cemirovic behauptet, „a testimony of the [B]osnian war."[42] Das Spiel fungiert als eine persönliche Erinnerungserzählung, angestoßen durch traumatische Erfahrungen während des Bosnienkrieges und doch als Rücblick durch einen einzelnen Beobachter-Überlebenden gestaltet: Eine autobiografische Aufzeichnung des Überlebens in schwarz-weißem Strich (Abb. 2). Über seine

---

[38] Die folgenden Titel nehmen verschiedene Aspekte der Belagerung Sarajevos aus historischer, anthropologischer, ökonomischer und spatial/urbaner Perspektive in den Fokus: Macek 2011; Donia 2009, bes. 287-334; Jestrovic 2013, bes. 115-212; Andreas 2008; Bartrop 2016; Emmert 2006; Rusek/Ingrao 2006.

[39] Erreich- und spielbar unter: http://www.emircerimovic.com/ [12.06.2017].

[40] Für weitere Informationen über das Spiel und seine Inhalte: http://www.thiswarofmine.com/ [10.06.2017].

[41] http://www.emircerimovic.com/ [12.07.2017].

[42] Ebd.

Funktion als Zeugnis hinaus erweckt es den Eindruck, als biete es eine
Spiel-Stätte, an der sich das aufsuchen lässt, was im Sinne Paul Ricœurs
nicht vergessen werden kann.[43] Meiner Ansicht nach versucht das Spiel
nicht lediglich, des Bosnienkriegs zu gedenken. Vielmehr erzählt es
eine nachfühlbare Geschichte des Überlebens während dieses Krieges
anhand hochgradig individueller Erinnerungen.

This War of Mine andererseits wurde 2014 von 11 bit studios veröffentlicht, ein kommerziell – und erfolgreich – vertriebener Einzelspieler-
2D-Titel. Dieses Spiel ist ein beispielhafter Vertreter der HCGs, insofern es Individuelles – keiner militärischen Gruppe angehörige, nicht
identifizierbare ZivilistInnen – mit Historischem, aber zugleich Loka-
lem – eine anonymisierte, belagerte Stadt – und mit dem allgemein
menschlichen Überlebenswillen und dem ‚Globalen‘ – den Erfahrungen des Überlebens in einem städtischen Raum als Ort zeitgenössischer
Konflikte – verwebt. *This War of Mine* kann sowohl als ernsthafter wie
auch kritischer Titel klassifiziert werden und ermöglicht es seinen SpielerInnen, ihre eigenen Überlebensgeschichten in der Rolle von ZivilistInnen, die vom Krieg verschluckt werden, zu kreieren und auszule-
ben. Sie spielen dabei unbewaffnete Individuen, die als wehrlose Fraktion in ungleiche Kräfteverhältnisse zwischen PolitikerInnen, StrategIn-
nen, GuerillakämpferInnen und dem Militär hineingezogen werden.

„Reality of war is boredom." So Cerimovics Motto in *Saragame*. Zur
Erläuterung führt er an: „you can only walk around in a closed area, go
for water or wood (no electricity, no food, no windows, hard winter,
no tap water, shelling, snipers, fear, …) sleep, draw, read with a candle
as only light …"[44] Der einzige spielbare Charakter des Titels, der allein
zurückgelassene Jugendliche, verfügt nur über einen begrenzten Spiel-
raum. Er kann seinen Unterschlupf betreten und verlassen, tagsüber
in einem kleinen Gebiet nach links oder rechts umherstreifen, Wasser
und Holz sammeln, nach Hause zurückkehren, essen, schlafen, und
so den Tag verbringen (Abb. 3). Wie Cerimovic in seiner Einleitung
ausführt, liest er vielleicht auch ein wenig, zeichnet oder spielt auf seiner Gitarre. Auf Abbildung 3 wird erkennbar, dass das Sarajevo jener
jugendlichen Überlebenstage aus dem Gedächtnis gezeichnet wurde.
Es besteht aus halbverlassenen Gebäuden, ausgebrannten Autowracks,
Trümmern, eingeschlagenen Fensterscheiben, dem Fluss Miljacka, Blut-
flecken auf den Wänden der Häuser und einem Friedhof, der sich bis in

---

[43]   Ricoeur 2004, xv.
[44]   http://www.emircerimovic.com/ [12.07.2017].

Abb. 2: Standbild aus Saragame (Flash, Emir Cerimovic),
http://www.emircerimovic.com/

Abb. 3: Standbild aus Saragame, http://www.emircerimovic.com/

die Wälder erstreckt. Es beherbergt Trauernde, stumme Straßenverkäu-
ferInnen, streunende Hunde, Bewaffnete und einsame, aus Angst und
auf der Suche nach Essen vornübergebeugte Erwachsene und Kinder.

Die Entwickler von 11 bit studios dagegen statteten *This War of
Mine* unter dem Spielmotto „Im Krieg ist nicht jeder Soldat!" zu Beginn
mit starken referentiellen Bezügen zur Belagerung Sarajevos aus – und
doch stellt die schließlich veröffentlichte Version ein suprareferentielles
HCG dar, ein digitales Strategiespiel, das in einer Stadt – irgendeiner
beliebigen Stadt – irgendwo auf der Welt spielt. Ursprünglich inspiriert
von der Belagerung Sarajevos als der längsten Belagerung der jüngeren Geschichte (1425 Tage zwischen 1992 und 1996), spielt der Titel
nun in der fiktiven Stadt Pogoren in Graznavia (Abb. 4). Mit insgesamt

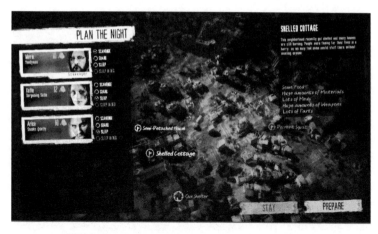

Abb. 4: Planung einer Nacht, This War of Mine (Ausschnitt),
wiki: http://this-war-of-mine.wikia.com/wiki/Scavenge

Abb. 5: Standbild aus This War of Mine: Spielende,
http://this-war-of-mine.wikia.com/wiki/Endings

zwölf spielbaren Charakteren zur Auswahl sowie zahlreichen Nicht-
spielercharakteren wie Scharfschützen, Nachbarn und alten Bekann-
ten der Spielcharaktere ermöglicht das Spiel seinen SpielerInnen verschiedene Strategien und das Sammeln spezifischer Güter – Nahrung,
Medikamente, Bücher usw. –, um ihrer Gruppe von ein bis vier Charakteren ein Überleben der Belagerung, deren Dauer unvorhersehbar

ist, zu ermöglichen.[45] Bis zum Ende zu überleben stellt sich dabei als
sehr schwer heraus, wie die Spielstatistiken zeigen: Innerhalb der ersten 14 Tage nach Veröffentlichung stellten die EntwicklerInnen fest,
dass weniger als elf Prozent der SpielerInnen überhaupt das spielimm-
manente Kriegsende erreicht hatten[46] (siehe Abb. 5).

Während *Saragame* in die Korridore des Gedächtnisses eintaucht,
um die Schrecken eines Kapitels der europäischen Zeitgeschichte spielbar zu machen, liefert *This War of Mine* auf der Basis dieser Geschichte
einen präzisen Kommentar zu Erfordernissen des Überlebens und den
Auswirkungen eines Konflikts auf individuelle Biografien während einer
Katastrophe. Der Titel ist ein Produkt einer stark von bewaffneten Konflikten dominierten ,Ludisphäre' des 21. Jahrhunderts, die Shooter-
Charaktere auf Schlachtfeldern wie innerstädtischen Straßen zu Geld
macht, und stellt deren Grenzen zugleich erfolgreich infrage.[47] Nach
Pawel Miechowski von 11 bit studios gibt das ein generelles Spielge-
fühl verschiedener SpielerInnengemeinschaften wieder, das vom Game-
play in *This War of Mine*'s aufgebrochen wird: „[…] we have this *Call of
Duty* feeling, and then bang, no, it's not about this, it's about the other
side." In einer Welt, die hauptsächlich mit strahlenden Kriegshelden,
entfesselter Gewaltausübung und nahezu real wirkendem, filmischem
Einsatz von Blut und Eingeweiden assoziiert wird, verletzt das Spiel
Erwartungen. Wie Matt Peckham versichert,

> „The version of war we're often sold involves abstract military num-
> bers, splashy interactive news maps and easy slogans on bumper sti-
> ckers. In real war, whatever the reasons and however noble the rhe-
> toric, it comes down to individuals like the ones in *This War of Mine*:
> People like you or me trapped in appalling scenarios, their social con-
> structs crumbling, needing basic shelter, food, a bed to sleep in, pills
> or antibiotics, and perhaps most of all, a reason in all the madness not
> to check out for good."[48]

---

[45] Für mehr Informationen zu Spiel und Gameplay siehe: „This War of Mine
Wiki", http://this-war-of-mine.wikia.com/wiki/This_War_of_Mine_Wiki
[10.06.2017].

[46] Vgl. Yin-Poole 2014.

[47] Nach Celia Pearce ist die Ludisphäre „a 'virtual world system', encompassing
the totality of networked games and virtual worlds on the Internet." Pearce
2006, 28.

[48] Peckham 2014.

Auch im akademischen Bereich wird dem bewaffneten Teil ziviler Konflikte (innerhalb wie außerhalb der Ludisphäre) übermäßig viel Aufmerksamkeit geschenkt, und ZivilistInnen werden zumeist in einer passiven Opferrolle marginalisiert.[49] „Civilians," so S. Barter, „typically feature as hapless bystanders, either abused dependant variables or candidates for aid."[50] Wie die zwei hier untersuchten Titel deutlich zeigen, reagieren aber nicht alle ZivilistInnen in ähnlicher Weise auf Konflikte, so dass es notwendig ist, den Terminus ‚ZivilistIn' analytisch aufzugliedern, um die Varianzbreite der Überlebensstrategien angemessen zu erfassen, die von diesen unbewaffneten, vermeintlich neutralen, aber nicht notwendigerweise apolitischen, teilnahmslosen oder hilflosen ZivilistInnen in Zeiten militärischer Konflikte oder angesichts von Naturkatastrophen an den Tag gelegt werden. Im Fall von *This War of Mine* umfassen diese Strategien unter anderem: Anderen zu helfen, mit ihnen zu handeln, sie auszurauben, auszuplündern und oder zu töten. Wie *Saragame* und *This War of Mine* zeigen, können ZivilistInnen zwar sprachlos erscheinen oder gemacht werden, aber ihre Lebensgeschichten stecken dennoch voller Affekte, unbequemer Entscheidungen, die sie treffen müssen, und zurückgestellter, aufgeschobener oder infrage gestellter politischer Überzeugungen.

Für ZivilistInnen, die von Krieg betroffen oder durch eine Belagerung festgehalten werden, gibt es grundsätzlich zwei Wege, zu überleben: a) Rechtzeitig in ländliche Gebiete, Nachbarstädte oder benachbarte Länder zu flüchten, oder b) zu bleiben und durch diverse Akte von Konkurrenz und Kooperation zu überleben versuchen. Untersucht man das an realweltlichen Konfliktsituationen, stellt sich heraus, dass es vor allem die Armen, die Alten, die sehr Jungen oder die körperlich Eingeschränkten sind, die in belagerten Städten zurückbleiben und dort um ihr Überleben kämpfen, während die wohlhabenden Jugendlichen oder die gut vernetzte soziale Elite solcher Städte den Ort des Geschehens längst gegen eine sichere Zuflucht in einem Nachbarland oder dem ‚Westen' eingetauscht haben. Individuen wie der Spielcharakter in *Saragame*, die keine Chance bekommen zu fliehen oder sich entscheiden, zu bleiben, haben entweder bereits ihr Leben verloren, wurden gezwungen, zur Waffe zu greifen, oder mussten neu lernen,

---

[49] Die folgenden Titel untersuchen das Verhalten von ZivilistInnen in bewaffneten Konflikten: Garbett 2016; Zweiniger-Bargielowska/Duffet/Drouard 2011; Atkin 2008.

[50] Barter 2016, 2.

wie sie in einer Stadt leben können, die sie kaum noch wiedererkennen. Die spielbaren und nicht-spielbaren Charaktere, die im historischen Sarajevo von *Saragame* oder im fiktiven Pogoren – der generischen Stadt[51] – von *This War of Mine* zurückbleiben, gehören alle zu der kleinen Minderheit der Überlebenden, die weder floh noch sich einer der Kampfparteien anschloss, sondern blieb und versuchte, neue Alltagsroutinen zu lernen, sich neue Fähigkeiten anzueignen, um die Krise durchstehen zu können. In den untersuchten Titeln, aber besonders in *This War of Mine,* wird von ihren täglichen Verrichtungen wie Kochen, Essen, Lesen, ihren Gefühlen von Trauer, Desillusionierung, Kummer und Langeweile ebenso wie von ihren nächtlichen Verrichtungen – stöbern nach Nützlichem, plündern, verwundet werden, andere verletzen – erzählt. Dabei werden diese von den SpielerInnen gesteuert, die damit Einfluss auf Fortgang und Ende des Überlebenskampfes haben.

In diesen Titeln werden lediglich einige ausgewählte Aspekte des täglichen Überlebenskampfs spielbar gemacht. Bei der Behandlung ihres Hauptthemas „Ziviles Leben in Zeiten des Konflikts" ziehen sie keine expliziten Verweise auf Massenvergewaltigungen, Schwarzmarktgeschäfte und Kriegsprofiteure, Kannibalismus oder Genozid. Sie zeigen eine Option unter vielen aus dem, was in der Literatur zu Bürgerkriegen als „a broad menu of civilian strategies" bezeichnet wird.[52] Sowohl *Saragame* wie auch *This War of Mine* sind tatsächlich Schauplätze, an denen die Lebensgeschichten einer oder mehrerer unbewaffneter ZivilistInnen entwirrt und offengelegt werden, so dass wir mit ihnen kooperieren können, ihnen helfen können zu überleben (oder auch nicht); wir können ihrer gedenken oder sie vergessen, aber sie nicht be- oder verurteilen. Beide Spiele nehmen ihren SpielerInnen die Möglichkeit, die vor Ort zurückgebliebenen ZivilistInnen als notwendigerweise weniger clevere, weniger vielschichtige Persönlichkeiten oder als weniger gefahrensensitiv zu beurteilen, obwohl sie möglicherweise einfach nur patriotischer, weniger gut vernetzt und wohlhabend, oder aus anderen Gründen nicht mobil genug waren, wie etwa jüngere Menschen mit körperlichen Einschränkungen oder ältere kranke Familienmitglieder, für die gesorgt werden muss. Vielleicht hatten die Zurückgebliebenen auch lediglich nicht das Glück, das richtige Zeitfenster für eine Flucht zu erwischen.

---

51   Siehe Koolhaas 1998.
52   Barter 2016, 14.

Zu einem Zeitpunkt vor dem Beginn des Spiels sind die spielbaren Überlebenden bereits gezwungen worden, ihre Träume beiseite zu stellen und in ihren Alltagsroutinen innezuhalten, um neue Routinen lernen zu können wie etwa die Trümmer nach Brauchbarem zu durchkämmen, zu plündern, ja sogar freundliche wie feindliche Nichtspielercharaktere zu verletzen und zu töten. Wenn das Spiel startet, haben die Zivilisten-Charaktere bereits seit einer Weile gelernt, ein vorwiegend nächtliches Leben drinnen zu führen, denn durch die allgegenwärtigen Scharfschützen stehen ihnen tagsüber nicht mehr viele Möglichkeiten zur Verfügung. Sie sind weder Gangmitglieder noch Drogendealer, die aus Gewohnheit im Schutz der Dunkelheit agieren würden, und sie waren vor Beginn der Krise auch nicht obdachlos. Sie sind eher zeitweilig Entwurzelte, die keine andere Möglichkeit haben als zu konkurrieren – und hin und wieder zu kooperieren –, wenn sie überleben wollen, bis ein Waffenstillstand in Kraft tritt oder die Belagerung aufgehoben wird (Abb. 5). Die spielbaren Individuen sind in diesen HCGs hin- und hergerissen zwischen ihrem früheren Selbst – mit Hobbys, Interessen, persönlichen und familiären Problemen – und dem aktuellen Selbst mit ungewisser Zukunft, das sie sich unter dem Druck der Umstände im Überlebenskampf angeeignet haben und das in *This War of Mine* vor allem durch überlebensnotwendige Fähigkeiten definiert wird: guter Koch, guter Läufer, geschickter Sachensucher usw.

Die Zivilbevölkerung einer belagerten Stadt – innerhalb der Ludisphäre ebenso wie realweltlich – begeht niederschwellige disruptive Akte, die, auch wenn sie weder im Umfang noch in der Schwere denen nahekommen, die von der Staatsmacht, feindlichen Truppen oder bewaffneten Guerillas verübt werden, doch normale Handlungsroutinen untergraben, mentale Landkarten überschreiben und die soziale Ordnung in fühlbarer Weise direkt bedrohen. Anders als in *Saragame*, wo der Spielercharakter in aller Stille ein zurückgezogenes Leben ganz für sich führt, genießen die spielbaren Charaktere in *This War of Mine* eine größere Bandbreite an Überlebensstrategien und ein erhöhtes Maß an sozialem Kontakt. Das Spiel wurde ursprünglich durch den Artikel *One Year in Hell* eines anonymen Überlebenden des Bosnienkriegs inspiriert, der eine ganze Menge nützlicher Überlebenstipps enthält,[53] sowie durch *Besieged: Life Under Fire on a Sarajevo Street*[54] und viele weitere historische Augenzeugenberichte über das Überleben als Zivi-

---

[53] Ohne Autor 2015.
[54] Demick 2012.

listIn in Konflikten. Seine Charaktere ignorieren oder brechen dementsprechend Gesetze und soziale Normen, wenn sie in Supermärkte und Krankenhäuser einbrechen, um sie zu plündern, wenn sie einem Nachbarn Hilfe in der Not verweigern und selbst vor Mord nicht zurückschrecken, um sich mit dringend benötigten Nahrungsmitteln, Medikamenten und anderen Vorräten zu versorgen.

Die Spielcharaktere in *This War of Mine* haben eine breite Palette von Überlebenswerkzeugen zu ihrer Verfügung, die ihnen dabei behilflich sind, wieder Ordnung in das Stadtgebiet zu bringen, ihre mentalen Landkarten neu zu nutzen, um die Stadt auch bei Nacht erkunden zu können, und für anderes mehr. Anders als staatliche oder paramilitärische Streitkräfte verfolgen die ZivilistInnen mit ihren scheinbar ebenso disruptiven Handlungen jedoch lediglich das Ziel, angesichts der großmaßstäblichen Umwälzungen zu überleben und ihrem erschütterten Dasein wieder Sinn und Ordnung zu geben. Zweifellos greifen sowohl *Saragame* wie auch *This War of Mine* gleichzeitig auf den universellen menschlichen Überlebenswillen zurück und werfen die SpielerInnen mit einem variablen Immersionsgrad in verschiedene gut- oder bösartige Handlungen ziviler StadtbewohnerInnen hinein. Rob Zacny beschrieb *This War of Mine* daher folgendermaßen: „You're not a spectator. Your choices decide how the narrative goes."[55] Matt Peckham schlug in dieselbe Kerbe, als er über das Vergnügen am Spiel schrieb: „[The game] is at its best when it's reflecting your actions back to you."[56] Die spielbaren Charaktere werden von den SpielerInnen in einem Kampf nicht nur ums Überleben gelenkt, sondern auch darum, identifizierbare, respektable, zurechenbare Individuen zu bleiben, die eine gewisse Hoffnung hegen dürfen, dass sie nach der Wiederherstellung des Normalzustands noch eine Zukunft haben.

Zwischen den beiden Titeln gibt es mehr Überschneidungen als bloß Emir Cerimovic, der als Entwickler des ersten im Vorspann des zweiten als Informationsquelle zur Belagerung Sarajevos für 11 bit studios erscheint. Wie sichtbar wurde, sind die beiden Spiele darin vergleichbar, dass beide sehr scharf konturiert die Unterschiede zwischen persönlichen Erinnerungen an einen bestimmten zeitgeschichtlichen Moment – wie sie in *Saragame* vorliegen – und der kommerziellen Verarbeitung eines Spektrums persönlicher Erinnerungen an dasselbe Ereignis – in *This War of Mine* – durch den Bezug auf ein universali-

55 Zacny 2014.
56 Peckham 2014.

sierbares, orts- und zeitunabhängiges menschliches ‚Überleben' in ein Mahnmal für ZivilistInnen in Kriegszeiten verwandeln. Verbindung und Unterschied zwischen *Saragame* und *This War of Mine* ist ihr Pendeln zwischen Referentialität und Supra-Referentialität. Um genau zu sein, handelt es sich um eine komplexe Reise vom Sarajevo der Geschichtsbücher, der Landkarten, der populären Wahrnehmung und der Nachrichten über das endgültige Ende des Kalten Kriegs auf dem Balkan infolge des Zusammenbruchs Jugoslawiens hin zu einer generischen belagerten Stadt, „interesting yet unspecific."[57]

Folgende Aussage soll in vereinfachter Form die Bewegung zur Suprareferentialität in *This War of Mine* veranschaulichen: Wenn Krieg jeden Menschen treffen kann, wie uns die Geschichte lehrt, und wenn überall auf der Welt Menschen leben, dann kann – in einfacher Übertragung – überall Krieg ausbrechen. Genau das legt das Spiel zugrunde: „that just about anyone could find themselves in this situation. It's not a game about hardened badasses lone-wolfing it through war, but ordinary people who thought their lives would be about anything but this."[58] Durch seine suprareferentielle Qualität erinnert uns das Spiel daran, dass Krisen jederzeit ausbrechen können, unvorhersehbar, aber stets möglich, nahezu ohne jede Verbindung zu Geografie und Geschichte. Alles, was es braucht, um Kriege auszulösen und humanitäre und Umweltkatastrophen nach sich zu ziehen, ist eine Vielzahl menschlicher Gemeinschaften mit konfligierenden Interessen (welcher Art diese im Spiel auch immer sein mögen; es vertieft diese Interessen gegenüber den SpielerInnen nicht).

Wie bereits gesagt spielt *This War of Mine* in einer fiktiven nachtaktiven Stadt, einem modernen Nicht-Ort, an dem die staatliche Ordnung zeitweilig aufgehoben ist. Anders als Sarajevo in *Saragame* ist Pogoren eine generische Stadt, „a basic simulation of a real city during the conflict"[59], deren Einwohner nach der ‚Sperrstunde' nur noch in und von einem sehr basalen und vertrauten Satz von Orten leben, die sofort mit städtischem Leben in seiner modernen, globalisierten Form assoziiert werden können: Verschiedene Viertel, deren BewohnerInnen unterschiedliche sozioökonomische Hintergründe haben (oder hatten – wenn sich deren Häuser nunmehr in verlassene Geisterhäuser verwandelt

---

[57] Kwiatkowski 2016, 692.
[58] Zacny 2014.
[59] Kwiatkowski 2016, 695.

haben), Supermärkte, Schulen, Krankenhäuser, religiöse Stätten, Frei-
zeiteinrichtungen, Baustellen, Militärposten und Flughäfen.[60]
Die Entwickler von *This War of Mine* gingen bewusst über die Belagerung Sarajevos und den Warschauer Aufstand als Krisenmomente der
Zeitgeschichte hinaus, um ein suprareferentielles HCG zu erschaffen,
das über jedes Stück Erdoberfläche gelegt werden kann, wiedererkennbar
und wiederholbar durch seine minimale Ähnlichkeit zu jeder beliebigen
konkreten Stadt. Genau hier ist der Terminus der „generischen Stadt"
anwendbar. Im Sinne Rem Koolhaas' ist die generische Stadt eine reelle
Stadt, ein Nebenprodukt des Spätkapitalismus, ein Abfallprodukt der
westlichen Zivilisation, die sich mittlerweile über die ganze Welt ausgebreitet hat: ein städtisches Ensemble, das seiner historischen Identität und Spezifik beraubt wurde, das imitierbar und importierbar ist.[61]
Wenn auch von diesem Modell inspiriert, verwende ich „generisch"
als Attribut für Städte hier in einem etwas anderen Sinn. Die generische Stadt in *This War of Mine* entspricht vielmehr einem ‚verallgemei-
nerten' Ort, als sie nicht lokalisierbar, unspezifisch, wiederholbar und
damit global übertragbar ist.
In diesem Sinn funktioniert *This War of Mine* teilweise deswegen als
Weltmaschine, da sein Spielort, die generische Stadt, und die Erfahrung
des Durchlebens von Krisenzeiten beides Kennzeichen menschlichen
Lebens im Zeitalter der Globalisierung sind (siehe Abb. 7). Das Spiel
verzichtet auf die Erschaffung einer eigenen Welt und bildet dafür eine
Version der generischen Stadt nach, eines Schauplatzes, an dem mehr
als die Hälfte der Weltbevölkerung im 21. Jahrhundert lebt. Wie Matt
Peckham festhält, „It's all imaginary, a blighted urban made-up-scape,
but it could be Sarajevo, or Gaza, or Fallujah, or Ukraine. It could be
where you live."[62] Wenn sich die spielbaren Charaktere in der nächtlichen Stadt bewegen und dabei den SpielerInnen ihre mentalen Landkarten zugänglich machen, wird so das Städtische als globale Erfahrung im Spiel verhandelt.
Konkrete Städte sind Orte, an denen Globalisierung gelebt, verall-
täglicht, erfahren, verstanden oder ignoriert wird, und ihre inhärenten
Ungleichheiten von den StadtbewohnerInnen angenommen oder zurück-
gewiesen werden. In ihrer Globalität jedoch ist die generische Stadt nicht

---

[60] Aus der „List of Locations": http://this-war-of-mine.wikia.com/wiki/Locations
      [07.02.2018].
[61] Koolhaas 1998, 1249 f.
[62] Peckham 2014.

Abb. 6: „War always happens at somebody's doorstep." Standbild aus This War of Mine, Veröffentlichungsvideo: The Survivor, https://www.youtube.com/watch?v=gotK5DLdVvI

etwa New York oder Tokyo – die „global city" nach Saskia Sassen.[63] Sie ist nicht durch Eigenschaften definiert wie etwa ihre Bedeutung als Finanzstandort. Dennoch ist sie im Koolhaasschen Sinn die Heimat von Millionen BewohnerInnen alter und neuer urbaner Zentren überall auf der Welt, so dass das Leben in der Stadt zur globalen Erfahrung wird. Nach Gyan Prakash sind die „local lifeworlds", als die StadtbewohnerInnen ihre urbanen Räume erfahren, in einem weltweiten Netzwerk gleichartiger urbaner Räume „globally situated".[64] Das zwanzigste Jahrhundert wurde ‚the urban century' genannt,[65] und seit dem Anbruch des neuen Jahrtausends werden Städte von UrbanisierungstheoretikerInnen als „the nexus of the emergent global society" bezeichnet.[66] In den globalisierten Stadträumen von heute können wir nach Prakash keine klare Linie zwischen städtisch und ländlich mehr ziehen, und damit auch keine mehr zwischen der Stadt und der unberührten Natur, so dass „im 21. Jahrhundert leben" bedeutet, ein städtisches Leben zu führen.

Um in der Diskussion über urbane Räume als globale Orte des Konflikts einerseits und zugleich hauptsächliche menschliche Wohnstätten andererseits noch einen Schritt weiterzugehen, möchte ich die

---

[63] Sassen 2013.
[64] Prakash/Kruse 2008, 2.
[65] Graham 2011, 2 f.
[66] Knight/Gappert 1989, 326.

Aufmerksamkeit auf Städte als die anthropozentrischsten Manifestationen des anbrechenden Anthropozäns lenken. Auch wenn Städte nicht von externen Katastrophen betroffen sind oder deren Eintreten in naher Zukunft befürchten müssen, sind sie Orte permanenter Konflikte und katastrophaler Ereignisse. Selbst wenn Waffenstillstände verkündet wurden und Tsunamis abgeebbt sind, müssen Stadtbewohnerlnnen immer noch mit einer Vielzahl individueller, öko-ethischer, politischer und dezidiert moralischer Problemlagen zurechtkommen, während sie über die Stadtautobahn fahren, im Supermarkt einkaufen, in ihrem Viertel wohnen oder nationale Feiertage begehen; Problemlagen, die gar nicht so sehr verschieden sind von denen, die sich StadtbewohnerInnen im Krieg stellen. Wie Graham in seiner Analyse städtischer Militanz als neuester Verkörperung der Krise als städtischem Alltagsphänomen (im globalen Norden wie im globalen Süden wie auch in den Übergangsregionen dazwischen) herausstellt, sind Städte Orte permanenter Kriegsführung. Er attestiert: „This is manifest in the widespread use of war as the dominant metaphor in describing the perpetual and boundless condition of urban societies – at war against drugs, against crime, against terror, against insecurity itself."[67] In der Ähnlichkeit der westlichen Obsession in der aktuellen neokolonialen Situation mit den verschiedenen hochtechnisierten, militaristischen Sicherheitslösungen und kriegsförmigen städtischen Polizeimethoden, die Gaza ebenso militarisiert haben wie New Orleans, London oder Mogadishu, zeigt sich deutlich, wie nahezu alle Städte, ganz gleich, welche geografischen Koordinaten sie haben und zu welchem Zeitpunkt ihrer Geschichte wir sie betrachten, als „intrinsically problematic spaces" bezeichnet worden sind.[68]

Fazit

Dieses Kapitel sollte vor allem Humanitarian Crisis Games dahingehend untersuchen, wie sie durch spezifische Ereignisse der Zeitgeschichte – wie z. B. den Hurrikan Katrina – inspiriert wurden oder versuchen, Aufmerksamkeit auf die gegenwärtige Flüchtlingskrise zu lenken, um die Geschichte(n) individuellen Leidens und Überlebens als allgemein menschliches Schicksal in einer durch die Globalisierung eng und chaotisch miteinander verbundenen Welt zu erzählen. Meine

---

[67] Graham 2011, XIII–XIV.
[68] Ebd., XVIII.

erste These zu HCGs lautet hierbei, dass es gerade das Aufgreifen des Überlebens als Thema von allgemein menschlicher Relevanz ist, was HCGs auf globaler Ebene spielbar, ansprechend und bedeutsam macht. Dabei kann zwischen referentiellen – üblicherweise Simulationen eines realweltlichen Ereignisses während eines spezifischen Konflikts – und suprareferentiellen – spielförmigen Erzählungen über diverse historische Ereignisse in vom tatsächlichen Geschehen abstrahierter Form, die auf beliebige Stellen der Menschheitsgeschichte übertragbar sind – HCGs unterschieden werden. Diese Kategorien erweisen sich als hilfreich beim Verständnis der komplexen Interaktionen zwischen ‚Realem‘ und ‚Spielförmigen‘, zwischen dem ‚Historischen‘ und dem ‚Globalen‘. Ich konnte folgende Merkmale von HCGs in Bezug auf das übergreifende Thema anhand spezifischer Spieletitel feststellen:

1. HCGs stellen ein Indiviuum oder eine Gruppe von Individuen einer simulierten lokalen, nationalen, regionalen oder globalen Katastrophe gegenüber und beziehen sich damit auf ihren Überlebensdrang und ihren Willen, unvermeidliche, politisch undurchdringliche und/oder ökonomisch verheerende Katastrophen durchzustehen, sobald diese eintreten.

2. Seit Anbruch des Anthropozäns besitzen HCGs die Fähigkeit, ein anthropozentrisches Netzwerk von Skalen zu erzeugen, innerhalb dessen eine Katastrophe eine Gemeinschaft betrifft, aber individuelle Reaktionen hervorruft.

3. Sie dringen auf eine ethische Haltung den globalen Katastrophen gegenüber, die uns ins neue Zeitalter des Anthropozäns versetzt haben, über die ‚egoistischen Gene‘ der Menschheit hinaus. Sie könnten möglicherweise das Bewusstsein ihrer SpielerInnen für ihre Rolle als verantwortliche und handlungsmächtige AkteurInnen globaler Veränderungen schärfen.

4. HCGs könnten ebenso den gesamten Globalisierungsdiskurs der populären Medien aufrütteln. Anders gesagt: Das ‚Globale‘ spielt in HCGs nur insofern eine Rolle, als es bei SpielerInnen das Bewusstsein für die Verwundbarkeit unserer gemeinsamen Heimat Erde erhöht, selbst wenn diese in verschiedenen Welten leben und unterschiedliche Weltbilder haben.

5. Schließlich sollte die vergleichende Betrachtung von *Saragame* und *This War of Mine* gezeigt haben, dass das Überleben einer urbanen Krise und deren Verständnis als global das ‚Individuelle‘, das ‚Städtische‘ und das ‚Globale‘ in einer Beziehung verschränkt, die einige zwischenliegende Skalen ausschließt. Sarajevo wird dann zu glei-

cher Zeit als lokal (ein zerfallender urbaner Dschungel) und als global (jeder zerfallende urbane Dschungel) behandelt. Anders als das referentielle *Saragame*, das den Überlebenden des Bosnienkrieges gewidmet ist, bezieht das suprareferentielle *This War of Mine* seine Inspiration aus der Zeitgeschichte, um eine Geschichte von globaler Wirksamkeit zu erzählen. Dazu verwandelt es die Einwohner-Innen Sarajevos in namenlose Individuen und ihre persönlichen Überlebensgeschichten in Geschichten über die ganze Menschheit und deren Schicksal. Auch wenn es nicht die ganze Menschheitsgeschichte umfasst, bleibt *This War of Mine* definitiv wichtig als ein Mahnmal für die *conditio humana* im 20. Jahrhundert wie der Enttäuschungen, die dieses Jahrhundert den in ihm Lebenden zumutete, und auch als Kritik daran.

Literatur

Ackerman 2015 = Diana Ackerman, Human Age: The World Shaped by Us, London 2015.

Amnesty International 2012 = Amnesty International, A Life on Hold: The Story of a Teenage Refugee, https://www.youtube.com/watch?v=YIJ_0x1q6I8&spf reload=10 [07.02.2018].

Andreas 2008 = Peter Andreas, Blue Helmets and Black Markets: The Business of Survival in the Siege of Sarajevo, Ithaca 2008.

Atkin 2008 = Nicholas Atkin, Daily Lives of Civilians in Wartime Twentieth-Century Europe, Westport 2008.

Barter 2016 = Shane J. Barter, Civilian Strategy in Civil War: Insights from Indonesia, Thailand, and the Philippines, New York 2016.

Bartrop 2016 = Paul R. Bartrop, Bosnian Genocide: The Essential Reference Guide, Santa Barbara 2016.

Davis/Turpin 2015 = Heather M. David/Etienne Turpin, Art in the Anthropocene: Encounters Among Aesthetics, Politics, Environments and Epistemologies, London 2015.

Demick 2012 = Barbara Demick, Besieged: Life Under Fire on a Sarajevo Street, London 2012.

Donia 2009 = Robert J. Donia, Sarajevo: A Biography, London 2009.

Emmert 2006 = Thomas A. Emmert, Conflict in South-Eastern Europe at the End of the Twentieth Century: A "scholars' Initiative" Assesses Some of the Controversies, London 2006.

Flanagan 2009 = Mary Flanagan, Critical Play: Radical Game Design, Cambridge 2009.

Garbett 2016 = Claire Garbett, The Concept of the Civilian: Legal Recognition, Adjudication, and the Trials of International Criminal Justice, Abingdon–New York 2016.

Ghannam 2016 = Thuraya Ahmad Hasan Ghannam, No Place to Call Home: My Life as a Palestinian Refugee, Bloomington 2016.

Graham 2011 = Stephen Graham, Cities Under Siege: The New Military Urbanism, London 2011.

Heise/Christensen/Niemann 2017 = Ursula K. Heise/Jon Christensen/Michelle Niemann, The Routledge Companion to the Environmental Humanities, London–New York 2017.

Jestrovic 2013 = Silvija Jestrovic, Performance, Space, Utopia: Cities of War, Cities of Exile, Basingstoke 2013.

Knight/Gappert 1989 = Richard V. Knight/Gary Gappert, Cities in a Global Society, Newbury Park 1989.

Koolhaas 1998 = Rem Koolhaas, Generic City, in Rem Koolhaas/Bruce Mau (Hg.), S, M, L, XL: Office for Metropolitan Architecture, New York 1998, 1238–1269.

Kwiatkowski 2016 = Kacper Kwiatkowski, Civilian Casualties: Shifting Perspective in This War of Mine, in: Pat Harrigan/Matthew G. Kirschenbaum, Zones of Control: Perspectives on Wargaming, Cambridge 2016, 691–702.

Macek 2011 = Ivana Macek, Sarajevo Under Siege: Anthropology in Wartime, Pennsylvania 2011.

Marston/Jones III./Woodward 2005 = Sallie A. Marston/John Paul Jones III./Keith Woodward, Human Geography without Scale, in: Transactions of the Institute of British Geographers 30 (2005) 4.

Ohne Autor 2015 = Ohne Autor, One Year in Hell, https://personalliberty.com/one-year-in-hell/ [01.07.2017].

Oppermann/Iovino 2017 = Serpil Oppermann/Serenella Iovino, Environmental Humanities: Voices from the Anthropocene, London–New York 2017.

Pearce 2006 = Celia Pearce, Playing Ethnography: A Study of Emergent Behaviour in Online Games and Virtual Worlds, http://ualresearchonline.arts.ac.uk/2300/1/celia_pearce_thesis.pdf [07.02.2018].

Peckham 2014 = Matt Peckham, A War Survival Videogame that shows you the Real Horrors of Fighting, https://www.wired.com/2014/11/this-war-of-mine/ [01.06.2017].

Phyuyel 2015 = Rabina Phyuyel, My Life as a Refugee, https://www.youtube.com/watch?v=FS1sc5CltDI&spfreload=10 [07.02.2018].

Prakash/Kruse 2008 = Gyan Prakash/Kevin M. Kruse, The Spaces of the Modern City: Imaginaries, Politics, and Everyday Life, Princeton 2008.

Rawlence 2016 = Ben Rawlence, City of Thorns: Nine Lives in the World's Largest Refugee Camp, New York 2016.

Ricoeur 2004 = Paul Ricoeur, Memory, History, Forgetting, Chicago 2004.

Rusek/Ingrao 2006 = Benjamin Rusek/Charles Ingrao, The 'Mortar Massacres': A Controversy Revisited, Thomas A. Emmert (Hg.), Conflict in South-Eastern Europe at the End of the Twentieth Century: A "scholars' Initiative" Assesses Some of the Controversies, London 2006, 101–126.

Sassen 2013 = Saskia Sassen, The Global City: New York–London–Tokyo 2013.

Schaumann/Sullivan 2017 = Caroline Schaumann/Heather I. Sullivan, German Ecocriticism in the Anthropocene, New York 2017.

Sieder/Langthaler 2010 = Reinhard Sieder/Ernst Langthaler, Globalgeschichte 1800–2010, Wien 2010.

Smith 1992 = Neil Smith, Contours of a Spatialized Politics: Homeless Vehicles and the Production of Space, in: Social Text 33 (1992).

Yin-Poole 2014 = Wesley Yin-Poole, It took just two days for This War of Mine to make its money back, http://www.eurogamer.net/articles/2014-11-27-this-war-of-mine-made-its-money-back-in-just-two-days [07.02.2018].

Zacny 2014 = Rob Zacny, The uneasy brilliance of This War of Mine, https://www.pcgamesn.com/this-war-of-mine/the-uneasy-brilliance-of-this-war-of-mine [01.06.2017].

Zweiniger-Bargielowska/Duffet/Drouard 2011 = Ina Zweiniger-Bargielowska/Rachel Duffett/Alain Drouard, Farnham 2011.

Ludografie

Ayiti: The Cost of Life, Global Kids/GameLab, PC (Windows) [u. a.], 2006.

Call of Duty-Reihe, Infinity Ward/Treyarch/Sledgehammer Games [u. a.], PC (Windows) [u. a.], Activision 2003–2017.

Candy Crush Saga, King, iOS [u. a.], King 2012.

Citizen Ship, Christian Aid, PC (Windows) [u. a.], 2005.

Darfur is Dying, interFUEL/Susana Ruiz, PC (Windows) [u. a.], 2006.

Dead Nation, Housemarque [u. a.], PlayStation 3 [u. a.], Sony Computer Entertainment 2010.

Disaster Watch, Christian Aid, PC (Windows) [u. a.], 2006.

Food Force, United Nations World Food Programme, PC (Windows) [u. a.], 2005.

Fortnite, People Can Fly [u. a.], PC (Windows) [u. a.], Epic Games 2018.

Inside the Haiti Earthquake, Inside Disaster, PC (Windows) [u. a.], 2010.

Metal Gear Solid 3: Snake Eater, Konami, PlayStation 2, Konami 2004.

My Life as a Refugee, UNHCR, PC (Windows) [u. a.], 2012.

PlayerUnknown's Battlegrounds, PUBG Corporation, PC (Windows) [u. a.], PUBG Corporation [u. a.] 2017.

Resident-Evil-Reihe, Capcom, PlayStation [u. a.], Capcom 1996–2017.

Resistance-Reihe, Insomniac Games [u. a.], PlayStation 3 [u. a.], Sony Computer Entertainment 2006–2012.

Saragame, Emir Cerimovic, PC (Windows) [u. a.].

September 12th: A Toy World, Newsgaming/Gonzalo Frasca, PC (Windows) [u. a.], 2003.

Survival Kids-Reihe, Konami, Game Boy [u. a.], Konami 1999.

Stop Disasters, UN, PC (Windows) [u. a.], 2007.

Tetris, Sega [u. a.], GameBoy [u. a.], Nintendo [u. a.] 1984.

This War of Mine, 11 bit studios [u. a.], PC (Windows) [u. a.], 11 bit studios 2014.

This War of Mine: The Little Ones, 11 bit studios [u. a.], PC (Windows) [u. a.], 11 bit studios 2016.

Tokyo Jungle, Sony Computer Entertainment Japan, PlayStation 3, Sony Computer Entertainment 2012.

War of the Worlds, Tim Skelly, Arcade-Automat, Cinematronics 1982.

Globalisierte Mythen und Narrative

Vom lebenden Leichnam
zum Global Player

Der amerikanische (Alp-)Traum *Plants vs. Zombies*
und die Amerikanisierung des Untoten

Janwillem Dubil

Für George Andrew Romero (1940–2017).

In den Suburbs ist die Hölle los: Durch Vorgarten, Hinterhof oder über das Dach versuchen ganze Horden zombifizierter Schreckgestalten ins Haus des Spielers zu gelangen und sein Gehirn zu verzehren. Eindrucksvoller als ihre immense Anzahl ist nur noch der Einfallsreichtum, den sie dabei an den Tag legen: Die auferstandenen Toten springen mit Pogo-Stäben über Hindernisse, reiten auf verwesenden Delphinen durch den Pool oder seilen sich mit Bungee-Schnüren auf den Giebel ab. Abhilfe kann nur eine skurrile Riege anthropomorpher Kampfpflanzen wie die „Erbsenkanone" oder das „Melonenkatapult" schaffen, mit denen sich die lebenden Leichen wieder zurück unter die Erde befördern lassen.

Wie selbstverständlich agierte der Untote als Antagonist im amerikanischen Videospiel *Plants vs. Zombies*[1] – tatsächlich hatte er zu diesem Zeitpunkt in der Kulturgeschichte der USA bereits eine umfangreiche Entwicklung vollzogen. Im Glauben westafrikanischer Kulte wurzelnd und mit dem Sklavenhandel nach Haiti importiert, eroberte er von dort aus seit den 1930er Jahren sukzessive die US-amerikanische Populärkultur. Die Geschichte des Zombies ist daher auch die Geschichte seiner anhaltenden Amerikanisierung, der beständigen Modifikation des Untoten in der Absicht, dauerhaft den sich wandelnden Ansprüchen des US-Publikums zu genügen. Dieser Prozess generiert einerseits immer neue Facetten der Figur, tendiert aber auch dazu, ihre Ursprünge zu marginalisieren und zu verfälschen.

---

[1]   Plants vs. Zombies (Pflanzen gegen Zombies) 2009.

Abb. 1: Eine archetypische Konfrontation im Vorgarten (PopCap Games 2009).

In diesem Spannungsfeld ist auch *Plants vs. Zombies* zu verorten, bei dem es sich um ein *tower defense game*,[2] ein Subgenre des Echtzeitstrategiespiels, handelt, das den Spieler vor die Aufgabe stellt, einen bestimmten Punkt auf der Karte (in diesem Fall das Haus) durch das Platzieren von Geschossen und Barrikaden (Pflanzen) gegen den Einfall einer Vielzahl von Gegnern (Zombies) zu verteidigen (Abb. 1).[3] *Plants vs. Zombies* wird dabei häufig als *casual game* klassifiziert,[4] eine Form des digitalen Spiels, die mittels einer instinktiven Steuerung und eines moderaten Schwierigkeitsgrades auch Gelegenheitsrezipienten adressiert.[5] Dieser Konzeption ist wiederum ein globaler Ansatz immanent, da Phänomene internationaler Grenzüberschreitungen, insbesondere sprachliche Barrieren, für ein Spiel zunehmend an Bedeutung verlieren, je selbsterklärender es sich bedienen lässt.

Das Studio PopCap Games, das *Plants vs. Zombies* produziert hat und bei Erscheinen als überragender Marktführer im Segment des

---

[2]   Vgl. Venturelli 2009, 5.
[3]   Vgl. Venturelli 2009, 5; Backe/Aarseth 2013, 2.
[4]   Vgl. Backe/Aarseth 2013, 2.
[5]   Vgl. Wimmer 2013, 31.

casual games galt,[6] proklamiert eine solche Strategie explizit. Sie findet sich im Werbeslogan „Inspire the World to play!"[7] ebenso wieder, wie in der Charakterisierung der Produktpalette:

> „Wir verleihen unseren Spielen […] einen Glanz, der die Welt immer wieder zurückkommen lässt. Und das Beste ist, dass Sie sie für Mobiltelefone, Konsolen, PC und viele andere Geräte erhalten – vielleicht können Sie sie sogar auf dem Mond spielen!"[8]

Vor diesem Hintergrund bedingt der Untote als bereits globalisierter Archetypus nicht nur ein Spiel, das darauf angelegt ist, weltweit zu funktionieren, sondern verleiht *Plants vs. Zombies* auch als globalhistorischem Studienobjekt Relevanz.

Dabei ist zu bedenken, dass mit der Figur auf die populären Vorbilder verwiesen wird,[9] die den Untoten aus seinem ursprünglichen Umfeld lösten und damit erst zu einem globalen Phänomen machten. Besonders drei Filme – Victor Halperins *White Zombie* (USA 1932) sowie George A. Romeros *Night of the Living Dead* (USA 1968) und *Dawn of the Dead* (USA 1978) – sind es, die das Zombie-Genre definierten und aus denen *Plants vs. Zombies* speziell seine Antagonistenriege ableitet. Obgleich das Spiel allegorische Traditionen dieser Vorbilder teilweise übernimmt, ist der Umstand, dass diese mittels einer stilisiert-humoristischen Grafik ironisiert werden,[10] zu berücksichtigen.

Benin und Haiti: Zwei Wiegen des Voodoo

Die Wurzeln der Zombiefigur lassen sich bis in westafrikanische Voodoo-Kulte zurückverfolgen, die sich zwischen dem zweiten und fünften Jahrhundert auszubilden begannen. Deren Vorstellungen bezogen sich dabei weniger auf ein singuläres Konzept als vielmehr auf ein breites Spektrum guter wie böser Geister,[11] die dem Glauben nach in der Erde lebten und von dort aus in Menschen fahren und durch sie wir-

---

[6] Vgl. Venturelli 2009, 2.
[7] https://www.ea.com/studios/popcap [26.02.2018].
[8] https://www.ea.com/studios/popcap [26.02.2018]. Übers. v. Autor.
[9] Vgl. Backe/Aarseth 2013, 8.
[10] Vgl. Backe/Aarseth 2013, 13.
[11] Vgl. Dendle 2007, 46. Eine umfangreiche Kompilation entsprechender Legenden haben Mary Alicia Owen und Charles Godfrey Leland 1893 mit *Voodoo tales: as told among the negroes of the South-west* vorgelegt.

ken konnten.[12] Bereits identifizieren ließ sich hingegen der bis heute verbreitete Mythos des Priesters, dem die Fähigkeit zugeschrieben wird, die übernatürlichen Wesen positiv wie negativ beeinflussen zu können.[13]

Geografisch betrachtet ist es die Republik Benin, die als „Wiege des Voodoo"[14] gilt und zum Exporteur dieses Glaubens avancierte, als das Land während des im 16. Jahrhundert einsetzenden kolonialen Sklavenhandels zu einem der „großen Umschlagplätze"[15] aufstieg. Durch den Kontakt mit westlichen Religionen bildeten die Kulte neue Formen aus,[16] wie sich am Beispiel der Insel Haiti erkennen ließ, auf der sich „unter Einbeziehung europäisch-spiritistischer Einflüsse"[17] ein „Synkretismus aus archaischen, westafrikanischen und katholischen Glaubensvorstellungen"[18] entwickelte. Dieser etablierte die Vorstellung des Zombies als Verstorbenem, der mittels eines Zaubers in einen willenlosen „lebenden Leichnam"[19] verwandelt und von seinem Herrn ausgeschickt wird, Arbeiten zu erledigen oder „anderen Menschen zu schaden".[20]

Der Zombie wird in der Folge als kommunal-spezifische Reaktion auf Sklaverei und Besetzung ausgelegt:[21] Haiti erlangte 1804 erst nach spanischer (1492–1697) und französischer (1697–1803) kolonialer Okkupation die Unabhängigkeit und wurde von 1915 bis 1934 vom amerikanischen Militär eingenommen[22] – im untoten Arbeiter spiegeln sich somit die Lebensumstände einer fremdbestimmten Bevölkerung als Parabel auf „den ausgebeuteten Nativen in Kolonialherrschaften".[23] Dabei ist es gerade die Verbindung übernatürlicher und ökonomischer Aspekte, die den Zombie von anderen Wiedergängerfiguren abhebt.[24]

---

[12] Vgl. Chesi 2003, 26; Lademann-Priemer 2011, 13.
[13] Vgl. Chesi 2003, 209 f.; Lademann-Priemer 2011, 15.
[14] Lademann-Priemer 2011, 11.
[15] Lademann-Priemer 2011, 55. Vgl. zum Verhältnis von Sklavendeportation und Export des Voodoo: Chesi 2003, 226; Schlang 2009, 161; Türk 2009, 55.
[16] Vgl. Chesi 2003, 226; Türk 2009, 55.
[17] Schlang 2009, 161.
[18] Türk 2009, 55. Vgl. Harzheim 2004, 103.
[19] Lademann-Priemer 2011, 73. Vgl. Dendle 2007, 46.
[20] Lademann-Priemer 2011, 73. Vgl. Dendle 2007, 46.
[21] Vgl. Dendle 2007, 46.
[22] Vgl. Backe/Aarseth 2013, 5; Platts 2013, 549.
[23] Dendle 2007, 45.
[24] Vgl. Dendle 2007, 46.

Die Wahrnehmung der BesatzerInnen differierte in den genannten Zeiträumen hingegen signifikant von dieser Perspektive. Vornehmlich auf Ignoranz dem haitianischen Glauben gegenüber zurückzuführende Missdeutungen[25] lösten den lebenden Toten in Form zunehmend überzeichneter Darstellungen aus seinem ursprünglichen Kontext.[26] In der „panischen Phantasie der Kolonialherren"[27] geriet die Figur zur „Verkörperung des exotischen Anderen, des Fremden und letztlich Unzivilisierten",[28] dem sie als aufgeklärte Europäer und Amerikaner „nur mit Schrecken begegnen"[29] konnten. Durch „sensationslüsterne Geschichten",[30] die amerikanische Reisende und Marinesoldaten verbreiteten,[31] gelangte diese Umdeutung während der Okkupation der 1920er Jahre in die USA,[32] der haitianische Voodoo avancierte durch die Tendenz, Legenden als reale Vorgänge zu proklamieren „zum Inbegriff von Aberglauben und Gewalt".[33]

Der Zombie und wie er in die Welt kam

Innerhalb der Unterhaltungsindustrie war es zunächst William B. Seabrooks spekulativer Reisebericht *The Magic Island* (1929), der diese Narrative gezielt bediente[34] und das westlich gefilterte Bild des Zombies zu popularisieren begann.[35] Ein breites Publikum erreichte die Figur jedoch erst, als mit ihrer Visualisierung in einer Vielzahl von Hollywoodfilmen begonnen wurde,[36] deren Initialzündung *White Zombie* (USA

---

[25] Vgl. Platts 2013, 549.
[26] Vgl. Platts 2013, 549.
[27] Seeßlen/Jung 2006, 431.
[28] Mihm 2004, 174.
[29] Mihm 2004, 174.
[30] Lademann-Priemer 2011, 67.
[31] Dendle 2007, 46.
[32] Platts 2013, 549.
[33] Lademann-Priemer 2011, 67.
[34] Zwar fand sich die literarische Titulierung eines Wesens als Zombie bereits 1697 in Pierre-Corneille de Blessebois' komischem Roman *Le Zombie du grand Pérou ou la Comtesse de Cocagne*, dieser bezog sich, obwohl er auf Guadeloupe spielte, aber weniger auf die Mythen der synkretistischen karibischen Kulte als auf deren afrikanische Ursprünge.
[35] Vgl. Hardy 1993, 55.
[36] Vgl. Lademann-Priemer 2011, 73.

1932, Victor Halperlin) darstellte.[37] Darin verwandelt der hellhäutige
und mit starkem europäischem Akzent sprechende Voodoo-Magier
Murder Legendre eine ganze Armada Haitianer in willenlose Untote,
um sie anschließend als Arbeitssklaven zu missbrauchen. Als er beauf-
tragt wird, dem Plantagenbesitzer Beaumont die amerikanische Tou-
ristin Madeleine hörig zu machen, nimmt er dieser zwar ihren freien
Willen, beansprucht sie aber anschließend für sich. In der Folge verwandelt Legendre auch Beaumont in einen Zombie, der diesen Bann
jedoch brechen kann, als Madeleines Verlobter Neil den Magier angreift.
Beaumont überwältigt Legendre, wodurch beide zu Tode kommen und
Madeleine erlöst wird.

Der Film prägte nicht nur den amerikanischen Blick auf den lebenden Toten nachhaltig, sondern exportierte diese Vorstellung auch in die
Kinosäle der übrigen Welt.[38] *White Zombie* fiel dabei in eine Phase, in
der es zu einem „rapiden Vordringen des Hollywood-Films"[39] auf den
Weltmarkt kam. Von den 1920er Jahren bis zum Ausbruch des Zweiten Weltkriegs ergoss sich ein regelrechter „Strom von Kapital, Techni-
ken und Filmen"[40] aus Hollywood in die westlichen Kinos und drängte
nationale Produktionen, die nicht über die finanziellen Mittel verfügten,
um zu konkurrieren, zurück. Tatsächlich ging kein Zweig der amerikanischen Wirtschaft zu dieser Zeit „aggressiver zu Werke, wenn es galt,
Hürden und Hindernisse zu überwinden, die dem Eindringen ihrer
Produkte in andere Gesellschaften im Weg standen".[41]

Aufgrund ihres kommerziellen Erfolges wurde die Figur des Zombies in dieser Phase von der amerikanischen Unterhaltungsindustrie „adoptiert".[42] Gerade sein exotischer Charakter prädestinierte den
lebenden Toten dabei für die Behandlung von Themen, die unmittelbar die eigene Gesellschaft betrafen, wie „die sozialen Spannungen der
Depressions-Ära".[43] So verstehen kulturwissenschaftliche Untersuchungen den Zombie dieser Zeit zum Beispiel als Sinnbild für den ausgebeu-

---

[37] Vgl. Hardy 1993, 55; Harzheim 2004, 101; Vossen 2004, 20; Seeßlen/Jung
      2006, 141; Dendle 2007, 46; Carr 2009, 1; Platts 2013, 549.
[38] Vgl. bezüglich entsprechender kultureller Transferprozesse: Sieder/Langthaler
      2010, 21.
[39] Grazia 2010, 330.
[40] Grazia 2010, 330.
[41] Grazia 2010, 330.
[42] Dendle 2007, 46.
[43] Dendle 2007, 46. Vgl. Seeßlen/Jung 2006, 127; Backe/Aarseth 2013, 5; Platts
      2013, 551.

teten Arbeiter in der modernen industrialisierten Wirtschaft[44] und betonen seine Ähnlichkeit mit jenen AmerikanerInnen, die in den 1930er Jahren als ausgebrannte „Hüllen menschlicher Wesen"[45] vergeblich in Schlangen vor Suppenküchen oder Arbeitsämtern dahinvegetierten, als visuelle Übereinstimmung zwischen den „übernatürlich Versklavten und den ökonomisch Entrechteten".[46] *White Zombie* amerikanisierte somit nicht zuletzt die haitianische Konzeption, in der untoten Figur die eigenen Lebensumstände zu verarbeiten.

Die ambivalente Deutungsvielfalt verflachte mit Beginn der 1940er Jahre zusehends. Der Zombie wurde zur Witzfigur degradiert, die nur noch als tendenziell rassistische „Zielscheibe des Spotts"[47] fungierte, da der ungelenke, fremdbestimmte Leichnam als Karikatur des inkompetenten, sich selbst übertölpelnden „Nicht-Weißen, Nicht-Amerikaners"[48] inszeniert wurde. Auch dies lässt sich im Rahmen einer Amerikanisierung verstehen, allerdings in einer Verwendung des Begriffs, wie sie bis in die 1920er Jahre hinein in den USA selbst geläufig war: Er bezeichnet in diesem Fall die Taktiken, „mit denen die amerikanische Gesellschaft den Einwanderern die Assimilierung schmackhaft machte",[49] wobei hier konkret ein „Grundmuster der Selbstfindung als Teil der Zivilisation"[50] Bestätigung fand, das über die Abwertung und Defizitzuschreibungen fremder Gesellschaften funktionierte.

Erst in den 1960er Jahren erfuhr die Darstellung des Untoten, wie *White Zombie* ihn interpretiert hatte, eine Revision und zwar zunächst außerhalb der USA. In der britischen Produktion *The Plague of the Zombies* (GB 1965, John Gilling) importiert ein Landjunker den westindischen Voodoo-Zauber ins viktorianische England, um die Toten zur Arbeit in seinem Bergwerk zu zwingen. In einer für das Genre „ungewohnt direkten politischen Metaphorik"[51] wird die Dominanz der Vermögenden zu einer Herrschaft über Leben und Sterben stilisiert, die Lohnarbeit „durch Sklaverei bis über den Tod hinaus"[52] ersetzt. Die

---

[44] Dendle 2007, 45.
[45] Dendle 2007, 46.
[46] Backe/Aarseth 2013, 5. Vgl. Harzheim 2004, 101; Seeßlen/Jung 2006, 33.
[47] Dendle 2007, 49.
[48] Dendle 2007, 49.
[49] Grazia 2010, 549.
[50] Komlosy 2011, 146.
[51] Seeßlen/Jung 2006, 236.
[52] Seeßlen/Jung 2006, 236.

schwarze Magie erscheint dabei als „Beutestück des Kolonialismus",[53] das sich „nicht gegen die Kolonialherren, sondern gegen deren Abhängige im eigenen Land richtet".[54]

Eine Wiedergeburt im Herzen Amerikas

Nach dem Ende des Zweiten Weltkriegs wandelte sich der amerikanische Horrorfilm, der seine Monster nun nicht mehr in der Fremde lokalisierte, sondern sie „direkt aus der zeitgenössischen und alltäglichen Wirklichkeit"[55] heraus agieren ließ. Diese Entwicklung bildete in den auslaufenden 1960er Jahren – einer Zeit, die von globalen gesellschaftlichen Protesten geprägt war[56] – die Grundlage für eine erneute Relevanz des Zombies, der im Zuge der kulturellen Revolten im Jahr 1968 in den USA[57] auch hinsichtlich seiner Amerikanisierung eine substanzielle Neuinterpretation erfuhr.

Zum Ausgangspunkt dieser Entwicklung wurde *The Night of the Living Dead* (USA 1968, George A. Romero),[58] der seitdem als „locus classicus"[59] des Zombiefilms gilt und die bis heute gültigen Grundzüge der Figur etablierte.[60] Dazu gehörte auch, dass der Zombie nicht länger auf Haiti, sondern in Pittsburgh und somit mitten im amerikanischen Inland Angst und Schrecken verbreitete – er war nun nicht mehr der exotische Fremde, sondern kam als Bruder, Ehemann oder Tochter aus der eigenen Mitte.[61] Dies erlaubte es, den Zombie als „politische Metapher auf das krisengeschüttelte Amerika"[62] zu funktionalisieren, die auf die Sujets des Vietnamkriegs, Rassenunruhen, exzessive Polizeigewalt und die Ermordung Martin Luther Kings verwies[63] und in letzter Konsequenz die USA als „ein sich selbst vernichtendes System"[64] versinnbildlichte.

---

53 Seeßlen/Jung 2006, 236.
54 Seeßlen/Jung 2006, 236.
55 Seeßlen/Jung 2006, 33.
56 Vgl. Fäßler 2007, 125.
57 Vgl. Sieder/Langthaler 2010, 29.
58 Vgl. Mihm 2004, 174; Vossen 2004, 22 f.; Seeßlen/Jung 2006, 431.
59 Adkins 2007, 119.
60 Vgl. Hardy 1993, 198; Adkins 2007, 119; Dendle 2007, 50; Platts 2013, 550.
61 Vgl. Seeßlen/Jung 2006, 432 f.
62 Mihm 2004, 176.
63 Vgl. Mihm 2004, 176; Dendle 2007, 50; Platts 2013, 552.
64 Stresau 1987, 197.

In *The Night of the Living Dead* werden die Geschwister Barbara und Johnny am Grab ihres Vaters von wandelnden Leichnamen angegriffen, die durch die Strahlung einer Venus-Sonde wieder zum Leben erweckt wurden. Während Johnny ihnen zum Opfer fällt, flüchtet Barbara in ein Farmhaus, in dem sie sich mit dem Afroamerikaner Ben, einem jungen Pärchen sowie einer Kleinfamilie, deren Tochter von einem Zombie gebissen wurde, verschanzt. Während die Gruppe versucht, die Untoten am Eindringen zu hindern, eskalieren interne Konflikte. Die Kernfamilie als „einer der klassischen Hoffnungsträger des US-amerikanischen Kinos"[65] erfährt ihre komplette Auflösung, „wenn die kleine zombifizierte Tochter ihre ewig streitenden Eltern verschlingt".[66] Einzig Ben überlebt, wird vor dem Haus aber von einer Bürgerwehr für einen Untoten gehalten und erschossen.

Wurde in *White Zombie* noch der skrupellose Magier als eigentliches Monster inszeniert, ist der lebende Leichnam in *Night of the Living Dead* nun selbst eine veritable Bedrohung. Der in Amerika auferstandene Zombie ernährt sich von menschlichem Fleisch,[67] auf dessen Verzehr sein Dasein instinktgetrieben ausgerichtet ist.[68] Wer von ihm gebissen wird, verwandelt sich selbst in einen Untoten[69] und wird somit in die Reihen der lebenden Leichen eingegliedert.[70]

Die Umdeutung zu einem Wesen, das „die Gier nach Menschenfleisch"[71] als einzigen Impuls kannte, war ein neuer, genuin amerikanischer Zug der Figur. In den USA hatte sich seit den 1950er Jahren das Modell der Konsumgesellschaft etabliert, das dem Verbrauch eine „strukturbestimmende Rolle"[72] zuschrieb und besonders innerhalb des „American Way of Life" und seiner globalen Ausstrahlungen zu einem Symbol geriet,[73] das durch die Etablierung des Konsumenten als „universale Kategorie"[74] die „Nivellierung sozialer, religiöser und ethnischer Unterschiede"[75] versprach. Der neue Zombie präsentierte sich als per-

---

[65] Mihm 2004, 175.
[66] Mihm 2004, 175. Vgl. Stresau 1987, 198; Dendle 2007, 50; Platts 2013, 552.
[67] Vgl. Adkins 2007, 119.
[68] Vgl. Platts 2013, 547.
[69] Vgl. Adkins 2007, 119.
[70] Vgl. Carr 2009, 6.
[71] Mihm 2004, 177. Vgl. Seeßlen/Jung 2006, 435.
[72] Schramm 2010, 368.
[73] Vgl. Requate 2010, 460.
[74] Schramm 2010, 383.
[75] Schramm 2010, 379.

vertierte Verwirklichung dieser Vorstellung, da er jegliche Individualität aufhob und einzig vom unbändigen Drang zu konsumieren angetrieben wurde.

Sein Handeln als Verbraucher war dabei hochgradig infektiös und schrieb der Figur einen konstitutiven Expansionsdrang zu: Wie Konsum stets zu einer „Kolonisierung neuer Sphären"[76] tendierte, musste auch der Zombie sein Wirkungsfeld nun immer weiter ausdehnen und staatliche wie geografische Grenzen überschreiten, um seinem unstillbaren Verlangen weiterhin nachgehen zu können. Er spiegelt seinen Ursprung in einer kapitalistischen Ökonomie, die „von einem pathologischen Drang nach kontinuierlichem Wachstum"[77] angetrieben wird. Das Handeln des amerikanischen Untoten lief somit auf eine globale Homogenisierung hinaus, die schlussendlich sämtliche Menschen in Zombies verwandelt – der Transformationsdruck, der auf diese Weise von der Figur ausgeübt wurde, ist in der Populärkultur bis heute wohl beispiellos.

Untot im Inneren der Konsumgesellschaft

Die Fortsetzungen *Dawn of the Dead* (USA 1978, George A. Romero) und *Day of the Dead* (USA 1985, George A. Romero) präzisierten in der Folge die in *Night of the Living Dead* angelegten Ansätze. Nachdem sich Mitte der 1970er die „Tendenzen der Amerikanisierung des Konsums"[78] durch eine zunehmende Öffnung der globalen Märkte verschärft hatten, zeigte *Dawn of the Dead* einen Untoten, dessen Expansionsdrang bereits ganze Städte zum Opfer gefallen waren und der sich über die gesamten Vereinigten Staaten ausgebreitet hatte.[79] Gleichsam wurde der Zusammenhang zwischen dem Zombie und der kapitalistischen Gesellschaft, der er entstammt, betont,[80] indem der Film erneut eine Gruppe Überlebender fokussierte, die sich in diesem Fall jedoch nicht in einem Wohnhaus, sondern in einem „palastgleichen"[81] Einkaufszentrum verbarrikadierten.

---

76 Schramm 2010, 368. Vgl. Fäßler 2007, 33.
77 Dendle 2007, 51.
78 Schramm 2010, 380.
79 Vgl. Stresau 1987, 199.
80 Vgl. Adkins 2007, 119.
81 Platts 2013, 552.

Dies hatte zur Folge, dass der Film überspitzt als „deutliche Anklage"[82] einer amerikanisch-geprägten „sich selbst verschlingende Konsumgesellschaft"[83] rezipiert und die Untoten konsequent mit Verbrauchern gleichgesetzt wurden:[84] „Das Einkaufszentrum erweist sich als fruchtbarer Nährboden für die ziellos umherlaufenden Hundertschaften von Zombies, die nun die Rolle willenloser Konsumenten […] einnehmen. Hier ist es nicht mehr der heimische Haushalt, der unter Beschuss steht, sondern der konsumfixierte Kapitalismus selbst."[85] Nicht nur die Zombies, auch die Überlebenden erliegen dabei „zwanghaft ihrem übersteigerten, pervertierten Konsumverhalten"[86] und verwandeln sich genau dann in Untote, wenn sie „ihre Warenwelt am vehementesten gegen die Eindringlinge verteidigen".[87]

Als das westliche Konsummodell ab den 1980er Jahren im Zuge der fortschreitenden Globalisierung in die ganze Welt exportiert wurde[88] und amerikanische Konzerne zunehmende Dominanz erlangten,[89] zeigte der dritte Teil der Reihe, *Day of the Dead*, den US-Zombie als grenzüberschreitende Bedrohung, die „die gesamte Erde überrannt"[90] und zu den Menschen eine Überzahl von 400 000 zu eins erreicht hat.[91] Bedenkt man, dass sich die Räume der Globalgeschichte „von der lokalen, über die regionale bis hin zur überregionalen und letztlich die ganze Welt umfassenden Ebene"[92] erstrecken, so ließe sich *Day of the Dead* als eine Art Endpunkt des Genres betrachten, an dem eine weltumspannende und unangefochtene Herrschaft der amerikanisierten Untoten steht. Die seit den sechziger Jahren wiederholt formulierte Befürchtung, eine „Hegemonie der Vereinigten Staaten"[93] könne darauf abzielen, „die einheimischen Kulturen auszulöschen und auf diese Weise […]

[82] Platts 2013, 552. Vgl. Dendle 2007, 45.
[83] Mihm 2004, 178. Vgl. Lange-Berndt 2003, 564.
[84] Vgl. Lange-Berndt 2003, 564; Adkins 2007, 119.
[85] Dendle 2007, 51.
[86] Mihm 2004, 179.
[87] Mihm 2004, 179.
[88] Vgl. Schramm 2010, 381.
[89] Vgl. Schramm 2010, 377.
[90] Mihm 2004, 180. Vgl. Seeßlen/Jung 2006, 436.
[91] Hardy 1993, 397.
[92] Komlosy 2011, 18.
[93] Grazia 2010, 549.

die Werte der Konsumgesellschaft in alle Welt [...] tragen",[94] findet
hier letztlich ihre denkbar umfassende Erfüllung.

Die Apokalypse ist doch kein Weltuntergang

Nach Jahren der Stagnation erlangte der Zombie im Zuge der Anschläge
vom 11. September 2001 und der damit verbundenen Furcht vor glo-
baler, terroristisch motivierter Zerstörung sowie der Bedrohung durch
Infektionskrankheiten wie SARS eine neue Relevanz und Popularität.[95]
Filme wie *28 Days Later* (GB 2002, Danny Boyle) oder das Remake
Dawn of the Dead (USA 2004, Zack Snyder) modernisierten die Klassiker des Genres zwar, lösten sich aber nicht entscheidend von ihren
Vorgaben.[96] Als Reaktion auf diese thematische Limitierung entwickelte
sich eine zunehmend ironische Variante des Zombie-Films, die dem
Untoten aber selbst in parodistischen Inszenierungen seine „kulturkri-
tische Dimension"[97] beließ. Das Prinzip dieser Produktionen bestand
darin, das tradierte Verhalten der Figur mit Schauplätzen und Situationen, in denen sie fremd war, zu kontrastieren, wobei verstärkt auf
eine geografische Relokalisierung zurückgegriffen wurde.

So erobern in *Shaun of the Dead* (GB 2004, Edgar Wright) tor-
kelnde Untote den Norden Londons, werden von der Titelfigur aber
zunächst nicht einmal wahrgenommen. Angesichts seiner tristen Nach-
barschaft, die sich aus gebeutelten Malochern, apathischen Punks und
bierseligen Dauergästen im lokalen Pub zusammensetzt, ist der Protagonist schlicht nicht in der Lage, irgendeine Veränderung festzustellen.[98] England, so die Kernaussage des Films, wirkt bereits in seinem
Normalzustand, als sei es von Zombies eingenommen worden.[99] Folglich begegnen die menschlichen Figuren der Invasion eher mit Stoizis-
mus denn mit Panik, wodurch der Zombie-Film zu einer „Hommage
an die feine britische Kunst, sich nicht von widrigen Umständen stö-
ren zu lassen"[100] umgedeutet wird.

Ein zweites, nennenswertes Beispiel, *Juan de los Muertos* (Cuba/Spa-
nien 2011, Alejandro Brugués), exemplifiziert ein ähnliches Szenario am

---

[94] Grazia 2010, 550.
[95] Vgl. Dendle 2007, 54; Backe/Aarseth 2013, 6; Platts 2013, 547.
[96] Vgl. Seeßlen/Jung 2006, 916.
[97] Backe/Aarseth 2013, 4.
[98] Vgl. Hornaday 2004, 1.
[99] Vgl. Lane 2004, 159.
[100] Vgl. Lane 2004, 159.

kubanischen Havanna, obgleich die Aussage der Figuren, es habe sich durch den Einzug der Untoten eigentlich gar nichts verändert,[101] hier eher sarkastischer Kommentar ist. Zentral ist stattdessen der Gedanke, dass zweiundfünfzig Jahre sozialistischer Herrschaft die Insel bereits zuvor in einen Staat voller Zombies verwandelt haben.[102] Wenn ein Nachrichtensprecher innerhalb der Handlung immer wieder betont, dass man es nicht mit Untoten, sondern mit dem Werk amerikanischer Dissidenten zu tun habe, verweist dies einerseits auf das Wissen um die Ursprünge des modernen Zombies seit *Night of the Living Dead*, zum anderen übt *Juan de los Muertos* damit Kritik an den von der Regierung kontrollierten, unfreien Medien, deren Zensur der Film selbst nur dadurch entgehen konnte, dass er seine Anklage in der populären Dramaturgie des Zombie-Films tarnte.[103]

Auch wenn der Ursprung der lebenden Leichname nun außerhalb der USA verortet wurde, so folgte die Figur doch weiterhin den Vorgaben, die *Night of the Living Dead* etabliert hatte, und blieb, obgleich sie nun englische und kubanische Menschen als Wirte benutzte, letztlich der amerikanische Untote. Gerade die humoristischen Filme zeigten somit, wie sich der Zombie zum globalen Akteur entwickelt hatte, der scheinbar an jedem Punkt der Welt auftauchen und von dort aus expandieren konnte. Gleichzeitig offenbarten *Shaun of the Dead* und *Juan de los Muertos* eine selbstreferentielle Komponente, da die Figuren bei der Verteidigung gegen die Zombies verstärkt auf ein Wissen über deren Verhaltensweisen zurückgriffen, das ihnen eben das amerikanische Kino in Filmen wie *Dawn of the Dead* vermittelt hatte.

Wenn in der Hölle kein Platz mehr ist, kommen die Toten in den Garten

In Anbetracht dieser filmischen Vorbilder lässt sich *Plants vs. Zombies* nun als Spiel klassifizieren, das Darstellungen des Untoten aus unterschiedlichen Phasen seiner Geschichte aufnimmt und zusammenführt. Wenn der Spieler im Finale dem Endgegner, Dr. Edgar Zomboss, gegenübertritt, erinnert diese untote Version eines verrückten Wissenschaftlers, der Verstorbene nicht nur zum Leben erwecken, sondern auch für

---

[101] Vgl. Burnett 2011, 6.
[102] Vgl. Burnett 2011, 6.
[103] Vgl. Burnett 2011, 6.

sich kämpfen lassen kann,[104] an die Fähigkeiten Murder Legendres aus *White Zombie*. Als Startbildschirm exponiert ist hingegen eine Darstellung der Toten, die auf dem Friedhof ihren Gräbern entsteigen, wobei es sich hier um eine direkte ikonografische Übernahme aus *Night of the Living Dead* handelt. Das gilt auch hinsichtlich der äußeren Erscheinung der Zombies und des Spielprinzips, ein Haus gegen eine untote Übermacht verteidigen zu müssen. Andererseits präsentiert *Plants vs. Zombies* in übersichtlicher Außenperspektive, was der Film in einer primär klaustrophobischen Atmosphäre aus dem Inneren darstellt.

Auch aus *Dawn of the Dead* finden sich deutliche Übernahmen, etwa dessen Prinzip, die Zombies nicht mehr als anonyme Masse, sondern als heterogene Gruppe darzustellen, in die immer neue Typisierungen integriert werden – beispielsweise der Nonnen- oder der Krankenschwester-Zombie.[105] Das *casual game* übernimmt hier eingespielte Zombietropen und zitiert zwei dieser Erscheinungsformen – den Handwerker und den „Anzugträger"[106] – in seiner Antagonistenriege explizit. Zudem lässt sich auch die Spielmechanik letztlich aus dem Film ableiten: Als die menschlichen Hauptfiguren das Einkaufszentrum betreten, eliminieren sie die eingeschlossenen Untoten mit Distanzschüssen, die später ebenfalls eingesetzt werden, um die Eingänge und den Vorhof des Gebäudes vom Dach aus zu verteidigen. *Plants vs. Zombies* überträgt diesen Ansatz auf seine, aus sechs separaten Reihen bestehende Karte: Vor dem Haus werden Gewächse platziert, die die Untoten aus der Distanz attackieren, hinzu kommen Pflanzen, die Zombies in direktem Kontakt eliminieren oder sie in Form einer Barriere blockieren.[107] Dabei nimmt die Kameraperspektive in besagten *Dawn of the Dead*-Szenen tendenziell bereits die vogelperspektivische Sicht auf den Garten im Spiel vorweg.

Der ironischen Ausrichtung von *Shaun of the Dead* und seinen Nachfolgern entlehnt *Plants vs. Zombies* den Ansatz, das Horrornarrativ mit einem unerwarteten Element – in diesem Fall Zier- und Nutzpflanzen – zu konfrontieren, das seiner bedrohlichen Konzeption zuwiderläuft. Auch der Gedanke, der amerikanisierte Zombie könne von jedem Ort aus zu expandieren beginnen, lässt sich mit Abstrichen auf das Spiel übertragen.

---

[104] Vgl. Backe/Aarseth 2013, 8 f.
[105] Vgl. Mihm 2004, 179.
[106] Mihm 2004, 179.
[107] Vgl. Venturelli 2009, 5.

Amerika beginnt vor der eigenen Haustür

Obgleich der Schauplatz mit mannshohem Bretterzaun und rechtecki-
gem Schwimmbecken im Hinterhof dem archetypischen suburbanen
US-Modell entspricht, bleibt er doch tendenziell unterdefiniert. Inte-
rieur und Äußeres, die stets nur in Ausschnitten visualisiert werden,
fungieren als Projektionsfläche, die identifikationsfördernd ein „Hin-
einversetzen in das Spielgeschehen"[108] bedingt und dazu beiträgt, dass
der dargestellte Lebensraum vom Spieler als der eigene wahrgenommen
werden kann.[109] Unterstützt wird diese Form der Aneignung durch die
obligatorische Eingabe eines selbst gewählten Namens, in deren Folge
zu Beginn eines Levels stets „Haus von [Spielername]" in großen Let-
tern eingeblendet und somit eine Individualisierung vorgenommen
wird. Entsprechend verzichtet *Plants vs. Zombies* darauf, den Spieler
mittels eines Avatars in seiner Erscheinung festzulegen,[110] stattdessen
bleibt er eine körperlose Entität, die nur durch den Cursor in Erscheinung tritt, der seine Aktionen visualisiert, in Form eines Pfeils beziehungsweise einer Hand, aber nicht in relevanter Form spezifiziert ist.

Auch die Spielmechanik, die auf einem Tablet oder Smartphone beispielsweise mit einem einzelnen Finger ausgeführt werden kann und
sich auf die Auswahl der Pflanzen, deren Platzierung auf der Karte und
das Einsammeln von Punkten beschränkt, stärkt eine universelle Anmu-
tung. Die radikale Vereinfachung der Prozesse setzt auf unmittelbare
Verständlichkeit und benötigt kein Vorwissen, beispielsweise in Form
anderer amerikanischer Spiele, in denen Zombies eine entscheidende
Funktion einnehmen. Stattdessen betont sie die Allgemeingültigkeit der
dargestellten Konfrontation, die zwar eine amerikanische Ikonografie
aufgreift, sich durch eine konstante Globalisierung von US-Bildwelten
aber als universal verständlich etabliert hat.

Jeder Zombie ist anders, jeder Zombie ist gleich

Auf der deskriptiven Ebene lässt sich zunächst festhalten, dass der Untote
in *Plants vs. Zombie* in 26 unterschiedlichen Variationen auftritt (Abb.
2). Dabei ist er nicht individualisiert, sondern in Klassen unterteilt.[111]

---

[108] Wimmer 2013, 56 f.
[109] Vgl. Wimmer 2013, 56 f.
[110] Vgl. Backe/Aarseth 2013, 9.
[111] Vgl. Backe/Aarseth 2013, 9.

Abb. 2: Grau in Grau: Die Aufstellung der Zombies (PopCap Games 2009).

Dies führt besonders in den ersten Abschnitten zu einem homogenen Erscheinungsbild der Figur, das zunächst von einem Grundmuster, dem „gewöhnlichen Wald-und-Wiesen-Zombie" dominiert wird, einer anachronistischen, visuell aus *Night of the Living Dead* entlehnten Karikatur des Büroangestellten in Sakko, Hemd und Krawatte. Diese, im Spielverlauf tausendfach auftretende Klasse bildet Horden, die aus komplett identischen Doppelgängern bestehen, und fungiert als Ausgangsform für sechs weitere Zombietypen, die ihre Vorlage lediglich um eine spezifische Requisite erweitern:

• Der „Flaggen-Zombie" trägt eine Fahne und geht einer einfallenden Gruppe voraus,
• als „Pylonen-Zombie" ziert ein Verkehrshütchen seinen Kopf, das die Widerstandsfähigkeit moderat steigert,
• ein „Eimer-Zombie" trägt einen Blecheimer als Hut, der seine Widerstandsfähigkeit beträchtlich steigert,
• der „Fliegengitter-Zombie" hält als Schutzschild eine seinem Namen entsprechende Tür,
• als „Schwimmreifen-Zombie" steckt er in einer aufblasbaren Ente, die es ihm ermöglicht, das Haus im Hinterhof durch den Pool anzugreifen,

- der „Bungee-Zombie" seilt sich schließlich auf eine beliebige Stelle des Spielfelds ab, um eine Pflanze zu entfernen.

Gerade die marginalen Abweichungen betonen dabei die Uniformität der Gegner, weshalb die Dystopie einer Einheitskultur in *Plants vs. Zombies* trotz aller Ironie einen Superlativ findet – in den filmischen Interpretationen verfügten die Untoten noch über zumindest rudimentär ausgebildete anatomische Distinktionsmerkmale zueinander. Weichen die Gegner aber von ihrem homogenen Schema ab, so geschieht dies primär, indem sie mit Insignien der amerikanischen Konsum- und Warenwelt versehen werden, die den Untoten zwar visuell bisweilen vollständig ins Lächerliche ziehen,[112] ihn gleichzeitig aber zu einer gesteigerten Gefahr für die Verteidigung des Hauses erheben:

- Der „Tanz-Zombie", der im Stil der New Yorker Disco-Bewegung (1974–79) gekleidet ist, ruft in Intervallen vier ebenfalls entsprechend gewandete „Gruppentänzer-Zombies" zu sich, die ihn vor Angriffen abschirmen.
- Zombies, die eine Ausrüstung des Nationalsports American Football tragen, bewegen sich schneller als alle anderen Untoten und sind aufgrund ihrer Schutzkleidung weit widerstandsfähiger.
- Der „Zomboni", dessen Name auf die kalifornische Zamboni-Manufaktur für Eisbearbeitungsmaschinen verweist, hinterlässt auf einer solchen fahrend eine Eisschicht auf dem Rasen, die verhindert, dass dort weitere Gewächse angepflanzt werden können.
- Ein „Katapult-Zombie" wirft mit Basketbällen vom rechten Kartenrand auf die Pflanzen und zerstört sie.
- Der „Buddel-Zombie", der mit Lampenhelm, Spitzhacke und kariertem Flanellhemd dem Klischee des amerikanischen Minenarbeiters nachempfunden ist, gräbt sich unter den Pflanzen durch, um sie dann von ihrer ungeschützten Rückseite auffressen zu können.
- Dr. Zomboss vermag den größten Schaden in den Verteidigungsreihen anzurichten, indem er ein Wohnmobil amerikanischer Bauart auf die Pflanzen schleudert – ein Wurf zerstört dabei bis zu sechs Gewächse, ohne dass der Spieler dies verhindern kann.

Diese Verbindung von konsumbezogener US-Bilderwelt und zunehmender Bedrohung wird durch eine singuläre Umkehrung des Sche-

---

[112] Vgl. Backe/Aarseth 2013, 8 f.

mas pointiert: Der „Yeti-Zombie", der als Adaption eines tibetanischen Fabelwesens als einziger Gegnertypus mit einer Region außerhalb der Vereinigten Staaten konnotiert wird, ist nicht nur überaus selten – er tritt im kompletten Spieldurchgang maximal einmal in Erscheinung –, sondern auch nahezu harmlos, da er die Flucht ergreift, sobald er vom ersten Geschoss einer Pflanze getroffen wird.

Von der Darstellung einer Bedrohung aus der eigenen Mitte über den Verweis auf zunehmend aggressive, die Bürger im eigenen Land bedrohende Auswüchse der nationalen Konsum- und Warenwelt hin zur Ironisierung globalisierter Ikonografien bewegt sich *Plants vs. Zombies* innerhalb der Koordinaten seiner Vorgänger, erweitert den Aspekt der Amerikanisierung aber um neue Komponenten. Was dem Spiel hingegen seine Ausnahmestellung verleiht, ist zum einen die „visuelle und funktionale Diversität"[113] des Untoten, zum anderen der Umstand, dass es diametrale Perspektiven auf die Figur koexistieren lässt. Der Zombie ist in seiner Erscheinung sowohl homo- als auch heterogen und behält, selbst wenn er visuell als tanzende Witzfigur in Afroperücke und Glitzeranzug auftritt, im Spielgeschehen doch seine Bedrohlichkeit.

(Nach-)Wachsender Widerstand

Während der Zombie auf Inspirationen aus seiner eigenen Figurengeschichte verweist, markieren die Pflanzen die eigentliche Innovation innerhalb des Spiels, da ihr Ansatz, der aggressiv-kapitalistischen Expansion der Untoten in der Tradition George A. Romeros nun mit archaischem Gartenbau entgegenzutreten, nicht nur absurd, sondern im Genre auch komplett neu ist. Aus 49 Gewächsen bestehend (Abb. 3), ist ihre Zusammenstellung im Vergleich mit der der Untoten sowohl heterogener als auch umfangreicher. Fantastische Neuschöpfungen wie die „Pflanterne", eine Mischung aus Pflanze und Laterne, stehen neben zu Waffen stilisierten Versionen realen Gemüses wie der „Erbsenkanone". Ergänzt werden diese um direkte, wenn auch visuell anthropomorph-karikierte Übernahmen aus der Flora, etwa die Knoblauchzehe, die einen Zombie in eine andere Reihe leitet, sobald er hineinbeißt.

Zusätzlich lassen sich die Pflanzen nach ihrer Herkunft und Verbreitung unterteilen, wobei nordamerikanische Gewächse (Sonnenblume, Kürbis), neben aus Europa (Kirsche, Weißkohl), Asien (Erbse, Knoblauch), Afrika (Kaffeebohne, Wassermelone) und Lateinamerika

---

[113] Backe/Aarseth 2013, 8.

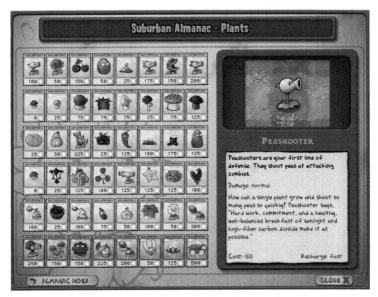

Abb. 3: Gewachsene Heterogenität: Die Aufstellung der Pflanzen
(PopCap Games 2009).

(Kartoffel, Mais) importierten Pflanzen stehen, die in den USA angebaut und nicht mehr primär mit ihrer Herkunft assoziiert werden.[114] Hinzu kommt Fauna, die nicht amerikanisiert und noch mit ihrem Ursprungsland konnotiert ist, beispielsweise die Jalapeño (Mexiko) oder die Sternfrucht (Südostasien) sowie der frei erfundene „Cattail", der in seinem Erscheinungsbild auf die populäre japanische Figur „Haro Kiti" („Hello Kitty") verweist.

Diese multinationale Zusammenstellung unterschiedlichster Pflanzen, die als Verteidigungslinie gegen den Einfall der Zombies dramatisiert wird, fungiert nicht nur als positiver Gegenentwurf zu dem von den Untoten ausgehenden Transformationsdruck. Sie verweist ebenso auf die realweltlich-suburbane Tendenz, mit individualisierten Kleingärten die eigene Identität den Nachbarn gegenüber abzugrenzen, wie sie die Erkenntnis pointiert, dass gerade eine Verbindung von einheimischen und ausländischen Einflüssen wahrlich „innovative neue kulturelle Formen"[115] hervorbringt.

---

[114] Vgl. Fäßler 2007, 70 f.
[115] Fäßler 2007, 64.

Conclusio

Plants vs. Zombies ist eine Ironisierung filmischer Vorbilder, die gleichsam nicht zu reinem Pastiche gerät, sondern deren allegorische Ansätze Konsumismus und Transformationsdruck betreffend in innovativer Form zu pointieren vermag. Der gewissermaßen postmoderne Ansatz des Spiels, unterschiedliche Phasen der Figurengeschichte gleichermaßen zu berücksichtigen, wird dabei durch die tendenzielle Offenheit des *casual games*, das in der Regel auf eine detaillierte Hintergrundgeschichte verzichtet, bedingt.

Historisch lässt sich *Plants vs. Zombies* in einer Phase verorten, in der US-Bildwelten globalisiert sind, hinsichtlich ihrer Konstruktion aber verstärkt hinterfragt und parodiert werden. Wenn der amerikanisierte, konsumfixierte Untote in Form der Pflanzen mit einem archaischen Widerpart kontrastiert wird, ist ihm dieser – bedingt durch den moderaten Schwierigkeitsgrad eines *casual games* – letztlich überlegen. Im Gegensatz zu den filmischen Vorlagen steht am Ende somit eben keine globale Dominanz des Zombies, sondern seine Niederlage.

Das Spiel selbst trat hingegen einen weltweiten Triumphzug an: Die New York Times pries *Plants vs. Zombies* bereits im Juni als einen der besten Titel des Jahres,[116] CNN zeichnete es als „Best Strategy Game of 2009"[117] aus und bei den Londoner „Golden Joysticks Awards 2010" reüssierte das Spiel sowohl als „Strategy Game of the Year" als auch als „Download Game of the Year". Neben der Anerkennung von Kritik und Industrie wurde *Plants vs. Zombies* auch von Spielern weltweit enthusiastisch aufgenommen[118] und in bisher vier Nachfolgetiteln fortgeschrieben.

Dabei lassen sich weiterführende Forschungsfragen besonders an das direkte Sequel *Plants vs. Zombies 2: It's about Time*[119] knüpfen, in dem die Untoten in der Zeit zurückreisen. Wenn der Spieler nun eine Karte verteidigt, die dem alten Ägypten nachempfunden ist, bietet sich sowohl eine Untersuchung dieser historischen Darstellung selbst, wie auch der Einbindung des Zombies in diese, an. Im Wild-West-Abschnitt findet sich zudem eine weitere Facette der Amerikanisierung, wenn der Untote als Cowboy – und somit als wohl prominenteste Ikone der US-Geschichte – in Erscheinung tritt.

---

[116] Vgl. Schiesel 2009, C5.
[117] Vgl. Saltzman 2009, o.S.
[118] Vgl. Venturelli 2009, 6.
[119] Plants vs. Zombies 2: It's About Time 2013.

Die übrigen Spiele der Reihe sind aus globalhistorischer Perspektive hingegen eher vernachlässigbar: *Plants vs. Zombies Adventures*[120] ist eine für das soziale Netzwerk Facebook ausgelegte Variante des ursprünglichen Titels. Die Innovation der Multiplayer-Online-Games *Plants vs. Zombies: Garden Warfare*[121] und *Garden Warfare 2*[122] liegt primär in ihrem Spielprinzip, das Tower-Defense-System und Third-Person-Shooter kombiniert. Gleichsam ist zumindest bemerkenswert, dass der Untote hier selbst zum Protagonisten erhoben wird, da es Spielergruppen freisteht, als Pflanzen oder als Zombies gegeneinander anzutreten. Zuletzt erschien mit *Plants vs. Zombies Heroes*[123] ein mobiles Sammelkartenspiel, das sämtliche Figuren der bisherigen Titel vereinte. Als abgeschlossen sollte man die Reihe freilich nicht betrachten – die Geschichte hat uns gelehrt, dass mit den Zombies zu rechnen ist. Immer. Und Überall.

Literatur

Adkins 2007 = Brent Adkins, A Rumor of Zombies. Deleuze and Guattari on Death, in: Philosophy Today. SPEP Supplement (2007), 119–124.

Backe/Aarseth 2013 = Hans-Joachim Backe/Espen Aarseth, Lucid Zombies: An Examination of Zombieism in Games, http://www.digra.org/digital-library/publications/ludic-zombies-an-examination-of-zombieism-in-games [19.08.2017].

Burnett 2011 = Victoria Burnett, Socialism's Sacred Cows Suffer Zombie Attack in Popular Cuban Film, in: New York Times 11.12.2011, A6.

Carr 2009 = Diane Carr, Textual Analysis, Digital Games, Zombies, http://homes.lmc.gatech.edu/~cpearce3/DiGRA09/Tuesday%201%20September/306%20Textual%20Analysis,%20Games,%20Zombies.pdf [19.08.2017].

Chesi 2003 = Gert Chesi, Voodoo in Afrika, Innsbruck 2003.

Dendle 2007 = Peter Dendle, The Zombie as Barometer of Cultural Anxiety, in: Niall Scott (Hg.), Myths and Metaphors of Enduring Evil, New York 2007, 45–57.

Fäßler 2007 = Peter E. Fäßler, Globalisierung. Ein historisches Kompendium, Köln–Weimar–Wien 2007.

Grazia 2010 = Victoria de Grazia, Das unwiderstehliche Imperium. Amerikas Siegeszug im Europa des 20. Jahrhunderts, Stuttgart 2010.

Hardy 1993 = Phil Hardy, Horror, London 1993.

Harzheim 2004 = Harald Harzheim, White Zombie, in: Ursula Vossen (Hg.), Filmgenres. Horrorfilm, Stuttgart 2004, 101–105.

Hornaday 2004 = Ann Hornaday, Shaun of the Dead: Lively Zombie Comedy, in: Washington Post 24.09.2004, C01.

---

[120] Plants vs. Zombies Adventures 2013.
[121] Plants vs. Zombies: Garden Warfare 2014.
[122] Plants vs. Zombies: Garden Warfare 2 2016.
[123] Plants vs. Zombies Heroes 2016.

Komlosy 2011 = Andrea Komlosy, Globalgeschichte, Stuttgart 2011.

Lademann-Priemer 2011 = Gabriele Lademann-Priemer, Voodoo, Freiburg–Basel–
Wien 2011.

Lane 2004 = Antony Lane, The Current Cinema: Ghosts, in: The New Yorker
27.09.2004, 158–159.

Lange-Berndt 2003 = Petra Lange-Berndt, Zombie, in: Jürgen Müller (Hg.), Filme
der 70er, Köln 2003, 562–565.

Mihm 2004 = Kai Mihm, Die Nacht der lebenden Toten, in: Ursula Vossen (Hg.):
Filmgenres. Horrorfilm, Stuttgart 2004, 173–183.

Platts 2013 = Todd K. Platts, Locating Zombies in the Sociology of Popular Culture, in: Sociology Compass 7 (2013), 547–560.

Requate 2010 = Jörg Requate, Kommunikationsmedien und Gesellschaft, in: Reinhard Sieder/Ernst Langthaler (Hg.): Globalgeschichte 1800–2010, Köln–Weimar–Wien 2010, 439–469.

Saltzman 2009 = Marc Saltzman, The Best Video Games of 2009, http://edition.
cnn.com/2009/TECH/12/16/best.videogames.year/index.html [06.11.2017].

Schiesel 2009 = Seth Schiesel, If You Lose Your Mind, You Risk Having It Eaten,
in: The New York Times 13.06.2009, C5.

Schlang 2009 = Stefan Schlang, Neureligionen, in: Harald Baer/Hans Gasper/
Johannes Sinabell/Joachim Mükker (Hg.), Lexikon nichtchristlicher Religi-
onsgemeinschaften, Freiburg–Basel–Wien 2009, 159–162.

Schramm 2010 = Manuel Schramm, Die Entstehung der Konsumgesellschaft, in:
Reinhard Sieder/Ernst Langthaler (Hg.): Globalgeschichte 1800–2010, Köln–
Weimar–Wien 2010, 367–387.

Seeßlen/Jung 2006 = Georg Seeßlen/Fernand Jung: Horror. Grundlagen des populären Films, Marburg 2006.

Sieder/Langthaler 2010 = Reinhard Sieder/Ernst Langthaler, Einleitung, in: Dies.
(Hg.), Globalgeschichte 1800–2010, Köln–Weimar–Wien 2010, 9–37.

Stresau 1987 = Norbert Stresau, Der Horror-Film, München 1987.

Türk 2009 = Eckhard Türk, Archaische Religiosität, in: Harald Baer/Hans Gas-
per/Johannes Sinabell/Joachim Mükker (Hg.), Lexikon nichtchristlicher Reli-
gionsgemeinschaften, Freiburg–Basel–Wien 2009, 54–56.

Venturelli 2009 = Marcos Venturelli, Space of Possibility and Pacing in Casual
Game Design – A PopCap Case Study, http://citeseerx.ist.psu.edu/viewdoc/
download;jsessionid=44387400FF3118DD134118FDD4B1212F?doi=10.1.
1.655.7743&rep=rep1&type=pdf [19.08.2017].

Vossen 2004 = Ursula Vossen, Einleitung, in: Dies. (Hg.), Filmgenres. Horrorfilm, Stuttgart 2004, 9–27.

Wimmer 2013 = Jeffrey Wimmer, Massenphänomen Computerspiele. Soziale, kulturelle und wirtschaftliche Aspekte, Konstanz–München 2013.

Ludografie

Plants vs. Zombies, PopCap Games, PC (Windows) [u. a.], PopCap Games 2009.

Plants vs. Zombies 2: It's About Time, PopCap Games, iOS [u. a.], Electronic Arts 2013.

Plants vs. Zombies Adventures, PopCap Games, Facebook, Electronic Arts 2013.

Plants vs. Zombies: Garden Warfare, PopCap Games, Xbox 360 [u. a.], Electronic Arts 2014.

Plants vs. Zombies: Garden Warfare 2, PopCap Games, PC (Windows) [u. a.], Electronic Arts 2016.

Plants vs. Zombies Heroes, PopCap Games, iOS [u. a.], Electronic Arts 2016.

Indigenität, Freiheit und Geschlecht im Computerspiel *Assassin's Creed III*

Andreas Womelsdorf

„[…] instead of ushering in an era of peaceful coexistence grounded on the ideal of *reciprocity* or *mutual* recognition, the politics of recognition in its contemporary liberal form promises to reproduce the very configurations of colonialist, racist, patriarchal state power that Indigenous peoples' demands for recognition have historically sought to transcend."[1]

„[…] anstatt eine Ära friedlicher Koexistenz einzuleiten, die gegründet ist auf dem Ideal von Reziprozität oder gegenseitiger Anerkennung, versprechen die Politiken der Anerkennung in ihrer gegenwärtigen liberalen Form, ebenjene Konfigurationen kolonialer, rassistischer und patriarchaler Herrschaft zu reproduzieren, die indigene Forderungen nach Anerkennung historisch zu überwinden suchten." (Übers. A.W.)

Einführung: (Post-)Kolonialismus und Computerspiel

Über die politische Logik von Repräsentationen von Indigenität und Kolonialismus im digitalen Spiel sprechen zu wollen, wie dies dieser Beitrag zu unternehmen versucht, bedeutet zwangsläufig über ‚Geschichte' sprechen zu müssen. Und da wäre zum einen ‚die Geschichte' als ein narratives Element im historisierenden Computerspiel – im vorliegenden Falle ‚die Geschichte' des US-amerikanischen Unabhängigkeitskriegs in Ubisofts *Assassin's Creed III*[2] –, zum anderen ‚Geschichte' als ein Element kolonialer Epistemologien, die ‚den Indianer' als einen Bestandteil der Collage kolonialer Vergangenheit und eben ‚Geschichte' her-

---

[1]   Coulthard 2014, 3, Hervorh. i. Orig.
[2]   Assassin's Creed III 2012.

vorbringen.[3] Es ist eine überaus folgenreiche und bittere Konsequenz der Konstruktion des ‚primitiven Anderen' entlang ‚historischer' Achsen, dass indigene Rechte und insbesondere Landbesitz- und -nutzungsrechte in den Vereinigten Staaten, Australien und Kanada heute ausgerechnet entlang von Auffassungen einer objekthaften, äußerlichen und linearen Zeitlichkeit juristisch ausgefochten, argumentiert und verfestigt werden.[4] Der Ethnologie kam und kommt hier, wie Johannes Fabian einstmals eindrucksvoll demonstrierte,[5] die Funktion einer Artikulation ‚außereuropäischer Geschichte(n)' in den epistemologischen Grenzen westlicher Historiografie zu.[6] Vor diesem politischen Hintergrund kann eine Untersuchung von Globalgeschichte(n) in digitalen Spielen nur bedeuten, die Gefüge kolonialer Epistemologien in den Vordergrund zu rücken, ihre Reproduktion, aber auch ihre Verwandlungen unter neuen Vorzeichen und Ereignissen.

Dabei gehören Kolonisierung und Kolonisation zweifelsfrei zu den wichtigsten, vielleicht auch beliebtesten Topoi des Computerspiels und finden sich nicht nur in den unzähligen Schlachten des Strategiespiels reflektiert, sondern auch beispielsweise in Rollenspielen wie Obsidians *Pillars of Eternity*[7]. Es ist daher überaus verwunderlich, dass in den Game Studies Kolonisierung und Kolonisation bisher nur vereinzelt und ohne engeren theoretischen Bezug etwa zu den Settler Colonial Studies diskutiert worden sind.[8] Ein einengender Fokus auf die Bedeutung und die Stellung des strategischen Spiels, die Epistemologie seiner Mechaniken und die Genealogie seiner Visualisierung kommt hinzu, wenn Kolonisierungsprozesse aus der Perspektive der Game Studies in den Blick genommen werden.[9] Die Erkenntnis, dass die Kolonisierung Nordamerikas bislang fast ausschließlich im Rahmen des strategischen Spiels verhandelt wird, wie beispielsweise in *Sid Meier's Colonization*[10], Funatics *Cultures: Die Entdeckung Vinlands*[11], Microsofts *Age of Empires II: Conquerors*[12], GSC Game Worlds *Ame-*

---

[3]   Vgl. Rifkin 2017.
[4]   Vgl. Povinelli 2002; McMillen 2007; Nadasdy 2017.
[5]   Vgl. Fabian 2014.
[6]   Vgl. Wolfe 1999.
[7]   Pillars of Eternity 2015.
[8]   Vgl. Mukherjee 2016; Breger 2008; Galloway 2006; Lammes 2010.
[9]   Vgl. z. B. Mir/Owens 2013; Nohr 2010; Lammes 2008.
[10]   Sid Meier's Colonization 1994.
[11]   Cultures: Die Entdeckung Vinlands 2000.
[12]   Age of Empires II: The Conquerors 2000.

rican Conquest[13], Sunflowers *Anno 1503*[14] oder Creative Assemblys *Empire: Total War*[15], provoziert Nachfragen: Warum werden Kolonisierungsprozesse offenbar überwiegend in strategischer Weise präsentiert? Impliziert der strategische Blick nicht ein distanziertes, analytisches Verhältnis zwischen Kolonisierten und Kolonisierenden? Wie könnte demgegenüber eine Perspektive auf Kolonialisierungsprozesse aussehen, die eben diese objektivierende Distanz aufhebt?

Mit *Assassin's Creed III* liefert Entwickler Ubisoft im Jahre 2012 eine kommerziell überaus erfolgreiche Vision der Revolte britischer Kolonisten in Nordamerika gegen Großbritannien, die mit der Staatswerdung der Vereinigten Staaten von Amerika verbunden ist.[16] Offenbar entscheidet sich Ubisoft also, die historische Fiktion dieses nordamerikanischen Ablegers der *Assassin's-Creed*-Serie[17], die wie keine andere zuvor mit dem Thema des Freiheitskampfes assoziiert ist, aus Perspektive eines jungen Mannes zu konstruieren, dessen Vater britischer und dessen Mutter indigener Herkunft sind. Diese vermeintlich oberflächliche Design-Entscheidung, die Amerikanische Revolution mit einer ‚indigenen‘ Perspektive zu verknüpfen, wirft jedoch die grundsätzliche Frage nach dem Verhältnis zwischen ‚Indigenität‘ und ‚Kolonisierung‘ als Bestandteilen der Artikulation US-amerikanischer Geschichte auf. Dabei muss es auch darum gehen, zu klären, welche Effekte mit dieser Artikulation US-amerikanischer Geschichte verbunden sind und welche Aspekte der kolonialen Landnahme Nordamerikas verdeckt bleiben beziehungsweise verselbstverständlicht/naturalisiert werden.

Dieser Beitrag, der lediglich als gedankliche Anregung fungieren soll und einen Themenkomplex zur Ersterkundung aufschließt, umfasst drei Teile. In einem ersten Schritt wird die Produktion von Geschlechtlichkeit und Genealogie untersucht werden, die unbedingt mit der Etablierung eines kolonialen Rechts- und Verwaltungsapparats und der Konstruktion heteronormativer Geschlechterverhältnisse in Bezug zu setzen ist. In einem zweiten Schritt soll das Verhältnis der beiden strategischen Figuren des ‚Sklaven‘ und des ‚Indianers‘ in den Fokus gerückt werden – schon aus dem einfachen Grund, da *Assassin's Creed III* die Geschichte der Sklaverei in den nordamerikanischen Kolonien immer

---

13   American Conquest 2002.
14   Anno 1503 2003.
15   Empire: Total War 2009.
16   Siehe hierzu auch den Beitrag von Daniel Giere in diesem Band.
17   Assassins-Creed-Reihe 2007–2017.

wieder anklingen lässt, ohne sie aber in größerem Ausmaß zu diskutieren und auszuarbeiten. Der dritte und abschließende Teil des Aufsatzes widmet sich der Artikulation von ‚Freiheit' als einem transzendenten, überzeitlichen Prinzip und der Rolle, die dabei der Zurschaustellung von ‚Indigenität' zufällt.

Fallbeispiel: *Settler Colonialist Histories* in Ubisofts *Assassin's Creed III* (2012)

Geschlecht und Genealogie: ‚Indian Princess' und Heteronormativität

Wie in anderen Teilen der *Assassin's-Creed*-Serie knüpft auch die Handlung des dritten Teils, *Assassin's Creed III*, an die vorherigen Auseinandersetzungen von Assassinen und Templern an, die um die Herrschaft über mythische und machtvolle Artefakte, die „Edensplitter", ringen. Waren die beiden Vorläufer dieser überaus erfolgreichen Computerspielserie zum einen im Palästina zu Zeiten des Dritten Kreuzzuges (*Assassin's Creed*[18]) und zum anderen im Florenz des 15. Jahrhunderts angesiedelt (*Assassin's Creed II*[19]), führt der dritte Teil der *Assassin's-Creed*-Reihe in die britischen Kolonien Nordamerikas in der zweiten Hälfte des 18. Jahrhunderts. Er erzählt im Wesentlichen von der Revolte der Dreizehn Kolonien gegen die englische Krone, das heißt von der Gründung der Vereinigten Staaten von Amerika. Wie in den vorigen Teilen der *Assassin's-Creed*-Serie sind es die in seinem genetischen Code gespeicherten Erinnerungen von Vorfahren des New Yorker Bartenders Desmond Miles, die in *Assassin's Creed III* als Spielabschnitte und narrative Sequenzen ‚bespielt' werden können.[20]

Die Hauptfigur dieses dritten Teils der Serie und Vorfahre Desmonds, Ratonhnhaké:ton beziehungsweise Connor, wird in einem recht langatmigen und ausführlichen Prolog eingeführt, wobei ihr genealogischer Hintergrund sowie einige Kindheits- sowie Jugenderfahrungen ausgeleuchtet werden. Die Handlung von Ubisofts *Assassin's Creed III* jedenfalls beginnt bereits im Jahre 1754 mit der Ankunft des Briten Haytham Kenway in Boston, einige Monate vor Beginn der ersten militärischen Auseinandersetzungen zwischen britischen und französischen Streitkräften, die den Auftakt des *French and Indian War* (1754–1763)

---

[18] Assassin's Creed 2007.
[19] Assassin's Creed II 2009.
[20] Vgl. auch Weis 2014.

in Nordamerika bilden.[21] Die Handlung des Prologs führt Haytham, der sich als Mitglied des Ordens der Templer entpuppt, zu einem Dorf der Haudenossaunee, der sogenannten 'Irokesen' oder 'Leute des Langhauses'. Dieses Dorf stellt letztlich den Dreh- und Angelpunkt der Spielhandlung von *Assassin's Creed III* dar, da es den Zugang zu ebenjenem Tempel versiegelt und schützt, in dem die Templer eines der umkämpften Artefakte, einen „Edensplitter", vermuten und in dem der junge Connor aufwächst. Die Siedlung davor zu bewahren, in die Hände der Templer zu fallen, die nicht nur die britische Kolonialadministration unterwandert haben, sondern außerdem die Reihen der US-amerikanischen Revolutionäre, stellt das spielentscheidende, handlungsevozierende Moment, das Motiv Connors, dar. Zudem lernt Haytham in den ersten Spielstunden Kaniehti:io, Connors (künftige) Mutter und Bewohnerin des Dorfes im nördlichen Rand der Spielregion „Frontier", kennen, von der er sich nicht nur Zugang zum Tempel erhofft, sondern mit der er überdies eine sexuelle Beziehung eingeht. Aus dieser Beziehung geht Connor hervor, der im Kindesalter erleben muss, wie seine Mutter bei einem Angriff auf sein Heimatdorf ums Leben kommt. Durch den Eintritt ins Erwachsenenalter erfährt Connor von seiner Herkunft und nimmt Kontakt zu dem alternden Assassinen Achilles auf, um den Templerorden in der Neuen Welt zu zerschlagen und dadurch sein Dorf zu schützen. Mit Achilles tritt neben Haytham die zweite Vaterfigur in *Assassin's Creed III* auf, die Connor ausbildet und in seinem Kampf gegen die Templer berät.

Dieser sehr grobe Aufriss der zentralen Elemente der Spielhandlung mag durchaus die Versuchung nahelegen, *Assassin's Creed III* vor allem als einigermaßen raffinierte Inszenierung eines ödipalen Dramas lesen zu wollen, zumal die Pointe des Computerspiels in der Tötung Haythams durch Connors Hand besteht. Der offensichtlichste Nachteil einer solchen Interpretation besteht allerdings darin, die Verquickung von Geschlechtlichkeit, Genealogie und Indigenität zugunsten einer inzwischen recht gut ausgeleuchteten Tragödie aus dem Blick zu verlieren.[22] Es ist Kennzeichen der *Assassin's-Creed*-Serie, ihre jeweiligen Protagonisten als genetische und bislang auch ausschließlich männliche Vorfahren des New Yorker Bartenders Desmond Miles vorzustellen, der in naher Zukunft durch ein Komplott des Templerordens dazu gezwungen wird, seiner eigenen biogenetischen 'Geschichte' durch Ani-

---

21 Hochgeschwender 2016, 56 f.
22 Butler 2009, 96 f.

mation der in seinem Genom gesicherten Erinnerungen der Ahnen auf den Grund zu gehen. Dass der dritte Teil der Spielserie seinen Prolog dazu nutzt, den Helden als Sohn einer indigenen Mutter zu präsentieren und damit *vis-à-vis* auch den jungen Desmond mit einer teilweise indigenen Biografie auszustatten, wirft die Frage nach dem Verhältnis zwischen der Artikulation US-amerikanischer Identität und Indigenität auf. Gerade aufgrund seiner Popularität und scheinbaren Selbstverständlichkeit lohnt sich die Frage, aus welchem Grund Ubisoft die Amerikanische Revolution ausgerechnet aus der Perspektive eines jungen Mannes inszeniert, der von einem britischen Vater und einer indigenen Mutter gezeugt worden ist. Welche Funktionen fallen Konstruktionen von Geschlechtlichkeit in der Bestimmung des Verhältnisses von ‚Indigenen' und ‚Kolonisten' zu?

Inzwischen ist gut bekannt, wie stark die europäische Expansion und der Siedlungskolonialismus (*settler colonialism*) von der Konstruktion sexualisierter Vorstellungswelten begleitet worden ist, die das Verhältnis von Kolonisierten und Kolonisierenden überaus machtvoll in alltäglichen Praktiken verankerten.[23] Die geradezu ikonische Erzählung von Pocahontas, die „[…] *risked her life to save her* [English] *lover from a brutal execution*",[24] bildet die Blaupause einer *Indian Princess*, die „[…] save or give aid to white men".[25] Das Verhältnis zwischen Kolonisierten und Kolonisierenden ist hier letztlich als hierarchisches Verhältnis von Weiblichkeit und Männlichkeit, als Verhältnis sexuellen Begehrens definiert:

> „The only good Indian […] rescues and helps white men. But the Indian woman is even more burdened by this narrow definition of a ‚good Indian', for it is she, not the males, whom white men desire sexually."[26]

Diesen Topos des *Good Indian* nimmt *Assassin's Creed III* in seiner Darstellung Kaniehti:ios auf, die aus Dankbarkeit über die eigene Rettung durch Haytham Kenway dessen Suche nach Tempel und Artefakt unterstützt. Wie selbstverständlich verfällt die einstmals Gerettete ihrem Retter Haytham, dem kühlen, wohlkalkulierenden Anführer des Templerordens in der Neuen Welt, und zeugt mit ihm einen Sohn. Im

---

[23]   Vgl. z. B. Hall 2004; Mbembe 2016.
[24]   Richter 2001, 70, Hervorh. i. Orig.
[25]   Green 1975, 703; vgl. auch Theweleit 2013; Jager 2015.
[26]   Green 1975, 703.

Gegensatz zu Computerspielen wie etwa *The Witcher*[27] oder *Dragon Age:* *Origins*[28], die sexuelle Beziehungen auch visuell explizieren, steht am Ende der Romanze zwischen Kaniehti:io und Haytham eine geradezu verschämte Liebesszene vor ebenjenem Tempeleingang, den Haytham bezeichnenderweise nie wird überwinden und in sein Inneres eindringen können. Diese Verschämt- und letztendliche Verschlossenheit führt das Scheitern einer Liebesbeziehung vor Augen, denn Haytham und Kaniehti:io scheinen die Fesseln der gesellschaftlichen Zuschreibungen (Engländer versus Indigene) nicht abstreifen zu können, wohingegen ,wahre Liebe' in der Moderne „[…] works against the social as such even as it figures the social as a net of constraining surfaces, encrusting and deforming the true destination of the self".[29] Doch, so fährt die Ethnologin Elizabeth Povinelli in ihrem Essay *Empire of Love* fort, gerade die Konstruktion von ,Liebe' als eines vermeintlich ,freiheitlichen', ,individualisierenden' und durchaus ,anti-sozialen' Prinzips stellt ein konstitutives politisches Moment der modernen Regierung dar.[30] Dass eine ,Liebe' zwischen Haytham Kenway und Kaniehti:io, dem britischen Gentleman und seiner *Indian Princess*, unabgeschlossen und gescheitert bleibt, zementiert ein Relais der Macht zwischen Kolonisten und Kolonisierten. Dieses Relais erst lässt die Andersartigkeit, die Alterität ,indigener' Modi von Verwandtschaft hervortreten, indem es etwa – diesseits wie jenseits der ,Liebe' – Matrilinearität der Haudenossaunee als spielerische Realität präsentiert. Nun heißt das umgekehrt allerdings nicht, dass Beziehungen zwischen Kolonisierenden und Kolonisierten im kolonialen Nordamerika des 17. und 18. Jahrhunderts eine ausgesprochene Seltenheit und also den kolonialen Fantasien des 19. und 20. Jahrhunderts entsprungen seien. Ganz im Gegenteil spielten Heiraten, die Zeugung von Nachkommen und die Praxis der Adoption zentrale Rollen zur Konstruktion politischer Beziehungen nicht nur zwischen Dörfern, kleineren und größeren Abstammungsgruppen, sondern eben auch zwischen Indigenen und den beständig wachsenden Gesellschaften von Händlern und Missionaren, Siedlern und Soldaten.[31] Povinelli macht allerdings darauf aufmerksam – und darum soll es in diesem Beitrag gehen –, dass die Faszination, die der Diskus-

---

[27]   The Witcher 2007.
[28]   Dragon Age: Origins 2009.
[29]   Povinelli 2006, 177.
[30]   Ebd. 181 f.
[31]   Vgl. Richter 1992; White 2016.

sion indigener Verwandtschaftssysteme offenbar innewohnt, ihr politisches Korrelat in der Expansion liberaler, kolonialer Rechts- und Verwaltungsstaaten hat.[32] ‚Liebe' und ‚Intimität' bilden die Konstituenten nicht nur des liberalen, selbstbewussten, modernen Subjekts, sondern auch seiner möglichen sozialen Beziehungen, inklusive der Konstitution von Verwandtschaftsbeziehungen.[33] Die Abwesenheit von ‚Liebe' und ‚Intimität', kurz: die vermeintliche Abwesenheit des liberalen, selbstbewussten Subjekts in indigenen Gesellschaften, markiert ein Moment politischer Intervention und verbleibt daher selbst Instrument kolonialer Herrschaft,[34]

> „[…] of debates about the meaning of marriage in the metropole and colonies, the state of nature and the savage slot [which] shifted from being the empty backdrop against which seventeenth-century legal theorists could abstract people from all social relations of superiority and inferiority, to, during the Victorian period and beyond, being flooded with images of real and phantasmagorical social practices".[35]

Ein zentrales Versatzstück dieser Vorstellung von Intimität bildet die geradezu selbstverständliche Produktion heterosexueller Beziehungen[36] und diese Sphäre der Heteronormativität endet in *Assassin's Creed III* nicht mit der Ausstellung einer Beziehung zwischen Haytham Kenway und Kaniehti:io. Connor trifft etwa im Laufe des Spiels die Bauersleute Prudence und Warren, denen er zu Hof, Herd und Nachwuchs verhilft, oder agiert als Kuppler wie etwa in der Episode um den französischsprachigen Bergmann Norris und Fallenstellerin Myriam. Das Computerspiel präsentiert Heterosexualität als selbstverständliche Grundlage der Organisation sozialer Beziehungen, die es ins 18. Jahrhundert transponiert. Dabei bleibt der Blickwinkel, den *Assassin's Creed III* vorschlägt, immer ein ausgesprochen phallozentrischer und maskuliner, was wiederum auch durch die buchstäbliche Zurschaustellung einer biogenetischen Patrilinie unterstrichen wird, die die Hauptfiguren der einzelnen Teile der *Assassin's-Creed*-Serie mit ihrem Nachfahren, Desmond, verbindet.

---

[32] Povinelli 2002, 111–152.
[33] Vgl. auch Luhmann 2009.
[34] Povinelli 2006, 228 f. und Povinelli 2011, 59 f.
[35] Povinelli 2006, 217 f.
[36] Ebd. 174–177.

Die Selbstverständlichkeit, mit der *Assassin's Creed III* eine hetero-
normative, phallozentrische Perspektive an das Thema des US-amerikanischen Freiheitskampfes und die Bedeutung indigener Akteure
anlegt, wirft nun die umgekehrte Frage nach den Effekten auf, die mit
der Konstruktion einer heterosexuellen Matrix des *settler colonial state*
und seines juristischen Apparates in Bezug auf indigene Gesellschaften
verbunden sind. Der Historiker Richard White etwa hat darauf hin-
gewiesen, dass Gesellschaften des östlichen Nordamerika im 17. Jahrhundert nicht nur matrilineare (z. B. Haudenossaunee), sondern auch
patrilineare (z. B. Fox) Abstammungskonzepte kannten, die mit großer
strategischer Variation genutzt wurden.[37] Auf den zunehmenden Sied-
lungsdruck im ausgehenden 18. Jahrhundert einerseits und die Verrechtlichung territorialer Ansprüche im Rahmen expansiver *settler colonial states* andererseits reagieren indigene Gruppen, letztlich bis heute,
durch stetig striktere Regulationen von sexuellen und insbesondere von
Heiratsbeziehungen.[38] ,Indigenität', so schreibt die Ethnologin Audra
Simpson, ist im Laufe des 19. Jahrhunderts in den Vereinigten Staaten
ebenso wie in Britisch-Kanada beziehungsweise dem späteren *Domi-
nion of Canada* im Zuge der Verrechtlichung von Zugängen zu Land-
besitzrechten einerseits und der beständigen Nachfrage nach neuem
Siedlungsgrund andererseits selbst zu einer Ressource geformt worden:

> „Race became an issue at the time when being Mohawk became being
> Indian and being Indian carried rights."[39]

In den Vereinigten Staaten etwa setzt mit dem Ende des Unabhängigkeitskrieges und der Ausarbeitung einer Verfassung die politische und
damit auch rechtliche Umdeutung des Instruments der *Indian Treaties*
ein, als „[...] the United States, which formerly negotiated treaties to
gain allies in the Revolutionary War, and later as a victor over what was
perceived to be conquered provinces, began to consider more carefully
what Indian treaties meant for the new nation".[40] Neben der Schaffung entsprechender Institutionen und Verantwortlichkeiten zur Entwicklung einer *Indian Policy* arbeitete der Kongress bereits 1790 eine
erste Fassung des *Trade and Intercourse Act* aus, der den Handel und die
Beziehungen zwischen Kolonisierenden und indigenen Gruppen ord-

---

[37] White 2016, 17–19.
[38] Simpson 2009, 118 und Simpson 2014, 59 f.
[39] Ebd. 59.
[40] Newton 2012, §1.03[2].

nen und regulieren sollte[41] – und setzt damit auch die Maßstäbe der
Aufrufung eines distinkten ‚indigenen' Subjekts in den Rahmen kolonialen Rechts. Bereits in dieser frühen Periode des *U.S. Federal Indian
Law* ist die Spannung zwischen einer aggressiven Politik der Assimi-
lation und einer Politik der konservierenden Protektion spürbar,[42] die
schließlich im 19. Jahrhundert voll zur Geltung kommen sollte.[43] Im
Übrigen bildeten *Indian Treaties* sowohl in den USA – bis zum *Appro-
priation Act* im Jahre 1871[44] – als auch in Kanada ein zentrales Instrument der kolonialen Politik gegenüber indigenen Gesellschaften. Dies
ist insofern kurios und bemerkenswert, da Kanada – im Gegensatz zu
den Vereinigten Staaten, die im Nachgang des Urteils des *U.S. Supreme Court* im Falle *Cherokee Nation v. Georgia* aus dem Jahre 1831
indigene Gruppen als „domestic dependent nations"[45] auffassten –
bis in die 1980er-Jahre hinein keine formalrechtlichen Voraussetzungen der Anerkennung ‚indigener Souveränität' schuf und sogar darauf
beharrte, durch die britische Praxis des *Law of Discovery (terra nullius)*
jedweden indigenen Anspruch auf Eigenständigkeit und Souveränität
ausgelöscht zu haben.[46]

Doch zurück zur Frage nach der Beziehung von kolonialem Recht
und der Konstruktion spezifischer, kolonialisierter Geschlechter: Mit
dem kanadischen *Indian Act* aus dem Jahre 1850 bestand für kurze
Zeit „[…] the possibility of white men acquiring [Indian] status upon
marriage to an Indian woman",[47] womit ihnen gesetzlich, das heißt im
Rahmen des kanadischen Kolonialrechts, nicht nur Ländereien auf den
Reservationen, sondern auch die Möglichkeit zugesichert worden wäre,
politische Ämter in den Reservationen zu übernehmen.[48] Aufgrund von
Protesten gegen diese erste Fassung des *Indian Act* wird bereits 1851 eine
umfassende Novellierung vorgelegt, die eine ausschließlich patrilineare
Weitergabe von *Indian Status* vorsah und wodurch indigenes Territorium nun nachhaltiger vor dem Zugriff von Siedlern bewahrt werden

---

[41]   Newton 2012, §1.03[2].
[42]   Wood 2009, 394–399.
[43]   Vgl. z. B. Harring 1994; Clark 1994.
[44]   Newton 2012, §1.03[9].
[45]   Cherokee Nation v. Georgia 30 U.S. 1, 17; Online unter: https://supreme.jus-
       tia.com/cases/federal/us/30/1/case.html [abgerufen am 13.03.2018].
[46]   Asch 2014; Nadasdy 2017.
[47]   Simpson 2009, 118.
[48]   Simpson 2014, 57 f.

sollte.[49] Die Folgen dieser juristischen Neubestimmungen bestanden
einerseits in der tiefen Verankerung des kolonialen Staates mit seinem
juristischen und administrativen Apparat in indigenen Territorien sowie
andererseits in der Erzeugung von Verwerfungen und Zersplitterungen
indigener Gruppen entlang geschlechtlicher Achsen,[50] da

> „[t]he state recognized the union between an Indian man and a white
> woman as a *legitimate* one and conferred status to it in accordance
> with the Indian Act, by the conferral of Indian status upon her. In this
> way white women were able to become ‚status‘ Indians, and in the flip
> side of this conferral, Indian women lost their Indian status upon their
> marriage to non-status men, through the state's unilateral conferral of
> citizenship upon her. Her citizenship within the nation-state of the
> settler society, however, also carried her disenfranchisement from her
> Indian community."[51]

Die Konsequenz dieses *Indian Act* bestand in der Exklusion indigener
Frauen und ihrer Nachkommen, die sie mit nicht-indigenen Männern
gezeugt haben und die kein Anrecht auf *Indian Status* geltend machen
konnten.[52] Zwar ist in Kanada 1985 der sogenannte *Bill C-31* verabschiedet worden, um die geschlechtliche Diskriminierung des *Indian
Act* zu beseitigen, doch haben sich, so argumentiert Audra Simpson, seit
den 1970er Jahren beständig Definitionen des *Indian Status* durchsetzen können, die diesen juristischen Status mit biologistischen Kriterien
festsetzten.[53] Allerdings hat sich in Kanada bis heute das sogenannte
blood-quantum-Kriterium nicht flächendeckend durchsetzen können,
denn „[u]nlike the United States, Canada never used blood quantum
as a measure of Indian identity. As a result, very few First Nations in
Canada use blood quantum, and those that do have only implemented
the practice relatively recently [...]".[54] Und selbst im US-amerikanischen Zusammenhang ist die Frage nach der Stellung des *blood quantum* nicht leichthin zu beantworten, da im US-amerikanischen Recht
im Wesentlichen zwei Voraussetzungen erfüllt sein müssen, damit eine
Person *Indian Status* geltend machen kann: „[...] (a) that some of the

---

[49] Simpson 2014, 57 f.; Coulthard 2014, 100.
[50] Ebd. 83 f.
[51] Simpson 2009, 124, Hervorh. i. Orig.
[52] Vgl. Simpson 2014.
[53] Simpson 2009, 57; Coulthard 2014, 91–94.
[54] Nadasdy 2017, 146, FN 12.

individual's ancestors lived in what is now the United States before its discovery by Europeans, and (b) that the individual is recognized as an Indian by the individual's tribe or community".[55] Ironischerweise sind diese *Tribes* jedoch zuallererst vom US-amerikanischen Kongress als entsprechende Entitäten anzuerkennen.[56] Doch unabhängig von der juristischen wie historischen Differenziertheit ist Audra Simpsons Hinweis stichhaltig, da sie die Aufmerksamkeit auf die Verschiebungen von Abstammungskonzepten in indigenen Gruppen lenkt, die mit der Entfaltung kolonialer Herrschafts- und Rechtsapparate im Laufe des 19. Jahrhunderts und der Produktion des heterosexuellen Subjekts verbunden sind, dessen *Indian Status* paradoxerweise ausgerechnet im Felde dieses kolonialen Rechts beständig auf dem Spiel steht.[57]

Assassin's Creed III problematisiert die Selbstverständlichkeit nicht, mit der es heterosexuelle Beziehungen auf den Bildschirm zaubert und unterschlägt damit die politische Komplexität, die der Aufrufung eines indigenen Subjekts innewohnt. Im Rahmen der Entfaltung des *settler state* gehört die Produktion des heterosexuellen indigenen Subjekts zum strategischen Arsenal der Enteignung von Land und der Assimilierung. Und auch wenn *Assassin's Creed III* seine Hauptfigur Connor nicht im Rahmen seiner Handlung selbst mit einer Romanze ‚ausstattet‘, so konstatiert doch der Moment, in dem Desmond die ersten Erfahrungen auf dem nordamerikanischen Boden des 18. Jahrhunderts sammelt, ein andauerndes Abstammungs- und Herkunftsverhältnis, das ihn als Erben Connors und damit eben auch als Erben einer indigenen Mutter ausweist.

Ambiguität der Freiheit I:
Die Figuren des ‚Indianers‘ und des ‚Sklaven‘

Neben Haytham Kenway und im Grunde als direktes Gegenüber tritt bereits kurz nach Beendigung der Prologphase des Spiels, die mit dem Tod Kaniehti:ios endet, die Figur Achilles, einstmals Assassine, auf, der nun im verlassenen und heruntergekommenen Anwesen der Assassinen lebt und Connor, zunächst widerwillig, als Schüler aufnimmt. Im Gegensatz zur Figur Haytham Kenways, dem weißen, gesunden Briten aus London und Vorsteher des Templerordens in der Neuen Welt, ist

---

[55]   Newton 2012, §3.03[1].
[56]   Ebd., §3.02[2]-3.02[5].
[57]   Rifkin 2011, 149–154.

Achilles durch ein lahmendes Bein beeinträchtigt, dunkelhäutig und auch sein biografischer Hintergrund bleibt unaufgeklärt. Im Geheimen fristet Achilles ein einsames Dasein in den Wäldern Nordamerikas, mit der latenten Bedrohung durch den sukzessiven Aufstieg der Templer konfrontiert, für den im Grunde die SpielerInnen selbst, nämlich in Gestalt Haythams, verantwortlich sind. Ist diese Dualität von biologischem, weißem und sozialem, dunklem Vater lediglich ein narrativer ‚Zufall‘? Warum ist diese Verdopplung der Vaterfigur im Falle Connors glaubwürdig und offenbar auch naheliegend?

Michel-Rolph Trouillot weist mit Bezug auf die berühmte Debatte zwischen Bartolomé de Las Casas und Juan Ginés de Sepúlveda in Valladolid (1550–1551) auf Folgendes hin: „[…] the very ambiguities of the early Las Casas who believed both in colonization and in the humanity of the Indians and found it impossible to reconcile the two. But despite Las Casas and others, the Renaissance did not – could not – settle the question of the ontological nature of conquered peoples. As we well know, Las Casas himself offered a poor and ambiguous compromise that he was to regret later: *freedom for the savages (the Indians), slavery for the barbarians (the Africans)*“.[58] In seiner Untersuchung der Haitianischen Revolution (1791–1804) kommt Trouillot zu dem bemerkenswerten Ergebnis, dass die Entwicklung und der Ablauf der Revolution in Haiti unter anderem in der Nationalversammlung in Paris buchstäblich nicht begriffen werden konnten, da man die ‚Sklaven‘ als ganz und gar irrationale Subjekte einer kolonialen Ökonomie auffasste und ihnen damit implizit die Handlungsoption des organisierten, militärischen Widerstandes gegen die französische Kolonialmacht absprach.[59] Dieses Unverständnis, die Ereignisse im revolutionären Haiti überhaupt als solche wahrnehmen zu können, wurzelt auf dem Boden einer kolonialen Epistemologie, die den ontologischen Status des Menschen-*Seins* entlang einer Achse verteilt, die vom ‚Sklaven‘ über den ‚Indianer‘ zum ‚Europäer‘ reicht.[60] Im Gegensatz zur Geschichte des Unverständnisses der Haitianischen Revolution in den kolonialen Zirkeln Frankreichs ist sich die französische Kolonialverwaltung in Nordamerika sehr wohl der Abhängigkeit von engmaschigen diplomatischen wie militärischen Netzwerken indigener Gesellschaften bewusst.[61] Und auch britische,

---

[58]   Trouillot 2015, 75, eigene Hervorh.
[59]   Ebd., 83–95.
[60]   Ebd., 75 f. und 97 f.
[61]   White 2016, 142.

ebenso wie später US-amerikanische Akteure und Institutionen organisieren ihre ‚Indianerpolitik' unter der Prämisse indigener Eigeninteressen und entsprechender diplomatischer sowie auch militärischer Handlungsoptionen. Ein weiteres Beispiel für die explizite Differenzierung und vor allen Dingen auch Hierarchisierung der beiden Figuren des ‚Sklaven' und des ‚Indianers' ist das Urteil des *U.S. Supreme Court* im Falle *Scott v. Sandfort* aus dem Jahre 1857, das als juristischer ebenso wie politischer Zankapfel seinen Beitrag zur Wegbereitung in den US-amerikanischen Bürgerkrieg leistete[62] und in dem das Gericht entschied, „[…] that Indians were not originally citizens in the constitutional sense, but that Congress had the power to naturalize them, unlike African Americans, because they were aliens".[63]

Jedenfalls macht Trouillots Studie darauf aufmerksam, dass die Figuren des ‚Sklaven' und des ‚Indianers' zu Bestandteilen einer kolonialen Epistemologie verschweißt sind, die letztlich auf die koloniale Landnahme und Inwertsetzung gerichtet ist, das heißt, „Indigenous North Americans were not killed, driven away, romanticized, assimilated, fenced in, bred White, and otherwise eliminated as the original owners of the land but *as Indians*. […] So far as Indigenous people are concerned, where they are *is* who they are, and not only by their own reckoning. […] Whatever settlers may say – and they generally have a lot to say – the primary motive for elimination is not race (or religion, ethnicity, grade of civilization, etc.) but access to territory".[64] Im Falle des kolonialen Nordamerika lohnt es sich, die Unterscheidung zwischen sogenannten ‚colonies of exploitation' und ‚colonies of settlement' deutlich zu verkomplizieren, denn: „Native (North) Americans were cleared from their land rather than exploited for their labour, their place being taken by displaced Africans who provided the labour to be mixed with the expropriated land, their own homelands having yet to become objects of colonial desire".[65]

Achilles, die zweite Vaterfigur Connors, setzt den Helden von Ubisofts *Assassin's Creed III* bereits implizit mit der Problematik der Sklaverei in der Neuen Welt des 18. Jahrhunderts in Beziehung, aber erst in späteren Spielabschnitten – beispielsweise im Rahmen eines Gesprächs zwischen Connor und Samuel Adams – wird diese Problematik expli-

---

[62] McPherson 2003, 170–189.
[63] Newton 2012, §14.01[2].
[64] Wolfe 2006, 388, Hervorh. i. Orig.
[65] Wolfe 1999, 1 f.

zit thematisiert und in Verhältnis zur politischen Situation indigener Gesellschaften gesetzt. Diese Bezugnahmen – und das ist wichtig – sind jedoch zum einen überaus selten und zum anderen wird die Sklaverei in den Kolonien ebenso wenig explizit visualisiert wie der Motor der Kolonisierung selbst: die Zirkulation von Waren und Menschen über den Atlantik. Anders als etwa *BioShock Infinite*[66], das ebenfalls einen ‚indigenisierten' Protagonisten in seinem Ringen um Verpflichtung und Freiheit vorstellt, bleibt Sklaverei in *Assassin's Creed III* merkwürdig schattenhaft. Sicher, die Thematisierung von Sklaverei dient einesteils der Artikulation von ‚Freiheit' als einem übergeordneten, handlungsevozierenden Prinzip, andererseits verflacht *Assassin's Creed III* die Sklaverei als Bestandteil des historischen Inventars des 18. Jahrhunderts und zwar gerade deshalb, weil es weder ihre strukturellen Verhältnisse, noch seine historischen Bedingungen thematisiert. Dadurch wird die Komplexität der kolonialen Struktur in *Assassin's Creed III* auf eine Kette historischer Ereignisse, die in spielbarer Form vorgelegt werden, reduziert.[67] Beides, die Sklaverei der Plantagenwirtschaft ebenso wie der koloniale Landraub, finden sich in Ubisofts Historienspektakel *ex post* als Ausdrücke individueller Gier simplifiziert und so naturalisiert.

Ambiguität der Freiheit II: ‚Indianer' und die Amerikanische Revolution

Als eine aufgebrachte Menschenmenge im Bostoner Hafen am 16. Dezember des Jahres 1773 gegen die steuerpolitischen Maßnahmen Englands und seinen *Tea Act* protestiert, sind es ausgerechnet „[…] als Indianer verkleidete […] Bürger […]",[68] die zigtausende Pfund Tee vernichten – und auch *Assassin's Creed III* inszeniert selbstverständlich diesen ikonischen Moment der US-amerikanischen Geschichte, indem der Held Connor den *Sons of Liberty* bei der Zerstörung des indischen Tees behilflich ist und die Protestierenden von den herbeistürzenden britischen Soldaten abschirmt. Dabei eignet sich die *Boston Tea Party* grundsätzlich als Illustration eines vorrevolutionären, indigenisierten Widerstandes gegen die englische Krone,[69] denn bereits „[i]n the years before the American Revolution, colonial crowds often acted out their

---

[66] BioShock Infinite 2013.
[67] Wolfe 2006, 388; Coulthard 2014, 125.
[68] Hochgeschwender 2016, 154.
[69] Siehe hierzu auch den Beitrag von Daniel Giere in diesem Band.

political discontent in Indian disguise".[70] Der ‚Indianer', so scheint es, ist im 18. Jahrhundert nicht nur ein ‚Wilder', den es zu zähmen, zu beherrschen, zu unterrichten und zu assimilieren gilt, sondern er ist zugleich brodelnde Oberfläche eines quasi-revolutionären Widerstandes gegen die koloniale Obrigkeit und Verwaltung.[71] Vor dem Hintergrund der angespannten politischen und auch militärischen Beziehungen sollte es zunächst einmal überraschen, dass ‚Indigenität' auch im 18. Jahrhundert nicht rundherum auf Ablehnung und Verachtung stieß, sondern selbst einen widerständigen politischen Gehalt ausdrückte. Gleichzeitig ist allerdings zu bedenken, dass Diskurse über die prinzipielle Inferiorität ‚Indigener' seit der Debatte in Valladolid und Versuche einer vermeintlich ‚rationalen' Begründung kolonialer Herrschaft nicht aus dem Erfahrungs- wie Legitimationsschatz kolonialer Landnahme wegzudenken sind.[72] Hier tritt ebenjene Spannung zutage, an deren einem Ende beispielsweise die Anführer der *Whiskey Revolution* in Pennsylvania stehen, die 1794 einen *Indian Treaty* mit eigenen Forderungen veröffentlichen und ihren politischen Widerstand gegen die Besteuerung des wichtigen Handelsgutes Whiskey im indigenen Gewand ausdrücken[73] und an deren anderem Ende Massaker und Pogrome an indigenen Gruppen liegen.[74]

Im Laufe des 19. Jahrhunderts verschiebt sich die Wahrnehmung und das Bild des ‚Indianers', das in der vorrevolutionären Ära und der frühen Republik Clubs wie beispielsweise die *Tammany Societies* ermöglicht hatte,[75] zusehends in Richtung einer Frontstellung, die schließlich die diskursive Grundlage der Vertreibungspolitiken der Präsidentschaft Andrew Jacksons legen wird.[76] Doch trotz Vertreibungen und Pogromen ist der ‚Indianer' im 19. Jahrhundert nicht allein als Gegenpol einer entwickelten Industrienation verstanden worden. Vielmehr setzt sich die Spaltung zwischen einem Bild des ‚Proto-' und einem des ‚Anti-Amerikaners'[77] fort, deren geradezu schizophrene Konsequenzen kaum besser zu illustrieren sind als durch den berühmten Vortrag von Frederick Jackson Turner: „The Significance of the Frontier in Ameri-

---

[70]   Deloria 1998, 12.
[71]   Deloria 1998, 185.
[72]   Ebd., 43–45.
[73]   Ebd., 42 f.
[74]   Ebd., 43 f.
[75]   Ebd., 26–28.
[76]   Ebd., 51–55, 103 f.
[77]   Deloria 1998, 183.

can History" aus dem Jahre 1893. Die Spezifizität US-amerikanischer Identität leite sich, so argumentiert Turner dort, auf doppelte Weise von der Konfrontation und dem Umgang mit indigenen Gesellschaften ab. Als „a common danger demanding united action"[78] wird der ‚Indianer' zum „consolidating agent in our history",[79] der die Kooperation der Kolonien und Siedlungen erforderlich macht und dessen Aggressivität als konstitutiver Faktor der politischen Kohärenz der Kolonien zelebriert wird. Nur wenige Seiten zuvor kommt Frederick Turner jedoch zu einer weiteren, zweiten Bedeutung des ‚Indianers', in der diese Figur nun ganz explizit auf die Konstitution einer US-amerikanischen Identität des ‚Kolonisten' gerichtet ist:

> „The wilderness masters the colonist. It finds him a European in dress, industries, tools, modes of travel, and thought. It takes him from the railroad car and puts him in the birch canoe. It strips off the garments of civilization and arrays him in the hunting shirt and the moccasin. It puts him in the log cabin of the Cherokee and Iroquois and runs an Indian palisade around him. Before long he has gone planting Indian corn and plowing with a sharp stick; he shouts the war cry and takes the scalp in orthodox Indian fashion. In short, at the frontier the environment is at first too strong for the man. He must accept the conditions which it furnishes, or perish, and so he fits himself into the Indian clearings and follows the Indian trails. Little by little he transforms the wilderness, but the outcome is not the old Europe [...]. The fact is, that there is a new product that is American."[80]

In einer Umwelt, die den europäischen ‚Siedler' übersteigt und zur Anpassung zwingt, sind es ausgerechnet die Aneignung indigenen Wissens und indigener Technologien, die dem buchstäblich verwilderten Europäer nun die Möglichkeit der Konstruktion einer neuartigen, amerikanischen gesellschaftlichen Ordnung gestatten.[81] Als Wurzel einer distinkten, US-amerikanischen Identität macht Turner somit eine Art initialer *going-native*-Erfahrung aus und behauptet damit, dass eine US-amerikanische Geschichte der Kolonisierung durch die Phase der Aneignung indigenen Wissens und durch die Phase der Eliminierung der vermeintlichen Gefahr strukturiert ist. Als Frederick J. Turner

---

[78] Turner 1950, 15.
[79] Ebd.
[80] Ebd., 4.
[81] Deloria 1998, 103–107.

1893 seinen Vortrag hält, zelebrieren die Vereinigten Staaten im Rahmen der *Chicago World's Columbian Exposition* nicht nur ihre technologische Überlegenheit, sondern auch ihre koloniale Geschichte und die damit verbundene Landnahme, die mit dem *General Allotment Act*, dem sogenannten *Dawes Act*, im Jahre 1887 und dem Massaker von Wounded Knee (29. Dezember 1890) ihren vorläufigen Höhepunkt finden sollte.[82] Der *Dawes Act* sah Folgendes vor: „[…] converting tribal lands to individual ownership, hoping this would assimilate Native Americans, diminish their land base, and free the residual land for white settlement. The assumption was that if Indian Territory were to become an American state filled with ‚civilized‘ citizens, as many white settlers hoped, then the allotment of tribal land to individual Indians was the logical first step".[83] Die Auswirkungen des *Dawes Act* und des *Curtis Act* von 1898 waren katastrophal, da die beiden Gesetze zu einer weiteren, enormen Schrumpfung von indigenem Territorium in den Vereinigten Staaten führten sowie zu einer anhaltenden Traumatisierung.[84]

Assassin's Creed III zeichnet den indigenen Beitrag zur Amerikanischen Revolution in schillernden Farben und aktualisiert damit letztlich jene Tradition, die den ‚Indianer‘ als Figur des Widerstandes gegen Abgabe- und Steuerpolitiken mobilisierte. Es gilt dabei jedoch nicht aus den Augen zu verlieren, dass Connor nicht nur als ‚Indianer‘ artikuliert ist, sondern durch die Konstruktion eines genealogischen Horizonts in einer Mittlerposition. Haben sich die Aufständischen des 18. Jahrhunderts mit Masken als ‚Indianer‘ ausgegeben, so überträgt *Assassin's Creed III* die Maskierung in die biopolitische Ära des beginnenden 21. Jahrhunderts, in dem Connor nun die genetische Maske der *Indian Princess*, seiner Mutter, übergezogen wird. Als ‚Proto-Amerikaner‘ kommt Connor nur in dem Maße in Betracht, in dem die Lehren aus Turners *Frontier*-Erfahrung gezogen werden, aus ‚Indigenisierung‘ und ‚Überwindung‘ der hinderlichen Wildnis. Wenn Connor also pathetisch verkündet: „No one should be denied freedom", dann verkündet er dies als biopolitischer Grenzgänger zwischen ‚indigener‘ und ‚kolonialer‘ Sphäre, was es der Spielhandlung auch erlaubt, eine Unterscheidung zwischen der ‚Freiheit‘ Connors und der ‚Freiheit‘ der Revolutionäre zu machen.

---

[82]   Rifkin 2017, 100 f.
[83]   Sturm 2002, 172.
[84]   Case/Voluck 2012, 116; Rifkin 2017, 103–105; Sturm 2002.

Es ist eine bittere Erkenntnis, als Connor durch seinen biologischen Vater Haytham herausfindet, dass George Washington seinen Truppen den Befehl erteilt hat, das Dorf Connors auszuradieren – und dies wohlwissend um die Unterstützung des Assassinen. Diese Episode ist deshalb wichtig, da Connor hier als Gralshüter einer ‚Freiheit‘ jenseits der politischen Verwerfungen des Unabhängigkeitskrieges vorgestellt wird und diese ‚Freiheit‘ letztlich die *liberty* der Rebellen transzendiert. Auf diese Weise inszeniert sich *Assassin's Creed III* als politisches Traktat über die US-amerikanische Unabhängigkeit und definiert einen Freiheitsbegriff jenseits konkreter historischer Bedingungen, ohne dies aber auf spielmechanischer Ebene zu übertragen, da spielerische Entscheidungen in *Assassin's Creed III* nur in begrenztem Umfang – vor allen Dingen in Bezug auf Lösungswege und die Entscheidung, ob und wenn ja, welche Nebenaufgaben gelöst werden sollen – möglich sind. Die historische Transzendenz dieser ‚Freiheit des Assassinen‘ wird nicht nur durch explizite Kontrastierungen mit dem *freedom* und der *liberty* der US-amerikanischen Revolutionäre unterstrichen, sie wird auch und ganz besonders durch die Metaerzählung der *Assassin's-Creed*-Serie, die ‚Freiheit‘ als Gegenstand des Kampfes zwischen dem Templerorden und der Assassinen-Bruderschaft bestimmt, als überzeitliche Wahrheit fixiert, die nicht nur in der Gegenwart, sondern eben auch in einer mehr oder minder offenen Anzahl historischer Schauplätze erstritten werden muss. Die *Assassin's-Creed*-Reihe artikuliert ‚Freiheit‘ – im oben bestimmten Sinne eines Prinzips der Auseinandersetzung zwischen Templern und Assassinen – dementsprechend als strukturierendes, metahistorisches Prinzip und ersetzt damit im Grunde die Suche nach komplexen, diskontinuierlichen Erklärungsweisen historischer Gefüge wie der Amerikanischen Revolution durch eine Teleologie des Freiheitskampfes.[85] Die Existenzweisen und Bedingungen historischer Gefüge wie der Kolonisierung Nordamerikas gerinnen zu bloßen Ausschlägen eines Pendels, das zwischen Assassinen und Templern hin und her schwingt. Die Konsequenzen dieser Kolonisierung, die Erschaffung der Kopplung von ‚Indianer‘ und ‚Sklave‘ sowie die Beziehung zwischen Plantagenökonomie, dem Jefferson'schen Ideal des *farmers* oder der Landraub durch Militär- und Rechtsapparate werden zu selbstverständlichen Versatzstücken eines historischen Inventars: ‚Freiheit‘ wird nicht zur Farce, sondern zur Ideologie, die Herrschafts- und Machtverhältnisse verdeckt beziehungsweise als Selbstverständlichkeiten qualifiziert.

---

[85] Rifkin 2017, 54–59.

Nun führt ‚Freiheit' als historisches Prinzip auch zurück zu Frederick Jackson Turners „The Significance of the Frontier in American History" und seiner Begründung einer spezifisch ‚US-amerikanischen' gesellschaftlichen Identität, in dem die *Frontier*-Erfahrung mit einem individualisierenden, ‚freiheitlichen' Moment verknüpft ist, das heißt, „the most important effect of the frontier has been in the promotion of democracy here and in Europe. [...] the frontier is productive of individualism. Complex society is precipitated by the wilderness into a kind of primitive organization based on the family. The tendency is anti-social. It produces antipathy of control, and particularly to any direct control. The tax gatherer is viewed as a representative of oppression".[86] Es ist bemerkenswert, dass Turner hier ein Narrativ von ‚Freiheit' zur Begründung eines *settler colonialist state* zusammenfügt, in welchem der ‚Indianer' einerseits zum Bestand einer *Frontier*, einer zu zähmenden und zu entwickelnden Wildnis, geworden ist, die übrigens auch im Computerspiel *Assassin's Creed III* als Ort präsentiert wird, an dem das Dorf der Haudenossaunee steht. Andererseits aber bleibt auch bei Turner politischer Widerstand gegen eine ignorante Obrigkeit mit der notwendigen ‚Indigenisierung' des Siedlers verknüpft, da nur diese ‚Indigenisierung' überhaupt eine Anpassung an die Wildnis der *Frontier* ermöglicht. So bilden am Ende des 19. Jahrhunderts ‚Indigenität' und ‚Freiheit' zwei Seiten ein- und derselben Medaille: der Artikulation eines *settler state*.

Fazit: Verselbstverständlichung einer Geschichte des Landraubes

In Anlehnung an die Vorarbeit von Martin Isaac Weis ist hier der Versuch unternommen worden, den *politischen Gehalt* einer historischen Fiktion in den Blick zu nehmen.[87] So sollte auf die ambivalente Epistemologie eines anhaltenden Siedlungskolonialismus aufmerksam gemacht werden und auf die Bedeutung der Präsentation ‚indigener' Akteure im populären Computerspiel. Dabei sollte die Abhängigkeit der Artikulation einer distinkten US-amerikanischen Identität von Konstruktionen von Indigenität, Geschlechtlichkeit und Freiheit in den Vordergrund rücken, die in Form einer Rechts- und Politikgeschichte zu festen Blöcken eines Bildes nordamerikanischen Kolonialismus' zusammengefügt wurden.

---

[86]   Turner 1950, 30.
[87]   Weis 2014.

Aber ließe sich *Assassin's Creed III* nicht auch als Versuch verstehen, bekannte und populäre Darstellungen ‚indigener Gesellschaften‘, wie zum Beispiel die in Strategiespielen, zu queren und alternative Geschichtsentwürfe vorzulegen? Kündet Ubisofts historischer Abenteuerspielplatz nicht gerade davon, ‚indigenen Akteuren‘ eine buchstäbliche Stimme und einen festen Platz in der US-amerikanischen Geschichte zu verleihen? Dieser Beitrag hat versucht, deutlich zu machen, dass eine vermeintliche ‚Aufwertung‘ oder ein sogenanntes *empowerment* paradoxerweise notwendig mit der impliziten Produktion einer Instanz verbunden ist, die diesen Akt der anerkennenden Aufwertung zuallererst stiftet. Diese Instanziierung einer *Politics of Recognition*, die das indigene Subjekt, die Figur des ‚Indianers‘, als Versatzstück einer kolonialen Vergangenheit in den Grenzen kolonialer Epistemologie mobilisiert, zu erschüttern, führt zu einer Passage aus *The Cunning of Recognition*:

> „The spirit of the law is what cares for indigenous peoples. Critiques of liberal forms of domination should not dismiss or take lightly the truth of state, national, and legal caretaking. Persons who work within juridical and state jobs do care about subaltern bodies, desires, and language. They seek to demonstrate their concern and to show that these bodies, desires, and languages can be recognized by law. They beckon them toward the state's remedial institutions. But insofar as they do, they unintentionally reinstate liberal law and desire as the end of difference and they help to saturate locals with this dream."[88]

Literatur

Asch 2014 = Michael Asch, On Being Here to Stay. Treaties and Aboriginal Rights in Canada, Toronto 2014.

Breger 2008 = Claudia Breger, Digital Digs, or Lara Croft Replaying Indiana Jones: Archaeological Tropes and "Colonial Loops" in New Media Narrative, in: Aether: The Journal of Media Geography 2 (2018), 41–60.

Butler 2009 = Judith Butler, Das Unbehagen der Geschlechter, Frankfurt am Main 2009, (1. Aufl. 1990).

Case/Voluck 2012 = David S. Case/David A. Voluck, Alaska Natives and American Laws. 3. Aufl., Fairbanks 2012, (1. Aufl. 1984).

Clark 1994 = Blue Clark, Lone Wolf v. Hitchcock. Treaty Rights and Indian Law at the End of the Nineteenth Century, Lincoln–London 1994.

Coulthard 2014 = Glen Sean Coulthard, Red Skin, White Masks. Rejecting the Colonial Politics of Recognition, Minneapolis–London 2014.

---

[88] Povinelli 2002, 268.

Deloria 1998 = Philip J. Deloria, Playing Indian, New Haven–London 1998.

Fabian 2014 = Johannes Fabian, Time and the Other. How Anthropology Makes Its Object, New York 2014, (1. Aufl. 1983).

Galloway 2006 = Alexander Galloway, Gaming. Essays on Algorithmic Culture, Minneapolis–London 2006.

Green 1975 = Rayna Green, The Pocahontas Perplex: The Image of Indian Women in American Culture, in: The Massachusetts Review 16 (1975) 4, 698–714.

Hall 2004 = Stuart Hall, Das Spektakel des ›Anderen‹, in: Juha Koivisto/Andreas Merkens (Hg.), Stuart Hall: Ideologie, Identität, Repräsentation. Ausgewählte Schriften, Bd. 4., Hamburg 2004, (1. Aufl. 1997), 108–166.

Harring 1994 = Sidney L. Harring, Crow Dog's case. American Indian Sovereignty, Tribal Law, and United States Law in the Nineteenth Century, Cambridge 1994.

Heinze 2012 = Carl Heinze, Mittelalter – Computer – Spiele. Zur Darstellung und Modellierung von Geschichte im populären Computerspiel, Bielefeld 2012.

Hochgeschwender 2016 = Michael Hochgeschwender, Die Amerikanische Revolution. Geburt einer Nation, 1763–1815, München 2016.

Jager 2015 = Rebecca K. Jager, Malinche, Pocahontas, and Sacagawea. Indian Women as Cultural Intermediaries and National Symbols, Norman 2015.

Lammes 2008 = Sybille Lammes, Playing the World: Computer Games, Cartography and Spatial Stories, in: Aether: The Journal of Media Geography 3 (2008), 84–96.

Lammes 2010 = Sybille Lammes, Postcolonial Playgrounds: Games as Postcolonial Culture, in: Eludamos: Journal for Computer Game Culture 4 (2010) 1, 1–6.

Luhmann 2009 = Niklas Luhmann, Liebe als Passion. Zur Codierung von Intimität, Frankfurt am Main 2009, (1. Aufl. 1982).

Mbembe 2016 = Achille Mbembe, Postkolonie. Zur politischen Vorstellungskraft im zeitgenössischen Afrika, Wien-Berlin 2016, (1. Aufl. 2000).

McMillen 2007 = Christian W. McMillen, Making Indian Law. The Hualapai Land Case and the Birth of Ethnohistory, New Haven–London 2007.

McPherson 2003 = James McPherson, Battle Cry of Freedom. The Civil War Era, Oxford 2003, (1. Aufl. 1998).

Mir/Owens 2013 = Rebecca Mir/Trevor Owens, Modeling Indigenous Peoples: Unpacking Ideology in Sid Meier's Colonization, in: Matthew Kapell/Andrew B. R. Elliott (Hg.), Playing with the Past. Digital games and the simulation of history, New York 2013, 91–106.

Mukherjee 2016 = Souvik Mukherjee, Playing Subaltern: Video Games and Postcolonialism, in: Games and Culture (2016), 1-17. Online unter: http://journals.sagepub.com.ubproxy.ub.uni-heidelberg.de/doi/pdf/10.1177/1555412015627258 [24.09.2017].

Nadasdy 2017 = Paul Nadasdy, Sovereignty's Entailments. First Nation State Formation in the Yukon, Toronto 2017.

Newton 2012 = Nell Jessup Newton et al. (Hg.), Cohen's Handbook of Federal Indian Law, 2012 Edition, New Providence–San Francisco 2012.

Nohr 2010 = Rolf F. Nohr, Strategy Games and Discourses of Geopolitical Order, in: Eludamos: Journal of Computer Game Culture 4 (2010) 2, 181–195.

Povinelli 2002 = Elizabeth A. Povinelli, The Cunning of Recognition. Indigenous Alterities and the Making of Australian Multiculturalism, Durham–London 2002.

Povinelli 2006 = Elizabeth A. Povinelli, The Empire of Love. Toward A Theory of Intimacy, Genealogy, and Carnality, Durham–London 2006.

Povinelli 2011 = Elizabeth A. Povinelli, Economies of Abandonment. Social Belonging and Endurance in Late Liberalism, Durham–London 2011.

Richter 1992 = Daniel K. Richter, The Ordeal of the Longhouse. The Peoples of the Iroquois League in the Era of European Colonization, Chapel Hill–London 1992.

Richter 2001 = Daniel K. Richter, Facing East from Indian Country. A Native History of Early America, Cambridge, Ma.–London 2001.

Rifkin 2011 = Mark Rifkin, When Did Indians Become Straight? Kinship, the History of Sexuality, and Native Sovereignty, Oxford 2011.

Rifkin 2017 = Mark Rifkin, Beyond Settler Time. Temporal Sovereignty and Indigenous Self-Determination, Durham–London 2017.

Simpson 2009 = Audra Simpson, Captivating Eunice: Membership, Colonialism, and Gendered Citizenships of Grief, in: Wicazo Sa Review 24 (2009) 2, 105–129.

Simpson 2014 = Audra Simpson, Mohawk Interruptus. Political Life Across the Borders of Settler States, Durham–London 2014.

Sturm 2002 = Circe Sturm, Blood Politics. Race, Culture, and Identity in the Cherokee Nation of Oklahoma, Berkeley–Los Angeles 2002.

Theweleit 2013 = Klaus Theweleit, Pocahontas II. Buch der Königstöchter. Von Göttermännern und Menschenfrauen. Mythenbildung, vorhomerisch, amerikanisch. Frankfurt am Main 2013.

Trouillot 2015 = Michel-Rolph Trouillot, Silencing the Past. Power and the Production of History, Boston 2015, (1. Aufl. 1995).

Weis 2014 = Martin Isaac Weis, The Ahistorical in the Historical Video Game, in: Florian Kerschbaumer/Tobias Winnerling (Hg.): Frühe Neuzeit im Videospiel. Geschichtswissenschaftliche Perspektiven, Bielefeld 2014, 117–126.

White 2016 = Richard White, The Middle Ground. Indians, Empires, and Republics in the Great Lakes Region, 1650–1815, Cambridge 2016, (1. Aufl. 1991).

Wolfe 1999 = Patrick Wolfe, Settler Colonialism and the Transformation of Anthropology. The Politics and Poetics of an Ethnographic Event, London–New York 1999.

Wolfe 2006 = Patrick Wolfe, Settler Colonialism and the Elimination of the Native, in: Journal of Genocide Research 8 (2006) 4, 387–409.

Wood 2009 = Gordon Wood, Empire of Liberty. A History of the Early Republic, 1789–1815, Oxford 2009.

Ludografie

Age of Empires II: The Conquerors, Ensemble Studios, PC (Windows) [u. a.], Microsoft 2000.

American Conquest, GSC Game World, PC (Windows), CDV Software Entertainment 2002.

Anno 1503, Sunflowers [u. a.], PC (Windows), EA Games [u. a.] 2003.

Assassins-Creed-Reihe, Ubisoft Montreal [u. a.], PC (Windows) [u. a.], Ubisoft 2007–2017.

Assassin's Creed III, Ubisoft Montreal [u. a.], Xbox 360 [u. a.], Ubisoft 2012.

Assassin's Creed II, Ubisoft Montreal, Xbox 360 [u. a.], Ubisoft 2009.

Assassin's Creed, Ubisoft Montreal, PC (Windows) [u. a.], Ubisoft 2007.

BioShock Infinite, Irrational Games, PC (Windows) [u. a.], 2K Games 2013.

Cultures: Die Entdeckung Vinlands, Funatics Development [u. a.], PC (Windows), JoWooD [u. a.] 2000.

Dragon Age: Origins, BioWare, PC (Windows) [u. a.], Electronic Arts, 2009.

Empire: Total War, Creative Assembly [u. a.], PC (Windows) [u. a.], Sega [u. a.] 2009.

Pillars of Eternity, Obsidian Entertainment, PC (Windows) [u. a.], Paradox Interactive 2015.

Sid Meier's Colonization, MicroProse, PC (Windows) [u. a.], MicroProse 1994.

The Witcher, CD Projekt Red, PC (Windows) [u. a.], Atari 2007.

(Post-)Koloniale Narrative in Computerspielen

Globalhistorische Forschungsperspektiven und -potenziale

Florian Kerschbaumer

Zu den wesentlichsten Merkmalen der Globalgeschichte gehört „eine nicht nationalstaatlich formatierte und nicht-eurozentrische Perspektive"[1] auf die Vergangenheit. Gerade in der Auseinandersetzung mit dem Kolonialismus ist dieser Zugang unabdingbar. Einerseits da das Phänomen ohne seine globalen Verflechtungen und Bezüge in seiner Komplexität nicht fassbar wäre, andererseits weil sich dadurch verengte Betrachtungswinkel erweitern, die neue Narrationen sowie Erklärungsmuster ermöglichen. Dieser Ansatz beschränkt sich nicht nur auf die klassische Historiografie, sondern betrifft auch das Verständnis von und den Umgang mit Geschichte – wie beispielsweise in modernen Medien – im Allgemeinen.

Aus diesem Grund erscheint eine globalhistorische Perspektive auf die Repräsentation des Kolonialismus in Computerspielen als eine interessante Unternehmung, da dieser sowie damit verbundene Narrative dort häufig anzutreffende Motive sind. Dies beschränkt sich dabei nicht ausschließlich auf „historisierende Videospiele"[2], sondern koloniale Erzählweisen finden sich sowohl explizit als auch implizit als Referenzen, Zitate oder Narrationen über alle Genregrenzen hinweg. Die wissenschaftliche Beschäftigung mit diesem konkreten Phänomen erscheint dabei in mehrfacher Hinsicht als lohnendes Unterfangen. Erstens lässt die Analyse des Umgangs mit dem Kolonialismus in einem der populärsten Medien unserer Zeit Rückschlüsse auf die gesellschaftliche Auseinandersetzung mit dieser Thematik zu, die historisch wie

---

[1] Conrad 2013, 15.
[2] Kerschbaumer/Winnerling 2014, 14. Für einen ersten Überblick zur terminologischen Debatte über Geschichte und Computerspiele vgl. Heinze 2012, 77–85.

gegenwartsdiagnostisch von Relevanz sind.[3] Zweitens kann eine kritische Betrachtung sensibilisierend wirken, da eurozentrische Narrationen und Topoi in immer wieder neuer Gestalt reproduziert werden und es deshalb schwerfällt, klassische Denkmuster zu durchbrechen.[4] Drittens erscheint es reizvoll, sich die Frage zu stellen, ob das Medium Computerspiel an sich nicht ein hervorragendes Vehikel wäre, um verengte traditionelle Sichtweisen perspektivisch zu erweitern und somit einen kritischeren Zugang zum Erbe des Kolonialismus zu ermöglichen.

Koloniale Narrative im Computerspiel als Forschungsperspektive

Den Kolonialismus definitorisch zu fassen, ist ein schwieriges Unterfangen, da er sowohl als diachrone Epochenbeschreibung gilt als auch als historisches, ökonomisches und (macht-)politisches Phänomen, welches stetigen Veränderungsprozessen unterworfen war und zu unterschiedlichen Zeiten an unterschiedlichen Orten verschiedenste Ausprägungen angenommen hat.[5] Jürgen Osterhammel hat dazu eine sehr allgemeine Definition vorgelegt, die sich als fruchtbarer Ausgangspunkt für weitere Diskussionen und Überlegungen anbietet:

> „Kolonialismus ist eine Herrschaftsbeziehung zwischen Kollektiven, bei welcher die fundamentalen Entscheidungen über die Lebensführung der Kolonisierten durch eine kulturell andersartige und kaum anpassungswillige Minderheit von Kolonialherren unter vorrangiger Berücksichtigung externer Interesse getroffen und tatsächlich durchgesetzt werden. Damit verbinden sich in der Neuzeit in der Regel sendungsideologische Rechtfertigungsdoktrinen, die auf der Überzeugung der Kolonialherren von ihrer eigenen kulturellen Höherwertigkeit beruhen."[6]

Ausgehend von diesem Definitionsrahmen lassen sich – parallel zu ereignisgeschichtlichen Dimensionen – einige Topoi beziehungsweise Narrative identifizieren, die eng mit dem historischen und politischen Phänomen Kolonialismus verknüpft sind. Dazu zählen unter anderem eine teleologische Vorstellung von Entwicklung, die sich konkret im Konzept der voranschreitenden Zivilisation manifestiert, die zu erreichen sich durch die Anwendung unterschiedlicher Konzepte von ‚Zivi-

---

3   Eckert/Randeria 2009.
4   Castro Varela/Dhawan 2015, Conrad/Randeria 2002.
5   Vgl. Bley/König/Ahuja/Nolte 2007.
6   Osterhammel 2006, 21.

lisierungsmissionen' in der kolonialen Praxis widerspiegelt.[7] In Rekurs auf die Geschichte, aber auch mit kritischem Blick auf die Gegenwart, wird der „Euro- beziehungsweise Westzentrismus"[8] ebenfalls als konstitutives Merkmal des Kolonialismus anzuführen sein. Kolonien und ähnlich aggressive Expansionsmomente finden sich zwar auch ausgehend von anderen Erdteilen, aber der ‚Erfolg' des europäischen beziehungsweise westlichen Modells, vor allem mit Blick auf die Globalisierungsprozesse der jüngeren Vergangenheit, lässt diesen Befund durchaus zu.[9] Der indische Menschenrechtsaktivist und Kolonialismuskritiker Ashis Nandy hat in diesem Kontext bereits 1982 zu Recht festgehalten: „Der Westen ist jetzt überall, innerhalb des Westens sowie außerhalb; in Strukturen und im Bewusstsein."[10] Die Wirkmächtigkeit des europäischen Kolonialismus unterstreicht auch der postkoloniale Theoretiker Anibal Quijano. Seiner Meinung nach ist „[d]as Bemerkenswerte" an der exponierten Stellung europäischer Vorstellungswelten „nicht, dass die Europäer so über sich und den Rest der Spezies dachten […], sondern die Tatsache, dass sie in der Lage waren, jene historische Denkweise zu verbreiten und im neuen intersubjektiven Universum des globalen Machtmodells als hegemonial zu verankern."[11] Damit verbunden sind auch zahlreiche weitere Wesensmerkmale, die dem Kolonialismus innewohnen: dichotomisches Denken (zum Beispiel Zivilisation versus Barbarei[12]), Klassifizierung der Welt unter sozialen sowie rassistischen Gesichtspunkten und daraus resultierende Konsequenzen zum Beispiel hinsichtlich Arbeitsregimen[13] oder das Konzept von Zentrum und Peripherie, das unter anderem vom argentinischen Ökonom Raúl Prebisch in die wissenschaftliche Debatte eingeführt wurde.[14] Erhellend ist in diesem Zusammenhang auch die jeweils zeitgenössische Kritik am Kolonialismus, die zum Beispiel mit dem „Argument der Freiheit", der Furcht vor Untergangsgesetzmäßigkeiten großer Imperien

---

[7]   Barth/Osterhammel 2005.

[8]   Zum Begriff des ‚Westens' vgl. Osterhammel 2017.

[9]   Reinhard 2016. Für einige kritische Anmerkungen und Ergänzungen zu Reinhards monumentalem Werk aus globalhistorischer und postkolonialer Perspektive vgl. Wendt 2017.

[10]   Zitiert nach Kastner/Waibel 2016, 15.

[11]   Quijano 2016, 48.

[12]   Eberl 2015.

[13]   Komlosy 2014.

[14]   Dosman 2006.

oder der Kritik „der Willkürherrschaft der Kolonialverwaltung" gegen diesen opponierte.[15]

So lassen sich für den Kolonialismus im populären Verständnis zumindest zwei Bedeutungsebenen konstatieren: Erstens als eine konkrete Epoche der Neuzeit und zweitens als ein machtpolitisches Instrumentarium, das sich durch spezifische Zuschreibungen charakterisieren lässt. Auf Basis dieser kursorischen Überlegungen ließen sich in einem ersten Schritt auch zwei Überblickskategorien bilden, um das Phänomen Kolonialismus im Computerspiel einzugrenzen: Computerspiele, die sich thematisch explizit mit dem Kolonialismus als historische Epoche befassen, und Spiele, die direkt oder indirekt koloniale Topoi und Narrative replizieren oder mit Versatzstücke beziehungsweise Zitaten bewusst oder unbewusst auf diese verweisen.

Um Beispiele für die dezidierte Auseinandersetzung mit dem Kolonialismus als Epoche zu lokalisieren, wird man sehr schnell im Genre der Strategiespiele fündig. Spiele wie *Anno 1701*[16], die aufgrund ihrer Popularität und ihres ökonomischen Erfolgs unter dem Label ‚Klassiker' firmieren, haben sich explizit dem Phänomen Kolonialismus, sowohl in seiner zeitlichen als auch strukturellen Dimension, gewidmet. Im Vordergrund stehen – der Logik des Genres folgend – dabei im Regelfall die machtpolitischen, militärischen und ökonomischen Dimensionen des Kolonialismus aus einem europäischen Betrachtungswinkel. Die dahinterliegende Struktur orientiert sich eher an den klassischen Merkmalen des Historismus aus dem 19. Jahrhundert als an modernen Auffassungen von Geschichte.[17] Dennoch lassen sich in den letzten Jahren auch Beispiele finden, die die eurozentrische Akzentuierung zumindest teilweise durchbrechen. Exemplarisch sei hier auf Erweiterungen der Age-of-Empires-Reihe verwiesen: So kann man beispielsweise in Age of *Empires III: The War Chiefs*[18] die Geschichte aus Sicht der Azteken, Sioux oder Irokesen neu zu gestalten versuchen, während *Age of Empires III: The Asian Dynasties*[19] das Spielgeschehen nach Asien verlagert.

Doch auch abseits der Thematisierung als Epoche spielt der Kolonialismus in Computerspielen eine Rolle, denn Eroberung, (Macht-)

[15] Stuchtey 2010, 383 f.
[16] Anno 1701 2006.
[17] Kerschbaumer/Winnerling 2014.
[18] Age of Empires III: The War Chiefs 2006.
[19] Age of Empires III: The Asian Dynasties 2007.

Expansion, kolonialistisch beeinflusste Dichotomien und Stereotype
sind unter anderem zentrale Muster, häufig sogar essentieller Bestandteil der Spielmechanik in zahlreichen Computerspielen. Exemplarisch
sei hier auf Land- beziehungsweise Weltkarten verwiesen, die häufig –
man denke in diesem Zusammenhang beispielsweise an Schulbücher[20] –
als Sinnbild des Kolonialismus gelten und die vor allem bei Strategiespielen das Fundament des Spielprinzips bilden. Solche und ähnlich
gelagerte Beispiele sind durchaus anregende Ansätze für reflektiertes
Nachdenken; gleichzeitig muss an dieser Stelle doch auch vor einer
Überinterpretation gewarnt werden. Denn manchmal, in Anlehnung
an ein bekanntes Bonmot aus der historischen Anthropologie, ist ein
Spiel wirklich nur ein Spiel.[21]

Deutlich lohnender erscheint die Suche nach konkreten kolonialen
Topoi, Narrativen und Zitaten. Diese finden sich nicht nur in ‚historisierenden Videospielen‘ wieder, sondern auch in zahlreichen anderen
Genres und zeugen von der anhaltenden Wirkmächtigkeit der kolonialen Vergangenheit. So referenziert beispielsweise die Geschichte des
Open-World-Games *Far Cry 4*[22] auf die Phase der Dekolonisierung.
Nachdem die Kolonialmacht Großbritannien das fiktive, deutlich
jedoch in Asien zu verortende Land Kyrat verlassen hatte, stürzte dieses in einen Bürgerkrieg, an dessen Ende sich ein ausländischer Dikta-
tor an die Macht hieven konnte. Ihm gegenüber steht nun die Rebellengruppe „Goldener Pfad", auf deren Seite der Avatar der SpielerInn-
nen – der durch seinen familiären Hintergrund mehr oder weniger
zufällig in die Geschichte verstrickt ist – kämpft.[23] Doch nicht nur das
Land, sondern auch der „Goldene Pfad" selbst ist tief gespalten und
teilt sich in einen konservativ-religiösen und einen modernistischen
Flügel, deren Gegensätze im Verlauf des Spieles immer deutlicher werden und die SpielerInnen zwingen, sich für eine der beiden Seiten zu
entscheiden. Das fiktive Setting lässt durchaus Parallelen zur historischen Entwicklung asiatischer Staaten zu, die sich nach der Unabhängigkeit politischen, separatistischen und religiösen Konflikten gegen-
übersahen und sich im Spannungsfeld von Demokratie und (Militär-)
Diktaturen entwickelten. Die Geschichte von Ländern wie Myanmar

---

[20]   Grindel 2009.
[21]   Reinhard 2005.
[22]   Far Cry 4 2014.
[23]   Bereits Far Cry 2 (Far Cry 2 2008) spielte vor dem Hintergrund eines Bürger-
       kriegsszenarios, jedoch in einem fiktiven afrikanischen Land.

legt hiervon eindrucksvoll Zeugnis ab.[24] Aber auch andere Spieldetails
verweisen – ob bewusst oder zufällig – auf historische Zusammenhänge. So erinnert der Name der Rebellengruppe „Goldener Pfad" an
die in Peru aktive kommunistische Guerilla *Sendero Luminoso*, übersetzt „Leuchtender Pfad".[25]

Deutlich komplexere historische Bezugsrahmen weist das Rollenspiel
Fallout 4[26] auf. Nach einem atomaren Krieg erwachen die SpielerInnen
in diesem alternativhistorischem Szenario (Uchronie)[27] in der Nähe von
Boston aus dem Kryoschlaf und müssen sich in einer postapokalyp-
tischen Spielewelt – die den Namen *Commonwealth* trägt – behaupten. Das gesamte Spielesetting verweist bewusst auf Versatzstücke der
amerikanischen Geschichte und in diesem Zusammenhang treffen die
SpielerInnen im Verlauf ihrer Reise auf unterschiedliche Parteien, die
starke Anlehnung an historischen Vorbildern nehmen. So zum Beispiel
die *Minutemen*, ein Bund von Siedlern, der sich gegen die Gefahren,
die im *Commonwealth* lauern, zusammengeschlossen hat, und deren
realhistorisches Pendant – vor allem durch die Gefechte von Lexing-
ton und Concord – wesentlicher Bestandteil der Erinnerungskultur des
Amerikanischen Unabhängigkeitskrieges ist.[28] Eine weitere Fraktion,
auf die man in *Fallout 4* trifft, ist die *Railroad*, die sich der Unterstützung geflohener *Synths* (Androiden) verschrieben hat. Auch hier sind
die Bezugspunkte zur amerikanischen Geschichte evident: Der Name
verweist auf die legendäre *Underground Railroad*, also jene von Aboli-
tionisten gestützten Fluchtnetzwerke, die entflohenen Sklaven halfen,
aus den Südstaaten nach Norden zu gelangen.[29]

Computerspiele und postkoloniale Perspektiven

Die Bezüge zu kolonialen Narrativen und Topoi in Computerspielen
werden häufig unreflektiert verwendet. Es gibt aber auch Beispiele, die
einen aktiven und kritischen Umgang mit dem Kolonialismus beziehungsweise seiner Teilaspekte pflegen oder dies zumindest versuchen.
In welch unterschiedlicher Art und Weise dies geschehen kann, soll

---

[24] Charney 2009.
[25] Wurm 2011.
[26] Fallout 4 2015.
[27] Dillinger 2015.
[20] Wellenreuther 2006.
[29] Sautter 2014, 90.

im Folgenden anhand des Themas Sklaverei und Sklavenhandel illus-
triert werden.

Sklaverei gehört zu den immanenten Aspekten des Kolonialismus
und damit verbunden ist ihre immense Bedeutung für das Verständnis
der Globalgeschichte. Diese exponierte Stellung spiegelt sich keineswegs in Computerspielen wider, die dem Phänomen nur sehr selten in
seiner Komplexität Rechnung tragen.[30] Es finden sich jedoch auch Pro-
jekte, die unterschiedliche Wege gefunden haben, sich mit dem Thema
Sklaverei beziehungsweise Sklavenhandel intensiver und umfassender
auseinanderzusetzen.

Blicken wir zunächst auf die bekannte *Sid Meier's Civilization*-Stra-
tegiespielreihe, die bislang wohl einen der bedeutendsten Referenz-
punkte im Kontext von Geschichtswissenschaft und Computerspielen
darstellt.[31] Im Fokus des Ablegers der Serie *Sid Meier's Civilization IV:
Colonization*[32], welches ein Remake des Spieles *Sid Meier's Colonization*[33] darstellt, steht der Kolonialismus. Die SpielerInnen übernehmen
dabei die Rolle einer Kolonialmacht (Spanien, England, Frankreich oder
Niederlande) und versuchen in der Zeit zwischen 1492 und 1792 die
Vorherrschaft in Amerika zu gewinnen. Das ultimative Spielziel ist die
Erringung der Unabhängigkeit vom Mutterland. Trotz der einschlägigen kolonialen Thematik ist Sklaverei nur eine Marginalie im Spielverlauf. Das zu ändern, haben sich mehrere SpielerInnen zur Aufgabe
gemacht und sogenannte Mods (Modifikation – eigenständige Veränderungen am Spiel) entwickelt.[34] Sie haben beispielsweise den transatlantischen Dreieckshandel oder Sklavenrevolten hinzugefügt und so
versucht, die ökonomischen und sozialen Dimensionen dieses Phänomens in die Spielwelt zu integrieren.[35] Auch wenn man manche Ergebnisse durchaus kritisch bewerten kann, so eröffnet sich hier ein spannendes Feld sowohl für Forschungsfragen hinsichtlich unseres Bildes
des Kolonialismus als auch für alternative Perspektiven auf die Darstellung desselben.

Die *Assassin's-Creed*-Serie hat wie kaum eine andere Spielereihe das
geschichtswissenschaftliche Interesse an Computerspielen in den ver-

---

[30]   Kerri 2017.
[31]   Beispielsweise Donecker 2014.
[32]   Sid Meier's Civilization IV: Colonization 2008.
[33]   Sid Meier's Colonization 1994.
[34]   Zum Thema Modding siehe etwa Schröder 2014.
[35]   Mir 2012.

gangenen Jahren befeuert. Das Action-Adventure kann durch seine geschickte Verflechtung fiktiver Narration mit realhistorischem Setting sowie durch seine aufwändige grafische Umsetzung überzeugen. Die SpielerInnen bewegen sich dabei in beeindruckenden und den historischen Vorbildern nachempfundenen Kulissen wie dem Florenz der Renaissance[36], dem Paris zu Zeiten der Französischen Revolution[37] oder dem London des 19. Jahrhunderts.[38]

Auch das Thema Kolonialismus findet seine Berücksichtigung in der Reihe. In *Assassin's Creed III*[39] geraten die SpielerInnen in die Umbruchszeit der Amerikanischen Revolution und des Amerikanischen Unabhängigkeitskriegs, *Assassin's Creed Rogue*[40] spielt vor dem Hintergrund des Siebenjährigen Krieges und *Assassin's Creed IV: Black Flag*[41] thematisiert das ‚Goldene Zeitalter‘ der Piraterie in der Karibik im 18. Jahrhundert. Zu Letzterem wurde auch das *Add-On Freedom Cry*[42] angeboten[43], was für die hier zugrundeliegende Thematik von besonderem Interesse ist. *In Freedom Cry* übernehmen die SpielerInnen die Rolle Adéwalés, eines ehemaligen Sklaven, der seine Abenteuer in der Karibik des 18. Jahrhunderts bestreitet, wobei Haiti den zentralen Ort des Geschehens darstellt. Eine elementare Rolle spielen dabei die Sklaverei und der Sklavenhandel, die sowohl für die Geschichte als auch für das Gameplay von Bedeutung sind. Auf dem Weg durch die grafisch anspruchsvolle Spielewelt befreit man Sklaven, entert Sklavenschiffe und unterwandert Plantagen. Es gab durchaus berechtigte Kritik am Spiel, da beispielsweise durch die Verknüpfung von Belohnungen und der Anzahl befreiter Sklaven diese wiederum auf den Status einer Ressource reduziert würden.[44] Nichtsdestotrotz gibt es kaum vergleichbare Beispiele, in denen sich ein Spiel dem Thema Sklaverei in solcher Intensität widmet. Der Videogame-Blogger Evan Narcisse, dessen Eltern aus Haiti stammen, fasste dies in einer Reflexion über das Spiel in eindringlichen Worten zusammen:

---

[36]   Assassin's Creed II 2009.
[37]   Assassin's Creed Unity 2014.
[38]   Assassin's Creed Syndicate 2015.
[39]   Assassin's Creed III 2012.
[40]   Assassin's Creed Rogue 2014.
[41]   Assassin's Creed IV: Black Flag 2013.
[42]   Assassin's Creed IV: Black Flag – Freedom Cry 2013.
[43]   Das Spiel erschien in weiterer Folge auch als Standalone-Version: Assassin's Creed IV. Freedom Cry 2014.
[44]   Narcisse 2014.

„It hits on some real feelings that swirl around in the Haitian diasporan soul. Maybe it's mostly my own experience talking here but I've
always found there to be a mix of resilience and fatalism to the Haitian personality. The history of my ancestors is mythic but the reality
of their descendants has been brutal."[45]

Mobile Games, also Spiele die vorwiegend am Smartphone oder anderen mobilen Geräten gespielt werden, haben in den vergangenen Jahren
einen Anteil von über 40 Prozent am Umsatz des globalen Spielemarktes erreicht.[46] Daher lohnt es sich in diesem Bereich den analytischen
Blick zu schärfen, finden sich doch auch hier interessante Anwendungen – wenn auch noch im überschaubaren Maße – zum Thema Kolonialismus. Ein Beispiel ist das sehr einfach gehaltene Textadventure *Slave
Ship*[47], das in der Tradition der interaktiven Spielbücher steht, bei dem
getroffene Entscheidungen zu unterschiedlichen Wegen durch den Text
führen. Trotz des rein textbasierten Gameplays gelingt es dem Spiel,
mit schemenhaften Hintergrundzeichnungen und reduzierter Musik
eine stimmige Atmosphäre zu erzeugen, die das Leben und Sterben auf
einem Sklavenschiff am Atlantik in all seinen Facetten nachzeichnet.
Die Geschichte, erzählt aus der Perspektive des aus ihrem Heimatdorf
geraubten Mädchens Asana, berücksichtigt dabei die Komplexität der
sozialen Realität auf einem Schiff der *Middle Passage* wie es aus der aktuellen Forschungsliteratur und den einschlägigen Quellen bekannt ist.[48]
Trotz der sehr beschränkten Interaktionsmöglichkeiten gelingt es dem
Programm doch, für die unterschiedlichen Dimensionen des transatlantischen Sklavenhandelt zu sensibilisieren. Dabei werden auch Themen wie die hygienischen Umstände am Schiff, die sprachliche und
kulturelle Heterogenität der versklavten Menschen sowie die komplexen Gewaltstrukturen nicht ausgespart.

Sklaverei und Sklavenhandel in adäquater Form in Computerspielen
darzustellen, ist wie in jedem anderen Medium ein schwieriges, wenn
nicht unmögliches Unterfangen.[49] Selbst Serious Games, also Lernspiele im weitesten Sinne, können an dieser Herausforderung scheitern.
Ein Beispiel dafür ist *Playing History 2: Slave Trade*[50], das mit seinem

---

[45] Narcisse 2013.
[46] McDonald 2017.
[47] Slave Ship, Imeware, Android, Imeware 2016.
[48] Rediker 2007.
[49] Mukherjee 2016.
[50] Playing History 2: Slave Trade, Serious Games Interactive, PC (Windows)
      [u. a.], Serious Games Interactive 2013.

comicartigen Design, seinen Verharmlosungstendenzen und seinem geschmacklosen, nach Protesten auch entfernten Mini-Game „Sklaven-Tetris", bei dem man in Tetris-Manier Sklaven in einem Schiff ,stapelt', für viel Kritik gesorgt hat.[51] Nichtsdestotrotz gibt es Beispiele, die zeigen, dass nicht nur ,gewohnte' Zugänge zum Kolonialismus möglich sind, sondern durchaus auch neue Ansätze und Perspektivenwechsel erfolgversprechend sein können. Oder wie es Amanda Kerri ausdrückte:

> „There is no correct way to portray something as dark and cruel as slavery, particularly for developers attempting to work within the traditions and rules of a genre (no matter how many rules they're willing to bend or break). Yet, topics like this will continue to play a part in games and gaming culture because they are part of our history and culture. People will continue to be offended by some or all aspects of implementation, and people will criticize or praise partly in relation to how well a game represents their own views or understanding. Game companies should never shy away from topics such as this, but they should bring knowledge and cultural awareness to any representation of slavery."[52]

Schlussbetrachtung

Ein zwischenzeitlicher Befund in der kritischen Auseinandersetzung mit dem Kolonialismus in Computerspielen, der hier nur kaleidoskopisch nachgezeichnet werden konnte, kommt an dieser Stelle nicht ohne Ambiguitäten und Widersprüchlichkeiten aus. Computerspiele replizieren in vielen Fällen unreflektiert in unterschiedlichster Art und Weise koloniale Narrative – sei es durch die explizite und unkritische Thematisierung des Phänomens, durch die Verwendung von historistischen Masternarrationen und durch Versatzstücke beziehungsweise Zitate unterschiedlicher Intensität. Gleichzeit lässt sich jedoch beobachten, dass – zumindest partiell – kritische postkoloniale Einflüsse sichtbar werden. Perspektivenwechsel rücken die Subalternen und ihre Agency in den Mittelpunkt und befreien sie von ihren Statistenrollen. Klassische, undifferenzierte Gut-Böse-Dichotomien werden mancherorts aufgebrochen, wenngleich sich in manchen Fällen neue Feindbilder etablieren. Optimistisch betrachtet verfügen Computerspiele über ein großes Potenzial für die Entwicklung kritischer postkolonialer Zugänge zur Geschichte. Die technischen und narratologischen Möglichkei-

---

[51] Thomas 2015.
[52] Kerri 2017.

ten des Mediums eignen sich hervorragend für die Entwicklung neuer
Erzählweisen aus unterschiedlichen Perspektiven. Wie erfolgreich neue
Betrachtungsweisen sein können, zeigen Beispiele aus anderen Medien.
Erinnert sei in diesem Zusammenhang an die US-amerikanische Fern-
sehserie *Roots* aus dem Jahr 1977, die ein Millionenpublikum erreichte
und deren Erzählung der amerikanischen Geschichte aus Sicht von
afroamerikanischen Sklaven große öffentliche Reaktionen auslöste.[53]

Solche Beispiele zeigen eindrucksvoll, wie wichtig die wissenschaftliche Auseinandersetzung mit der medialen Repräsentation von
Geschichte ist. Denn wie andere Medien sind auch Computerspiele
konstitutiver Bestandteil der Intersubjektivität, jenem ‚Sinngeflecht'
an Geschichten, in denen wir uns als Menschen verorten. „Sich mit
Geschichte zu befassen", schreibt der israelische Historiker Yuval Noah
Harari, bedeutet daher „bei der Entstehung und Auflösung dieser
Geflechte zuzusehen […]".[54] Gerade die Analyse des weltweit populären Massenmediums Computerspiel kann wesentlich zum Verständnis
von intersubjektiven Erzählungen beitragen. Der Forschungsgegenstand
digitale Spiele verlangt einen multiperspektivischen Zugang und dem-
entsprechende Fragestellungen, die dem globalen Charakter des Mediums Rechnung tragen: Wie werden beispielweise bestimmte Spiele in
unterschiedlichen Ländern wahrgenommen? Gibt es eine genuine ‚nicht-
westliche' Spieletradition?[55] Welche unterschiedlichen Geschichtsbilder
werden in Computerspielen evoziert? Um diese und ähnliche Fragen in
ihrer Komplexität beantworten zu können, bietet die Globalgeschichte
mit ihren methodischen und theoretischen Zugängen wertvolle Anlei-
hen. Zu diesen zählen die Rücksichtnahme auf die differenzierten Quel-
lenerfordernisse, theorie- und modellgeleitete Forschung, die bewusste,
den Euro- und Westzentrismus überwindende Multiperspektivität, die
intensive Auseinandersetzung mit postkolonialen Ansätzen, aber auch
das Bekenntnis zur Trans- und Interdisziplinarität.[56] Dabei handelt es
sich um Ansätze, die eine kritische Beschäftigung mit Computerspielen
sowie den in ihnen replizierten und modifizierten kolonialen Narrati-

---

[53]   Hur/Robinson 1978.
[54]   Harari 2017, 202.
[55]   Solche und ähnliche Fragen werden in Zukunft noch an Bedeutung gewin-
       nen, vor allem wenn man die Entwicklungen am globalen Spielemarkt berück-
       sichtigt. So entfallen aktuell knapp die Hälfte der weltweit getätigten Umsätze
       auf den asiatisch-pazifischen Raum, wobei insbesondere China zu den rasant
       wachsenden Märkten gehört. Vgl. McDonald 2017.
[56]   Komlosy 2011.

ven ermöglichen und somit einen Beitrag zu einer Form der Auseinandersetzung mit Geschichte leisten können, die nicht nur eurozentrische Perspektiven infrage stellt, sondern irgendwann „auch die Dichotomie Westen/Nichtwesten" zu überwinden vermag.[57]

Literatur

Barth/Osterhammel 2005 = Boris Barth/Jürgen Osterhammel (Hg.), Zivilisierungsmissionen. Imperiale Weltverbesserung seit dem 18. Jahrhundert (Historische Kulturwissenschaft 6), Konstanz 2005.

Bley/König/Ahuja/Nolte 2007 = Helmut Bley/Hans-Joachim König/Ravi Ahuja/Hans-Heinrich Nolte, Kolonialismus, in: Friedrich Jaeger (Hg.), Enzyklopädie der Neuzeit. Band 6, Stuttgart/Weimar 2007, Sp. 873–896.

Castro Varela/Dhawan 2015 = María do Mar Castro Varela/Nikita Dhawan, Postkoloniale Theorie. Eine kritische Einführung. 2., komplett überarbeitete und erweiterte Auflage, Bielefeld 2015.

Charney 2009 = Michael W. Charney, A History of Modern Burma, Cambridge 2009.

Conrad 2013 = Sebastian Conrad, Globalgeschichte. Eine Einführung, München 2013.

Conrad/Randeria 2002 = Sebastian Conrad/Shalini Randeria (Hg.), Jenseits des Eurozentrismus. Postkoloniale Perspektiven in den Geschichts- und Kulturwissenschaften, Frankfurt am Main/New York 2002.

Dillinger 2015 = Johannes Dillinger, Uchronie. Ungeschehene Geschichte von der Antike bis zum Steampunk, Paderborn 2015.

Donecker 2014 = Stefan Donecker, Pharaoh Mao Zedong and the Musketeers of Babylon: The Civilization Series between Primordialist Nationalism and Subversive Parody, in: Tobias Winnerling/Florian Kerschbaumer (Hg.), Early Modernity and Video Games, Newcastle upon Tyne 2014, 105–122.

Dosman 2006 = Edgar J. Dosman (Hg.), Raúl Prebisch. Power, Principle and the Ethics of Development, Buenos Aires 2006.

Eberl 2015 = Oliver Eberl, Die Barbaren sind immer die Anderen. Zum Wandel der politischen Rhetorik in Zeiten des Terrorismus, in: Blätter für deutsche und internationale Politik 7 (2015), 60–68.

Eckert/Randeria 2009 = Andreas Eckert/Shalini Randeria, Geteilte Globalisierung, in: Shalini Randeria/Andreas Eckert (Hg.), Vom Imperialismus zum Empire. Nicht-westliche Perspektiven auf Globalisierung, Frankfurt am Main 2009, 9–33.

Grindel 2009 = Susanne Grindel, Karten und ihre Grenzen. Zur kartographischen Vermittlung des modernen europäischen Kolonialismus in deutschen Geschichtsschulbüchern des 20. Jahrhunderts, in: Freundeskreis der Prof. Dr. Frithjof Voss Stiftung/Georg-Eckert-Institut (Hg.), Die Macht der Karten oder:

---

was man mit Karten machen kann (Eckert.Dossiers 2), 2009, http://reposi-tory.gei.de/bitstream/handle/11428/166/Grindel_Karten_und_ihre_Grenzen. pdf?sequence=7&isAllowed=y (24.09.2017).

Harari 2017 = Yuval Noah Harari, Homo Deus. Eine Geschichte von Morgen. 2. Auflage, München 2017.

Heinze 2012 = Carl Heinze, Mittelalter Computer Spiele. Zur Darstellung und Modellierung von Geschichte im populären Computerspiel, Bielefeld 2012.

Hur/Robinson 1978 = Kenneth K. Hur/John P. Robinson, The Social Impact of "Roots", in: Journalism Quarterly 55 (1978), 19–24.

Iggers/Wang/Mukherjee 2013 = Georg G. Iggers/Q. Edward Wang/Supriya Muk-herjee, Geschichtskulturen. Weltgeschichte der Historiografie von 1750 bis heute, Göttingen 2013.

Kastner/Waibel 2016 = Jens Kastner/Tom Waibel, Klassifizierung und Koloniali-tät der Macht. Aníbal Quijano, dekolonialistische Sozialtheorie und Politik, in: Aníbal Quijano, Kolonialität der Macht, Eurozentrismus und Lateiname-rika (Es kommt darauf an 17), Berlin 2016, 7–19.

Kerri 2017 = Amanda Kerri, How Historical Games Integrate or Ignore Slavery, https://www.rockpapershotgun.com/2017/01/17/how-historical-games-inte-grate-or-ignore-slavery/ (11.08.2017).

Kerschbaumer/Winnerling 2014 = Florian Kerschbaumer/Tobias Winnerling, Postmoderne Visionen des Vor-Modernen. Des 19. Jahrhunderts geisterhaftes Echo, in: Florian Kerschbaumer/Tobias Winnerling (Hg.), Frühe Neuzeit im Videospiel. Geschichtswissenschaftliche Perspektiven, Bielefeld 2014, 11–24.

Komlosy 2014 = Andrea Komlosy, Arbeit. Eine globalhistorische Perspektive. 13. bis 21. Jahrhundert, Wien 2014.

Komlosy 2011 = Andrea Komlosy, Globalgeschichte. Methoden und Theorien, Wien u. a. 2011.

McDonald 2017 = Emma McDonald, The Global Games Market Will Reach $108.9 Billion in 2017 With Mobile Taking 42%, https://newzoo.com/insights/artic-les/the-global-games-market-will-reach-108-9-billion-in-2017-with-mobile-taking-42/ (15.08.2017).

Mir 2012 = Rebecca Mir, Playing at Slavery: Modding Colonization for Authen-ticity, http://www.playthepast.org/?p=2856 (01.08.2017).

Mukherjee 2016 = Souvik Mukherjee, Video Games and Slavery, in: Transaction of the Digital Games Research Association 2 (2016) 3, 243–260. http://todi-gra.org/index.php/todigra/issue/view/6 (20.08.2017).

Narcisse 2013 = Evan Narcisse, A Game That Showed Me My Own Black History, http://kotaku.com/a-game-that-showed-me-my-own-black-his-tory-1486643518 (20.08.2017).

Narcisse 2014 = Evan Narcisse, A Closer Look At How Three *Assassin's Creed* Games Have Handled Slavery, http://kotaku.com/a-game-that-showed-me-my-own-black-history-1486643518 (20.08.2017).

Osterhammel 2017 = Jürgen Osterhammel, Was war und ist «der Westen»? Zur Mehrdeutigkeit eines Konfrontationsbegriffs, in: Jürgen Osterhammel, Die

Flughöhe der Adler. Historische Essays zur globalen Gegenwart, München 2017, 101–114.

Osterhammel 2006 = Jürgen Osterhammel, Kolonialismus. Geschichte – Formen – Folgen. 5. aktualisierte Auflage, München 2006.

Quijano 2016 = Aníbal Quijano, Kolonialität der Macht, Eurozentrismus und Lateinamerika (Es kommt darauf an 17), Berlin 2016.

Rediker 2007 = Marcus Rediker, The Slave Ship. A Human History, London 2007.

Reinhard 2016 = Wolfgang Reinhard, Die Unterwerfung der Welt. Globalgeschichte der europäischen Expansion 1415–2015, München 2016.

Reinhard 2005 = Wolfgang Reinhard, Manchmal ist eine Pfeife wirklich nur eine Pfeife. Plädoyer für eine materialistische Anthropologie, in: Saeculum. Jahrbuch für Universalgeschichte 56 (2005) 1, 1–16.

Sautter 2014 = Udo Sautter, Sklaverei in Amerika, Darmstadt 2014.

Schröder 2014 = Lutz Schröder, Modding als Indikator für die kreative und kritische Auseinandersetzung von Fans mit Historienspielen, in: Florian Kerschbaumer/Tobias Winnerling (Hg.), Frühe Neuzeit im Videospiel. Geschichtswissenschaftliche Perspektiven, Bielefeld 2014, 141–157.

Stuchtey 2010 = Benedikt Stuchtey, Die europäische Expansion und ihre Feinde. Kolonialismuskritik vom 18. bis in das 20. Jahrhundert (Studien zur Internationalen Geschichte 24), München 2010.

Thomas 2015 = Dexter Thomas, I Played 'Slave Tetris' So Your Kids Don't Have To, Los Angeles Times (7. September 2015), http://www.latimes.com/entertainment/herocomplex/la-et-hc-played-slave-tetris-kids-20150904-htmlstory.html (08.08.2017).

Wellenreuther 2006 = Hermann Wellenreuther, Von Chaos und Krieg zu Ordnung und Frieden. Der Amerikanischen Revolution erster Teil, 1775–1783 (Geschichte Nordamerikas in atlantischer Perspektive von den Anfängen bis zur Gegenwart 3), Berlin 2006.

Wendt 2017 = Helge Wendt, Licht und Schatten des europäischen Kolonialismus. Reinhards „Unterwerfung der Welt" als Fortschreibung einer globalen Europäisierung, in: Neue Politische Literatur 62 (2017) 1, 5–20.

Wurm 2011 = Sebastian Chávez Wurm, Der Leuchtende Pfad in Peru (1970–1993). Erfolgsbedingungen eines revolutionären Projekts (Lateinamerikanische Forschungen 39), Wien u. a. 2011.

Ludografie

Age of Empires III: The Asian Dynasties, Ensemble Studios [u. a.], PC (Windows) [u. a.], Microsoft Game Studios 2007.

Age of Empires III: The War Chiefs, Ensemble Studios [u. a.], PC (Windows) [u. a.], Microsoft Game Studios 2006.

Anno 1701, Related Designs, PC (Windows), Koch Media [u. a.] 2006.

Assassin's Creed Syndicate, Ubisoft Quebec, PlayStation 4 [u. a.], Ubisoft 2015.

Assassin's Creed Rogue, Ubisoft Sofia, Xbox 360 [u. a.], Ubisoft 2014

Assassin's Creed Unity, Ubisoft Montreal, PC (Windows) [u. a.], Ubisoft 2014.

Assassin's Creed IV: Freedom Cry, Ubisoft Montreal, PC (Windows) [u. a.], Ubisoft 2014

Assassin's Creed IV: Black Flag, Ubisoft Montreal, PC (Windows) [u. a.], Ubisoft 2013.

Assassin's Creed IV: Black Flag – Freedom Cry, Ubisoft Montreal, PC (Windows) [u. a.], Ubisoft 2013.

Assassin's Creed III, Ubisoft Montreal [u. a.], Xbox 360 [u. a.], Ubisoft 2012.

Assassin's Creed II, Ubisoft Montreal, Xbox 360 [u. a.], Ubisoft 2009.

Fallout 4, Bethesda Game Studios, PC (Windows) [u. a.], Bethesda Softworks 2015.

Far Cry 2, Ubisoft Montreal, PC (Windows) [u. a.], Ubisoft 2008.

Far Cry 4, Ubisoft Montreal, PC (Windows) [u. a.], Ubisoft 2014.

Playing History 2: Slave Trade, Serious Games Interactive, PC (Windows) [u. a.], Serious Games Interactive 2013.

Sid Meier's Colonization, MicroProse, PC (Windows) [u. a.], MicroProse 1994.

Sid Meier's Civilization IV: Colonization, Firaxis Games, PC (Windows) [u. a.], 2K Games [u. a.] 2008.

Slave Ship, Imeware, Android, Imeware 2016.

Digitale Globalgeschichte

Warum die Azteken nicht England unterwarfen

Die spielmechanische Umsetzung teleologischer Vorstellungen zur Geschichte der Frühen Neuzeit in *Europa Universalis IV*

Claas Henschel

Der aktuelle, vierte Teil der Reihe *Europa Universalis*[1] stellt die Weltgeschichte einer „langen Frühen Neuzeit" von 1444 bis 1821 dar. Er lässt die Spieler*innen diese Epoche in der Rolle eines von ihnen aus einer Vielzahl von Königreichen, Republiken oder „Stämmen"[2] gewählten, historischen Akteurs erleben. Dabei bewegt sich *Europa Universalis IV*[3] (*EU IV*) nicht nur auf der politischen-militärischen Ebene, sondern stellt auch den technologischen Wandel, die sich entwickelnden Handelsnetzwerke sowie die gesellschaftlichen Veränderungen dieser Zeit dar.

Hierbei sind es zwei entscheidende Eigenschaften, welche *EU IV* als digitales Spiel von anderen Medien wie Büchern oder Filmen zur Geschichte der Frühen Neuzeit abgrenzen: Erstens seine Nicht-Linearität durch die Möglichkeit der Einflussnahme durch die Spieler*innen.

---

[1] Europa-Universalis-Reihe 2000–2017.

[2] Der Begriff „Stämme" ist hier zitiert aus der In-Game-Beschreibung der Regierungsform der meisten Nationen der Amerikas, des subsaharischen Afrikas und Zentralasiens.

[3] Europa Universalis IV (Europa Universalis IV 2013) wird im Folgenden meist als EU IV abgekürzt. Dieser Artikel basiert auf der momentan aktuellsten Version von Europa Universalis IV, dem Patch 1.21.1, veröffentlicht am 25. April 2017. Nicht alle vorhandenen DLCs (Downloadable Content – kleinere Erweiterungen, welche das Spiel um neue Mechaniken ergänzen) konnten herangezogen werden. Installiert waren (in Reihenfolge ihres Erscheinens): Conquest of Paradise, Wealth of Nations, Res Publica, Art of War, El Dorado und Common Sense. Es fehlten dagegen die aktuellsten DLCs: The Cossacks, Mare Nostrum, Rights of Man und Mandate of Heaven. Weiterhin wird die deutschsprachige Version verwendet, außer in speziell genannten Ausnahmefällen.

Und zweitens der performative Aspekt, denn die Spieler*innen können Teil eines größeren Gesamtgeschehens – der Welt der Frühen Neuzeit – werden und dieses durch ihre Entscheidungen beeinflussen.[4] Die
hier simulierte Weltgeschichte verläuft somit nicht in festen Bahnen,
sondern wird durch die Entscheidungen der Spieler*innen verändert,
wodurch jede Spielsitzung von *EU IV* eine neue alternativweltliche
Geschichte schreibt. Jedoch ist die Entwicklung der Weltgeschichte
in *EU IV* nicht vollständig ergebnisoffen. Zwar können selbst kleine
Nationen[5] wie Navarra unter Aufsicht der Spieler*innen theoretisch
zur Weltherrschaft geführt werden. Außer durch sehr starke Einflussnahme der Spieler*innen entwickeln sich die globalen Machtverhältnisse jedoch so, dass am Ende des Spiels im Jahre 1821 die Welt meist
unter den historisch großen europäischen Kolonialnationen wie Großbritannien, Frankreich, Spanien und Russland aufgeteilt sein wird. Dies
geschieht durch unterschiedliche Ausgangsbedingungen und Spielme-
chanismen, welche von den Entwickler*innen in das Spiel hineinge-
schrieben wurden, um eine zu starke Abweichung der virtuellen Weltgeschichte von der Realhistorie zu vermeiden.[6]

EU IV lässt sich aufgrund dieser Eigenschaften nach dem Modell des
Historikers Adam Chapman als „conceptual simulation"[7] betrachten.
Diese sind als ein Ende eines Spektrums anzusehen, an dessen ande-

---

4   Vgl. Manifest für geschichtswissenschaftliches Arbeiten mit Digitalen Spielen!.
5   Der Begriff Nation, obwohl nach gängigen Definitionen, wie z. B. von Benedict
     Anderson, auf viele der hier genannten „Nationen" nichtzutreffend, entstammt
     EU IV selbst. So fordert das englischsprachige Auswahlmenü die Spieler*innen
     auf: „Click on the map to select a nation...". Ich werde den Begriff der Einfach-
     heit halber im Rahmen dieses Artikels für alle politischen Entitäten weiterver-
     wenden, über die die Spieler*innen direkt die Kontrolle übernehmen können,
     da der Begriff „Land" aus der deutschsprachigen Version des Spiels deutlich
     ungenauer ist. Vgl. Anderson 1996, 14–16.
6   So hat es Steffen Bender z. B. für die unterschiedlichen Ausgangsbedingungen
     von Nationen in den Spielen der „Hearts of Iron"-Reihe festgestellt, die eben-
     falls von Paradox Interactive entwickelt und vertrieben werden. Vgl. Bender
     2012, 64 f. In ähnlicher Weise gilt dies auch für an gewisse Vorbedingungen
     geknüpfte oder von Wahrscheinlichkeiten abhängige Ereignisse oder Ereig-
     nisketten zu, welche historische Entwicklungen im Verlauf einer Spielsitzung
     anregen, wie beispielsweise die Reformation des 16. Jahrhundert und die dar-
     auffolgenden Religionskriege. So beschreibt es auch Heiko Brendel für das Vor-
     gängerspiel EU III. Vgl. Brendel 2012, 117–120.
7   Vgl. Chapman 2016, 69–79.

rem Ende die sogenannten „realistic simulations"[8] stehen. Dabei ist es wichtig zu unterscheiden, dass beide Arten von Simulationen nicht Vergangenheit im Sinne Leopold von Rankes darstellen, nämlich, „wie es wirklich gewesen ist"[9], sondern nur das spezifische Geschichtsverständnis der Entwickler*innen dieser Spiele wiedergeben. Die *realistic simulations* vermitteln dieses Geschichtsverständnis dadurch, dass sie meist aus der Perspektive einzelner Akteur*innen erzählt werden und mithilfe aufwendiger Grafik den Eindruck erwecken, dass die Spieler*innen zu Zeug*innen einer scheinbar detaillierten Vergangenheit werden. Hierzu zählen insbesondere Action- und Rollenspiele wie die *Call-of-Duty*-Reihe[10], *Red Dead Redemption*[11] oder die verschiedenen *Assassins Creed*-Spiele[12], welche mit einer hohen Detailgenauigkeit die Optik historischer Lebenswelten einzufangen versuchen.

Conceptual simulations, zu denen beispielsweise die *Civilization*-Reihe[13] und andere historische Strategiespiele gehören, zeichnen sich dagegen durch einen deutlich höheren Abstraktionsgrad aus. In ihnen wird man nicht direkt zu „Zeug*innen" der Vergangenheit, sondern kann durch das eigenständige Verständnis der komplexen Regeln und Mechaniken, welchen diese Simulationen unterliegen, selbst Erkenntnisse über die Vergangenheit und die Mechanismen von historischen Prozessen gewinnen.[14] Chapman bezeichnet dies als *procedural rhetorics*.[15] Die spielinternen Mechaniken dienen also als Argument und überzeugen die Spieler*innen von der Wahrhaftigkeit der in diesen Regeln repräsentierten historischen Entwicklungen und Prozesse. Allerdings ist die Entscheidung darüber, welche Prozesse dargestellt werden, wie sie funktionieren und in ihrer Wichtigkeit abgewogen werden, abhängig vom Geschichtsverständnis der Entwickler*innen.

So ist beispielsweise der Prozess der Kolonialisierung in *EU IV* zwar kurzfristig sehr kostenintensiv, verschafft jedoch den kolonisierenden Nationen langfristig einen deutlichen Vorteil gegenüber nicht-kolonisierenden Nationen. Auf diese Weise wird ein Argument über die Entstehungsgründe und die zentralen Elemente des Kolonialismus ent-

---

[8] Chapman 2016, 61–69.
[9] Arnold 2001, 50.
[10] Call-of-Duty-Reihe 2003–2017.
[11] Red Dead Redemption 2010.
[12] Assassins-Creed-Reihe 2007–2017.
[13] Sid Meier's-Civilization-Reihe 1991–2018.
[14] Vgl. Chapman 2016, 9 f.
[15] Vgl. ebd., 71.

worfen, welches sich in *EU IV* besonders auf zusätzliche Einnahmen durch koloniale Handelswaren und Steuern sowie eine größere Militärmacht durch koloniale Truppen und Stützpunkte beziehen. Weitere Dimensionen wie religiöse Migration und Sendungsbewusstsein[16] oder rassistische Weltbilder werden dabei jedoch außen vor gelassen und so ein Geschichtsverständnis bei den Spieler*innen erzeugt, welches ausschließlich auf die militärischen, politischen und wirtschaftlichen Gründe sowie die Vorteilhaftigkeit des Kolonialismus baut und dessen negative Seiten nicht beleuchtet.[17] Hierbei würde ich mich der Argumentation des Mainzer Historikers Heiko Brendel anschließen, dass diese Simulationen nicht geschaffen wurden, um historisch-soziologische Theorien zu überprüfen oder zu propagieren.[18] Stattdessen zeigt sich in den *procedural rhetorics* ein Abbild des Geschichtsverständnisses der Entwickler*innen, welches bewusst oder unbewusst an die Spieler*innen weitergegeben wird und als die scheinbar „richtige" Interpretation von Geschichte präsentiert wird.

Die Beschäftigung mit den in *EU IV* vermittelten Geschichtsbildern ist hierbei aus zwei Gründen relevant. Erstens stellt *EU IV* mit über 1,3 Millionen verkauften Exemplaren allein auf der Online-Vertriebsplattform Steam[19] ein enorm verbreitetes Spiel dar, das zudem über eine sehr aktive Community verfügt, welche über 3000 in Eigeninitiative erarbeitete Modifikationen, sogenannte *Mods*, für das Spiel erstellt hat.[20] Zweitens wird für das Spiel in der Werbung durch Aussagen wie „Rule your nation through the centuries, with unparalleled freedom, depth and historical accuracy"[21] oder „Experience history coming to life"[22] in Anspruch genommen, dass es mit hoher Authen-

---

[16] Vgl. Reinhard 2008, 58 f., 126–132.

[17] Die meisten digitalen Spiele, welche sich mit Kolonialismus auseinandersetzen, zwingen ihre Spieler*innen zwar nicht, indigene Bevölkerungen zu unterwerfen, zeigen jedoch oft die Vorteile dieser Strategie. Das Ausblenden der menschlichen Katastrophe geschieht meist, wie Chapman feststellt, weil Genozid und Sklaverei als Themen für unangebracht in ihrer Darstellung in Digitalen Spielen befunden werden. Vgl. Chapman 2016, 72, 84.

[18] Vgl. Brendel 2012, 120 f.

[19] Vgl. App Data Europa Universalis IV. Zahlen für den Vertrieb über andere Kanäle sind leider nicht verfügbar.

[20] Vgl. Steam Workshop für Europa Universalis IV.

[21] Europa Universalis IV – Offizielle Website.

[22] About Europa Universalis IV.

tizität Geschichte wieder zum Leben erweckt.[23] Demzufolge erreicht das Spiel ein großes Publikum und nimmt angesichts dessen eine autoritative Vermittlungsposition für sich in Anspruch, aus der heraus es scheinbare historische Wahrheiten propagiert. Dies ist besonders relevant, wenn Spiele wie *EU IV* auch im Rahmen vom Unterricht an Schulen und Universitäten eingesetzt werden und somit zwar auch durch die Lehrkräfte kritisch kommentiert werden können, gleichzeitig aber eine noch größere Autorität in ihrer Darstellung von Vergangenheit und ihrem Funktionieren besitzen.[24] *EU IV* ist hierfür aus globalhistorischer Perspektive ein besonders interessanter Fall aufgrund seiner breiten zeitlichen wie geografischen Darstellung von Geschichte sowie seiner ungewöhnlich breiten Auswahl an möglichen Akteur*innen. Die Darstellung von spielbaren Nationen auf fast allen Kontinenten erzeugt den Eindruck, dass es sich hier um eine ausgewogene und neutrale Darstellung der Geschichte der Frühen Neuzeit handelt, welche nicht alten geschichtstheoretischen Mängeln wie dem Eurozentrismus verfällt.

In diesem Sinne soll es in diesem Artikel auch nicht um eine Feststellung von Ungenauigkeiten in der historischen Darstellung in *EU IV* gehen, da diese im Rahmen eines so umfassenden Spieles unvermeidbar sind. Stattdessen soll das den Mechaniken und gegebenen Handlungsmöglichkeiten zugrunde liegende Geschichtsverständnis analysiert werden, das durch die *procedural rhetorics* als Erklärungsmodell vermittelt wird. Wie wird spielmechanisch erreicht, dass die Staaten Europas stets Afrika und die Amerikas kolonialisieren und nicht umgekehrt die Azteken beispielsweise England unterwerfen? Welche Staaten und Völker werden im Spiel überhaupt als Wettstreiter um einen „Platz an der Sonne" wahrgenommen und welche ausgeschlossen? Und schließlich: Welches Verständnis von Weltgeschichte und den sie entscheidenden Faktoren wird durch diese Mechaniken implizit im Spiel transportiert und genutzt, um den Aufstieg Westeuropas in der Frühen Neuzeit zu erklären?

---

[23] Zum besonderen Einfluss von Simulationen und dem Verwischen der Grenzen zwischen Fakt, Information und Unterhaltung, vgl. Mäyrä 2008, 100 f.

[24] So geschehen beispielsweise mit dem Vorgängerspiel EU II und insbesondere den Spielen der Civilization-Reihe. Vgl. Europa Universalis In Education?; Kubetzky 2012, 84 f. Oder auch für EU IV und andere Spiele von Paradox gefordert im New Statesman. Vgl. Hartup 2015.

Akteur*innen und „leeres" Land –
Ödlande und potenzielle Kolonien

Wer kann nun alles den Kampf um die Weltherrschaft antreten? *EU IV*
präsentiert hier den Spieler*innen eine in wenigen Computerspielen
erreichte Auswahl an Nationen. Allein in Nordamerika stehen 40 Nationen zur Auswahl, auf dem Indischen Subkontinent 68 und über 200
in Europa. Insgesamt wird eine Anzahl von 478 Nationen erreicht, von
denen viele allerdings nur in spezifischen historischen Zeiträumen zur
Verfügung stehen. Hierbei ist zunächst das Ungleichgewicht zwischen
den einzelnen Kontinenten auffällig, wobei diese Überbetonung Europas mit seinen über 200 Nationen im Vergleich zu 23 in Südamerika
nicht verwunderlich ist. Denn schon durch die im Titel angekündigte
Darstellung „Europas in seiner Gesamtheit" sowie die Tatsache, dass das
produzierende Studio Paradox Interactive AB in Schweden sitzt, ist ein
gewisser Fokus auf europäische Geschichte aufgrund des historischen
Hintergrundwissens seiner Ersteller*innen nicht überraschend. Daher
wäre es zu einfach, *EU IV* nur aufgrund seiner detaillierteren Darstellung Europas Eurozentrismus vorzuwerfen.[25]

Interessanter ist vielmehr die Frage, wer als handlungsmächtig und
-berechtigt wahrgenommen wird und wer im Vorhinein davon ausgenommen ist. Denn die im Spiel dargestellte Weltkarte, welche bis auf
die Polargebiete die gesamte Erdoberfläche darstellt, ist nicht nur mit
spielbaren Nationen sowie Ozeanen gefüllt. Es existieren Landgebiete,
welche nicht durch Nationen belegt sind. Diese werden in *EU IV* in
zwei Kategorien eingeteilt: „Ödland" und „unkolonisierte Provinzen".
Ödlande sind für die Spieler*innen ohne Nutzen, da sie nicht in Besitz
genommen werden können. Sie blockieren lediglich Teile der Weltkarte,
lassen sich nicht kolonisieren und verhindern die Bewegung von Truppen durch sie hindurch. Sie werden auf der Weltkarte auch grafisch als
komplett unbewohnt dargestellt. Im Gegensatz zu anderen Provinzen
enthalten sie keine kleinen Städte mit rauchenden Schornsteinen, welche auf eine Besiedlung hinweisen. Höchstens ein paar Adler kreisen
einsam über sie hinweg. Dabei handelt es sich zumeist um historisch
eher dünn besiedelte Gebiete, welche sich oft durch ein extremes Klima
und/oder geringe Vegetation auszeichnen. Dazu gehören beispiels-

---

[25] Vor allem wäre dieser Vorwurf an dieser Stelle unangebracht, da in EU IV in
      einem Maße außereuropäische Akteur*innen dargestellt und spielbar gemacht
      wurden wie dies in nur wenigen globalen Strategiespielen bisher der Fall war.

weise große Teile Nordkanadas oder das Große Becken im Westen der USA, der Amazonas in Südamerika, die Kalahari, weite Teile Nordrusslands sowie Zentral- und Westaustralien. Dies muss aber nicht unbedingt für eine geringere Bevölkerungsdichte sprechen. So zählt auch das Hochland von Neuguinea als Ödland, welches bei seiner ‚Entdeckung' insbesondere durch australische und niederländische Expeditionen in den 1930er Jahren eine Bevölkerung von ca. einer Million Menschen aufwies.[26]

Das vielleicht passendste Kriterium, welches alle diese Gebiete vereint, scheint ihre historisch sehr späte koloniale Durchdringung zu sein. Viele von ihnen waren zwar bis zum Endzeitpunkt von *EU IV* juristisch von europäischen Nationen beansprucht worden, allerdings weder militärisch dauerhaft unterworfen noch Ziel von großangelegten Siedlungsversuchen gewesen. Aber auch hier zeigen sich Ungenauigkeiten wie im Falle des Ostens von Neuguinea, welcher erst in den 1880ern von Großbritannien und dem deutschen Kaiserreich in Anspruch genommen wurde, dennoch aber im Spiel kolonisierbar ist. Somit sind die Kriterien nicht ganz ersichtlich, mit denen riesige Gebiete und deren Bewohner*innen als historische Akteur*innen ignoriert werden. Es scheint sich besonders um eine Kombination aus Unwirtlichkeit des Gebiets, einer geringen Bevölkerungsdichte und einer bis ins 19. Jahrhundert hinein eher untergeordneten wirtschaftlichen Bedeutung zu handeln, alles aus europäischer Perspektive gedacht.

Die zweite Form von Landgebieten, welche nicht schon zu Beginn von Nationen okkupiert sind, stellen die nicht kolonisierten Provinzen dar. Bei ihnen handelt es sich um „leere" oder besser nationenlose Provinzen, welche durch das Aussenden von Siedlern in eine Kolonie umgewandelt werden können und nach ausreichend Wachstum zu einer regulären nationalen Provinz werden. Diese nicht kolonisierten Provinzen machen z. B. den größten, nicht von Ödland repräsentierten Teil Nord- und Südamerikas, Südafrikas, Indonesiens, Sibiriens und Ozeaniens aus. Auch sie werden rein optisch auf der Karte ohne jegliche menschliche Ansiedlung dargestellt, doch sind über sie mehr Informationen als über Ödlande verfügbar. Ein Mausklick auf die nicht kolonisierte Provinz offenbart sowohl deren Reichtum, ihr Klima und die vorherrschende Vegetationszone, die dominante Religion und weitere Details. Außerdem befindet sich ganz unten ein Abschnitt zu den „Eingeborenen" [sic], welche deren Zugehörigkeit zu einem bestimmten Kul-

---

[26] Vgl. Diamond 2012, 73.

turraum und deren Anzahl wiedergibt. Diese „Eingeborenen" werden durch zwei Eigenschaften definiert: ihre Aggression (welche die Chance beeinflusst, wie oft sie gegen Kolonien in ihrer Provinz gewaltsam vorgehen werden) und ihren Kampfeswillen (welcher ihre Schlagkraft in der Schlacht beeinflusst). Damit werden die „Eingeborenen" dieser Gebiete auf ihre Tendenz zu Gewalt und Kampf reduziert. Sie können entweder sehr passiv, fast gemäß dem Stereotyp des „Edlen Wilden"[27], oder sehr aggressiv auftreten in Übereinstimmung mit klassischen europäischen Stereotypen des „Barbaren" oder des „grausamen Wilden"[28]. Die einzige Aktion, welche diese „Eingeborenen" durchführen können, ist der Angriff auf die Kolonie in ihrer Provinz. Hierbei ist auffällig, dass dieser Angriff durch das Spiel als „aggressiv" beschrieben wird, nicht aber der Akt des Kolonisierens einer bereits von „Eingeborenen" bewohnten Provinz selbst. Sollte ein solcher Angriff auf eine der Kolonien der Spieler*in stattfinden, so wird dieser durch die Meldung „[...] Eingeborenenaufstand! Mein [*Titel der Herrscher*in*], die undankbaren Eingeborenen von [*Name Kolonie*] haben sich erhoben und unsere friedvolle Siedlung angegriffen!" Man kann diese Meldung natürlich als sarkastisch im Stil des kolonialen *Mindset* der Frühen Neuzeit interpretieren. Dennoch ist genau diese Perspektive die einzige, welche im Rahmen von *EU IV* auf die simulierten Einwohner der genannten Gebiete geboten wird. Außerdem verändert sich die Darstellung der „Eingeborenen" nicht abhängig von der gespielten Nation. Die gleichen Beschreibungen erscheinen, unabhängig davon, ob man Frankreich, das Osmanische Reich, Ming-China, die Azteken oder die Irokesen spielt. Somit wird diese extrem einseitige und passive Darstellungsweise der „Eingeborenen" im Spiel nicht als europäische Perspektive dargestellt, sondern als allgemeingültige Wahrnehmung normalisiert.

Weiterhin werden die Einwohner*innen der Ödlande wie auch der nicht kolonisierten Provinzen enthistorisiert. Dies zeigt sich besonders daran, dass nationale Provinzen über eine Provinzgeschichte verfügen. In dieser können sich die Spieler*innen alle wichtigen Ereignisse einer Provinz anzeigen lassen, wie beispielsweise das Erbauen von Gebäuden oder die Eroberung im Krieg. Sowohl die Ödlande, die nicht kolonisierten Provinzen sowie im Kolonisationsprozess begriffene Provinzen verfügen über diese Option nicht, sie sind ‚geschichtslos'. Ist eine nicht kolonisierte Provinz schließlich vollständig kolonisiert worden

---

[27] Vgl. Bitterli 1991, 367–392.
[28] Vgl. ebd., 367–392.

und zu einer nationalen Provinz geworden, so lassen sich in ihrer Provinzgeschichte nur Ereignisse finden, welche über ihre Entdeckung von außen, die Etablierung der Kolonie sowie deren Wachstum berichten. Die Geschichte ihrer indigenen Bewohner*innen davor verschwindet also ‚im Dunkel der Geschichte', während die Provinzgeschichte nur aus der Perspektive ihrer Kolonialherren als eine Aneinanderreihung von Daten des „Entdecktwerdens" geschrieben ist. Im Verlaufe eines typischen *EU-IV*-Spiels werden diese unkolonisierten Provinzen alle fast unweigerlich von den überwiegend europäischen Nationen kolonialisiert und so die wenigen Verweise auf die indigene Bevölkerung vollständig getilgt.[29]

Kolonialherren und koloniale Subjekte – Wer entdeckt und unterwirft die Welt?

Nachdem gezeigt wurde, welche historischen Akteur*innen in *EU IV* davon ausgenommen werden, einen aktiven Einfluss auf die Weltgeschichte auszuüben, will ich nun jene zwei Faktoren untersuchen, welche spielmechanisch dafür sorgen, dass insbesondere europäische Nationen wie Spanien, Großbritannien, Frankreich, Russland oder das Osmanische Reich sich zu Großmächten[30] entwickeln: Technologiegruppen und Institutionen sowie „nationale Ideen" und die Annahme spezifischer Ideengruppen.

Der offensichtlichste Faktor ist die Art und Weise, wie technologische Entwicklung in *EU IV* simuliert wird. Fortschritt findet durch das Freischalten von Technologien im Austausch gegen sogenannte Machtpunkte statt. Diese sammeln die Spieler*innen automatisch im Verlauf des Spiels an. Sie werden jedoch auch zu anderen Zwecken wie dem Ausbau einer Provinz, dem Schließen eines Friedensvertrages oder dem Durchführen von Eilmärschen mit Armeen genutzt. Der Wert dieser Aktionen muss also abgewogen werden gegen den Nutzen von technologischem Fortschritt. Die Technologien können in drei verschiedenen Kategorien, nämlich Administration, Diplomatie und Militär, freige-

---

[29] Ein ähnliches Argument mach der britische Anthropologe Jack Goody, allerdings im deutlich größeren Maßstab, in seinem Buch „The Theft of History. Vgl. Goody 2006, 304–306.

[30] Ich werde hier der Einfachheit halber mit dem Begriff Großmacht operieren, um Nationen zu bezeichnen, welche durch eine Kombination aus Kolonialgründung, Eroberung, Handelskontrolle und technologischer Überlegenheit weiträumige Gebiete zumeist auf verschiedenen Kontinenten beherrschen.

schaltet werden. Dabei ist die Reihenfolge der Technologien in diesen
Kategorien nicht wählbar, sie folgen streng linear aufeinander. Grundsätzlich führt die Entwicklung von Technologien zu einem deutlich
stärkeren Militär, einer effizienteren Wirtschaft sowie einer höheren
Reichweite für die Koloniegründung. Schon einige wenige Technologien mehr können eine Nation für eine andere beinahe unbesiegbar
machen. Somit ist die Geschwindigkeit der technologischen Entwicklung ein zentraler Faktor in der Frage, welche Nationen zur Großmacht
werden und welche nicht.

Denn größten Einfluss auf die technologische Entwicklung einer
Nation hat die Ausbreitung der sieben im Spiel so genannten „Institutionen", die, wenn sie von einer Nation angenommen werden, die Kosten für das Freischalten von Technologien deutlich senken und daher
im Spiel als fundamental für den Fortschritt dargestellt werden. Diese
Institutionen beinhalten sowohl Denkrichtungen, Technologien, Gesell-
schaftsformen und historische Prozesse. Sie umfassen in chronologischer
Reihenfolge den Feudalismus, die Renaissance, den Kolonialismus, die
Druckerpresse, den globalen Handel, Manufakturen und die Aufklärung. Hierbei handelt es sich folglich um eine Art Stufenmodell in der
Art von Karl Marx' historischem Materialismus[31] oder Talcott Parsons
evolutionären Universalien der Gesellschaft[32] im Sinne eines teleologischen Voranschreitens menschlicher Entwicklung über mehrere notwendige Entwicklungsstufen hin zu einem Endziel einer ‚modernen'
Gesellschaft. Dies spiegelt sich auch in der linearen Entwicklung von
Technologie wieder, unter denen sich zudem nicht nur rein technologische Fortschritte, sondern auch Konzepte wie die Menschenrechte,
die Gewaltenteilung, der Goldstandard oder Versicherungsgesellschaf-
ten befinden und welche die Einführung von oft als ‚moderner' oder
‚fortschrittlicher' wahrgenommenen Regierungsformen wie verschiedener Formen von Republiken oder der konstitutionellen Monarchie
erst ermöglichen.

Die Institutionen erscheinen im Spiel im Rhythmus von 50 Jahren
in semi-zufällig bestimmten Provinzen und verbreiten sich von dort
aus langsam in die angrenzenden Provinzen.[33] Eine Nation kann diese
Institutionen fördern, wofür diese allerdings auch in mindestens 10 %
der Provinzen der Nation vertreten sein muss. Ab diesem Zeitpunkt ist

---

[31] Vgl. Fleischer 1969, 44–75.
[32] Vgl. Parsons 1969.
[33] Vgl. Institutions.

die Förderung möglich, kostet jedoch hohe Geldbeträge für jede Provinz der Nation, in welcher diese Institution noch nicht verbreitet ist. So lange eine Nation eine bereits entdeckte Institution nicht gefördert hat, erhöhen sich für diese Nation jedes Jahr die Kosten zur Freischaltung von Technologie.

Dies bedeutet, dass Nationen, welche weit entfernt von den Ursprungsorten der Institutionen starten, im Verlauf eines Spiels mit enorm ansteigenden Kosten für das Freischalten von Technologien zu kämpfen haben und damit anderen Nationen, welche diese Institutionen früher übernehmen konnten, deutlich unterlegen sind. Hierdurch beginnen alle Nationen der Amerikas und des subsaharischen Afrikas sowie alle als ,nomadisch' definierten Nationen mit einem deutlichen Nachteil, da die erste Institution „Feudalismus" dort noch nicht verbreitet ist, was sich bereits zu Beginn in um 50 % höheren Kosten für Technologien niederschlägt. Da sich „Feudalismus" nur von angrenzenden Provinzen, welche diese Institution bereits besitzen, sowie von Kolonien aus ausbreitet, gibt es gerade für die Nationen Amerikas und Afrikas bis zum Eintreffen der Europäer*innen keine Möglichkeit, diesen Nachteil aufzuheben. Dieser Nachteil verschärft sich für diese Nationen, aber auch für weite Teile Asiens, im Verlauf des Spiels stetig. Die zweite Institution, „Renaissance", erscheint um 1450 in einer Provinz der Region Italien. Die dritte Institution, „Kolonialismus", kann theoretisch in jeder Provinz mit Hafen in Europa, Asien und Afrika erscheinen. Jedoch muss die Nation, der diese Provinz gehört, bereits Nord- oder Südamerika entdeckt haben, was jedoch nur mit ausreichender technologischer Entwicklung möglich ist, um die dafür notwendigen Entdecker ausbilden zu können. Die vierte Institution, „Druckerpresse", kann ab 1550 nur in einer Provinz der Region „Norddeutschland" oder „Süddeutschland" bzw. einer Provinz, die dem protestantischen oder dem reformierten Glauben angehört, erscheinen. Da diese Religionen erst ab dem Beginn des 16. Jahrhunderts in Zentraleuropa entstehen, ist ihre Verbreitung auf andere Kontinente bis 1550 extrem unwahrscheinlich. Die fünfte Institution, „globaler Handel", entwickelt sich in der Provinz mit dem wichtigsten Handelsplatz der Welt, welcher auch außerhalb Europas liegen kann. Ebenso können die letzten beiden Institutionen, „Manufakturen" und „Aufklärung", in außereuropäischen Gebieten erscheinen, benötigen dafür jedoch Gebäude wie eine Manufaktur oder eine Universität bzw. eine Regierungsform, die ein Parlament zulässt. Diese stehen aber nur Nationen zur Verfügung, welche technologisch weit fortgeschritten sind, so dass sich vorherige

Nachteile in der technologischen Entwicklung auch hier erneut mani-
festieren. Somit lässt das System der Institutionen fast alle als wegwei-
send definierten Errungenschaften der Menschheit, welche für den
technologischen Fortschritt der Nationen notwendig sind, in Europa
erscheinen. Hierdurch wird der technologische Nachteil für außereuropäische Nationen, insbesondere außerhalb Eurasiens, stetig größer
und verhindert so deren Aufstieg zu einer Großmacht. Damit wird in
EU IV eine ‚natürliche' Tendenz Europas zum schnelleren technologischen Fortschritt Europas postuliert und dieser ‚europäische' Weg der
Entwicklung als der einzig mögliche dargestellt. Das Spiel lässt also
keine alternativen Entwicklungswege wie z. B. im Sinne von Shmuel
Eisenstadts „Multiple Modernities"[34] zu, sondern verortet alle Nationen auf der eindimensionalen Achse des Weges der Institutionen und
Technologien, auf der sie entweder „fortschrittlicher" oder „weniger
fortschrittlich" sein können.[35]

Das zweite Element, welches insbesondere die Wahrscheinlichkeit
beeinflusst, dass eine Nation zur erfolgreichen Kolonialmacht wird,
stellen die Ideengruppen dar. Für eine Nation stehen 19 verschiedene
Ideengruppen bereit, aus denen sie nach und nach einzelne Gruppen
auswählen kann. In diese Ideengruppen können dann stufenweise
Machtpunkte investiert werden, um Boni in verschiedenen Kategorien zu erhalten. Diese können zu einer schlagkräftigeren Marine,
effizienteren Händlern oder schnellerer Forschung führen. Besonders
wichtig für unsere Fragestellung ist jedoch die Ideengruppe „Entdecker", da diese die Ausbildung von Konquistadoren (zu Land) und
Entdeckern (zur See) ermöglicht. Nur durch diese ist es möglich, bisher unbekannte Teile der Welt zu erforschen und so z. B. den Seeweg
nach Indien oder die Amerikas zu ‚entdecken'. Umgekehrt stellen sie
auch die einzige Möglichkeit z. B. für amerikanische Nationen dar, um
Europa zu erreichen und so ihre Nachteile durch nicht geförderte Institutionen auszugleichen, ohne auf die Etablierung von europäischen
Kolonien warten zu müssen. Damit ist diese Ideengruppe fundamental wichtig sowohl für die Gründung eines umfangreichen Kolonialrei-
ches wie auch für das Ausgleichen technologischer Nachteile. Jedoch
wird diese im Spiel selbst fast ausschließlich von europäischen Nationen gewählt. Dies begründet sich in für die Spieler*innen nicht ein-
sehbaren Präferenzen der künstlichen Intelligenz, nach denen sie ihre

---

[34] Vgl. Eisenstadt 2007.
[35] Vgl. Komlosy 2011, 69.

Ideengruppen auswählt.[36] Diese führen dazu, dass Portugal und Kastilien/Spanien fast immer diese Ideengruppe als erste wählen und Großbritannien/England, die Niederlande, Frankreich und Kurland diese auch oft sehr schnell annehmen.[37] Für Nationen, welche ihre Hauptstadt nicht in Westeuropa besitzen, ist diese Wahrscheinlichkeit schon um 90 % gesenkt. Alle Nationen des subsaharischen Afrikas sowie der Amerikas werden diese Ideengruppe sogar nie wählen.[38] Somit wird der kolonialen Expansion aller Nationen außer den genannten westeuropäischen Ausnahmen ein Riegel vorgeschoben, der sich mit der ‚Neigung‘ oder der ‚Mentalität‘ von Nationen in Bezug auf den Kolonialismus beschreiben lässt.[39] Auf diese Weise verhindert *EU IV*, dass es im Lauf einer Partie zu einem Ming-Kalifornien oder einem Vijayanagar-Südafrika kommen kann.

Fazit

Wie gezeigt verhindert *EU IV* auf spielmechanischer Ebene auf verschiedenen Wegen eine vollständig ergebnisoffene Entwicklung der Weltgeschichte. Stattdessen werden insbesondere westeuropäische Nationen durch die vorgestellten Faktoren darin begünstigt, sich zu Großmächten zu entwickeln und den Verlauf der simulierten Weltgeschichte entscheidend zu beeinflussen, weswegen die europäische Eroberung beider Amerikas fast immer stattfindet. Somit zeigt sich in *EU IV* ein Wiederspruch zwischen seinem Anspruch, eine Geschichte der gesamten Welt während der Frühen Neuzeit zu simulieren, und seiner eben nicht globalhistorischen Perspektive. Denn die hier angeführten Kritikpunkte lassen sich auf die beiden Defizite der Geschichtswissenschaft zurückführen, gegen die sich auch die Globalgeschichte explizit wendet: ein tiefsitzender Eurozentrismus und ein methodischer Nationalismus.[40]

---

[36] Auch hier gilt das Argument der procedural rhetorics, da das Verhalten der vom computergesteuerten Nationen scheinbar Rückschlüsse über historische Mentalitäten und Verhaltensweisen zulässt. Schließlich wird durch den Anspruch, eine Simulation zu sein, impliziert, dass nur das Verhalten der Spieler*innen zur alternativweltlichen Entwicklung führt und die anderen Nationen sich ‚ihrer Geschichte entsprechend‘ verhalten.

[37] Vgl. Idea Groups.

[38] Vgl. ebd.

[39] Vgl. Komlosy 2011, 68 f

[40] Vgl. Wenzlhuemer 2017, 9 f.

Dieser Eurozentrismus geht weit darüber hinaus, dass mehr Nationen in Europa spielbar sind als auf anderen Kontinenten. Vielmehr stellt *EU IV* auch spielmechanisch Europa in das Zentrum und postuliert eine quasi unausweichliche Expansion europäischer Nationen über die gesamte Welt. Durch die Mechaniken wird diese Expansion als eine Mischung aus natürlicher Inklination oder Mentalität zur Expansion und Kolonisation sowie einem alleinigen, teleologischen, westeuropäischen Entwicklungsweg dargestellt, dem alle Nationen auf dem Weg zur ‚Moderne‘ folgen müssen. Die Stufen dieses Entwicklungsweges werden in Form der Institutionen als eine Reihe von Technologien, Denkrichtungen und globalhistorischer Entwicklungen dargestellt, welche den Spielmechaniken nach fast ausschließlich aus Europa kommen können. Somit perpetuiert *EU IV* hier ältere Modernisierungstheorien über den „einen, europäischen Weg" und lässt alternative Entwicklungen nicht zu.[41]

Weiterhin werden eine Vielzahl von nicht-europäischen Akteur*innen enthistorisiert, indem ihre Heimatgebiete entweder als unbewohnbare Ödlande von jeglicher Interaktion ausgenommen werden oder indem sie auf geschichts- und gesichtslose Akteur*innen reduziert werden, welche lediglich passiv die Kolonisation erwarten können. Dabei handelt es sich insbesondere um Gebiete, die lange Zeit für europäische Nationen von geringem wirtschaftlichem Wert waren, wodurch diese Kategorie wiederum zum Kriterium für weltgeschichtliche Relevanz avanciert.

Auch der zweite Kritikpunkt der Globalgeschichte, der methodische Nationalismus, also die Fokussierung auf die Nationalstaaten als zentrale historische Handlung- und Untersuchungseinheit, prägt *EU IV* im starken Maße. Zwar entsprechen die wenigsten spielbaren Nationen in *EU IV* den klassischen Definitionen für Nationalstaaten, jedoch sind sie alle staatsähnliche Gebilde und die einzigen relevanten Handlungseinheiten im Spiel. Subnationale Handlungseinheiten wie kolonisierte Indigene oder die im DLC *The Cossacks* eingeführten *Estates*, welche den Einfluss von Kirche, Adel und Bürgern darstellen, agieren immer nur mit der jeweiligen Nation, der sie angehören. Es findet keine Interaktion von Bürgern oder Adligen über Nationengrenzen hinweg statt. Und auch supranationale Organisationen wie das Heilige Römische Reich oder das Papsttum interagieren stets nur mit den einzelnen Nationen, nie miteinander oder mit Einzelakteur*innen innerhalb der

---

[41]   Vgl. Holmwood/O'Malley 2003, 39 ff.

Nationen. Somit wird nicht nur die für die Globalgeschichte zentrale Rolle globaler und transregionaler Verbindungen[42] durch den starken Fokus auf Nationen in *EU IV* fast vollständig ausgeblendet, sondern auch in problematischer Weise die Perspektive von außereuropäischen Gruppen, welche im Spiel nicht durch Nationen repräsentiert werden. Denn die europäische Expansion wird als sehr ‚sauber' dargestellt, hauptsächlich in Form der Eroberung von Provinzen, der Übernahme von Handelsknoten und der Verbreitung von Innovationen. Sklaven sind dagegen nur als ein Handelsgut unter vielen wie Tee oder Kakao präsent.[43] Indigene Gesellschaften verschwinden im Zuge der Kolonisierung schlichtweg und hinterlassen fast keine weiteren Spuren in der Welt von *EU IV*. Daher ist die Vorstellung der Entwickler*innen, welche Gesellschaften als Nationen definiert werden sollten und welche nicht, absolut entscheidend dafür, ob diese eine Stimme als Akteur*in im Spiel erhalten. Diese Erkenntnisse decken sich mit den Problemen, welche Thomas Kubetzky für die Nutzung von Computerspielen im Unterricht ausmacht: das Fehlen von Multiperspektivität sowohl in Bezug auf außereuropäische sowie auf nichtstaatliche Akteur*innen.[44]

Hierbei ist mir bewusst, dass viele der Elemente, deren Fehlen ich kritisiere, schlichtweg den Umfang des Spiels sprengen würden. Deshalb ist dieser Artikel nicht als eine generelle Kritik an *EU IV* zu verstehen, sondern als ein Aufzeigen eines besonders aus globalhistorischer Perspektive problematischen Geschichtsverständnisses, für welches im Spiel durch *procedural rhetorics* argumentiert wird. So können die Spieler*innen mit den Azteken in *EU IV* zwar England erobern oder mit den Irokesen zur Großmacht aufsteigen. Aber sie bekommen dennoch ein vereinfachtes Geschichtsverständnis vermittelt, nach dem die Azteken und andere nicht-europäische Akteur*innen durch technologische Unterlegenheit und mangelnden Entdeckersinn dies realhistorisch nicht erreicht haben – und stattdessen unweigerlich und machtpolitisch zwingend notwendig von europäischen Nationen unterworfen und versklavt wurden.

---

[42] Vgl. Wenzlhuemer 2017, 16 f.
[43] Vgl. Trade goods.
[44] Vgl. Kubetzky 2012, 76, 87.

Literatur

About Europa Universalis IV, http://www.europauniversalis4.com/about [12. 09. 2017].

App Data Europa Universalis IV, in: Steam Spy, http://steamspy.com/app/236850, [24. 08.2017].

Anderson 1996 = Benedict Anderson, Die Erfindung der Nation. Zur Karriere eines folgenreichen Konzepts. Erw. Neuausgabe, Frankfurt am Main/New York 1996.

Arnold 2012 = John H. Arnold, Geschichte. Eine kurze Einführung, Stuttgart 2001.

Bender 2012 = Steffen Bender, Virtuelles Erinnern. Kriege des 20. Jahrhunderts in Computerspielen, Bielefeld 2012.

Brendel 2012 = Heiko Brendel, Historischer Determinismus und Historische Tiefe – oder Spielpass? Die Globalechtzeitstrategiespiele von Paradox Interactive, in: Angela Schwarz (Hg.), Wollten Sie auch schon immer einmal pestverseuchte Kühe auf ihre Gegner werfen? Eine fachwissenschaftliche Annäherung an Geschichte im Computerspiel, Münster–Berlin 2012, 107–135.

Bitterli 1991 = Urs Bitterli, Die ‚Wilden‘ und die ‚Zivilisierten‘. Grundzüge einer Geistes- und Kulturgeschichte der europäisch-überseeischen Begegnung, 2. Aufl., München 1991.

Chapman 2016 = Digital Games as History. How Videogames Represent the Past and Offer Access to Historical Practice, New York–London 2016.

Diamond 2012 = Jared Diamond, Vermächtnis. Was wir von traditionellen Gesellschaften lernen können, Frankfurt am Main 2012.

Eisenstadt 2007 = Shmuel N. Eisenstadt, Multiple modernities: Analyserahmen und Problemstellung, in: Reckwitz, Andreas/Bonacker, Thorsten (Hg.), Kulturen der Moderne. Soziologische Perspektiven der Gegenwart, Frankfurt–New York 2007, 19–45.

Europa Universalis In Education?, gamershell.com, http://www.gamershell.com/news_12608.html [06. 09. 2017].

Europa Universalis IV – Offizielle Website, http://www.europauniversalis4.com/ [12. 09. 2017].

Fleischer 1969 = Helmut Fleischer, Marxismus und Geschichte, Frankfurt am Main 1969.

Holmwood/O'Malley 2003 = John Holmwood/Maureen O'Malley, Evolutionary and Functionalist Historical Sociology, in: Gerard Delanty/Engin F. Isin (Hg.), Handbook of Historical Sociology, London–Thousand Oaks–New Delhi 2003, 39–57.

Goody 2006 = Jack Goody, The Theft of History, Cambridge u. a. 2006.

Hartup 2015 = Phil Hartup, Videogames based on history should teach us about the past – not just use it as a backdrop, in: New Statesman, http://www.newstatesman.com/culture/games/2015/09/videogames-based-history-should-teach-us-about-past-not-just-use-it-backdrop [06. 09. 2017].

Idea Groups, in: EU IV Wiki, http://www.eu4wiki.com/Idea_Groups [12. 06. 2017].

Komlosy 2011 = Andrea Komlosy, Globalgeschichte. Methoden und Theorien, Wien–Köln–Weimar 2011.

Institutions in: EU IV Wiki, http://www.eu4wiki.com/Institutions [12. 06. 2017].

Kubetzky 2012 = Thomas Kubetzky, Computerspiele als Vermittlungsinstanzen von Geschichte? Geschichtsbilder in Aufbausimulationsspielen am Beispiel von Civilization III, in: Angela Schwarz (Hg.), Wollten Sie auch schon immer einmal pestverseuchte Kühe auf ihre Gegner werfen? Eine fachwissenschaftliche Annäherung an Geschichte im Computerspiel, Münster–Berlin 2012, 75–106.

Manifest für geschichtswissenschaftliches Arbeiten mit Digitalen Spielen!, http://gespielt.hypotheses.org/manifest_v1-1 [06. 09. 2017].

Mäyrä 2008 = Frans Mäyra, An Introduction to Games Studies. Games in Culture, London u. a. 2008.

Parsons 1969 = Talcott Parsons, Evolutionäre Universalien der Gesellschaft, in: Zapf, Wolfgang (Hg.), Theorien des sozialen Wandels, Köln–Berlin 1969, 55–74.

Reinhard 2008 = Wolfgang Reinhard, Kleine Geschichte des Kolonialismus, Stuttgart 2008.

Steam Workshop für Europa Universalis IV, in: Steam Store, http://steamcommunity.com/workshop/about/?appid=236850 [24. 08. 2017].

Trade goods, in: EU IV Wiki, http://www.eu4wiki.com/Trade_goods [10. 09. 2017].

Wenzlhuemer 2017 = Roland Wenzlhuemer, Globalgeschichte schreiben. Eine Einführung in 6 Episoden, Konstanz–München 2017.

Ludografie

Assassins Creed-Reihe, Ubisoft Montreal [u. a.], PC (Windows) [u. a.], Ubisoft 2007–2017.

Call-of-Duty-Reihe, Infinity Ward / Treyarch / Sledgehammer Games [u. a.], PC (Windows) [u. a.], Activision 2003–2017.

Europa Universalis-Reihe, Paradox Development Studio, PC (Windows) [u. a.], Blackstar Interactive [u. a.] 2000–2017.

Europa Universalis IV, Paradox Development Studio, PC (Windows) [u. a.], Paradox Interactive 2013.

   Art of War, 2014.

   Common Sense, 2015.

   Conquest of Paradise, 2014.

   El Dorado, 2015.

   Res Publica, 2014.

   The Cossacks, 2015.

   Wealth of Nations, 2014.

Red Dead Redemption, Rockstar San Diego, Playstation 3 [u. a.], Rockstar Games 2010.

Sid Meier's Civilization-Reihe, MicroProse [u. a.], PC (Windows) [u. a.], 2K Games [u. a.] 1991–2018.

Transparenz bei der Analyse digitaler Spielinhalte

Eine globalhistorische Perspektive auf die Boston Tea Party in *Assassin's Creed III*

Daniel Giere

Globalhistorische Perspektiven sind in der aktuellen Geschichtskultur weit verbreitet. Dabei finden sich gerade auch in der popkulturellen Verarbeitung von Globalgeschichte immer wieder überraschende Perspektiven auf altbekannte Themen. Gerade digitale Spiele müssen oftmals auf verschiedensten Märkten weltumspannend bestehen und sind daher diesbezüglich besonders vielversprechend. Aktuell zeichnet sich ein internationaler geschichtswissenschaftlicher Diskurs zu digitalen Spielen vor allem durch eine große Disparität aus, welche „vor allem die methodischen Ansätze, die verwendeten Begriffe und die Formen oder die Art und Weise, wie Quellen referenziert werden," betrifft.[1] Der formulierte Vorwurf von HistorikerInnen bezüglich einer mangelnden historischen Akkuratesse wird oftmals darauf zurückgeführt, dass „Geschichte als Marke"[2] benutzt wird und diese Spiele nicht die wissenschaftlich korrekte Darstellung im Sinn haben. Eine solche Kritik verfehlt aber ihr Ziel, wenn sie losgelöst von der medienspezifischen Repräsentationsform des digitalen Spiels vollzogen wird. Bei derartigen Analysen werden Einzelaspekte – wie beispielsweise die goldene Kuppel des Felsendoms in *Assassin's Creed II*,[3] bei der „das ästhetische Empfinden der Spieleentwickler und die historische Genauigkeit auseinanderfallen"[4] – der Spiele herausgepickt und desavouiert, ohne dabei die Gesamtinszenierung inklusive der Handlungsmöglichkeiten der NutzerInnen mitzu-

---

[1] AKGWDS 2016.
[2] Schüler/Schmitz/Lehmann 2012, 199–216.
[3] Assassin's Creed II 2009.
[4] Schwarz 2014, 235.

denken.[5] Derartige Ansätze wahren nicht die notwendige Transparenz der Forschung, ja sie verdecken sogar die Chancen, die sich durch die medienspezifische Verarbeitung von Geschichte ergeben. Denn letztlich steht fest, dass digitale Spiele schon alleine aufgrund ihrer medienspezifischen Inszenierung und ihres kommerziellen Anspruchs ein anderes Geschichtsverständnis vermitteln als die Wissenschaft. Die Analyse historischer Repräsentationen digitaler Spielwelten sollte insofern die Wechselbeziehung der medienspezifischen Eigenheiten berücksichtigen. Es sollte entsprechend danach gefragt werden, wie die Handlungen der SpielerInnen durch das zugrundeliegende System reglementiert werden (Ludizität), wie die geschichtlichen Repräsentationen in einer Narration umgesetzt (Narrativität) und wie diese audio-visuell ansprechend dargestellt werden (Ikonizität).[6] Die Form ‚Geschichte verschriftlichen‘ kann demnach nicht mit der Form ‚Geschichte spielen‘ oder ‚Geschichte programmieren‘ verglichen werden.[7] Um dieses Problem zu lösen, entwickelte Adam Chapman 2016 ein Analysemodell, welches die spezifische Repräsentationsform anhand der Spielstrukturen aufzudecken verspricht.[8] Aus methodologischer Perspektive konzentriert sich Chapman auf das eigene Spielen zur Analyse digitaler Spiele, gepaart mit einer Inhaltsanalyse der verarbeiteten Geschichte. Adam Chapman legt dabei vier strukturbestimmende Analysedimensionen nahe: Simulationsstil, Zeit, Raum und Narrativ.[9] Jede Dimension entfaltet sich zwischen zwei Extrembeispielen, die definitorisch so gefasst sind, um möglichst viele Spiele genreübergreifend innerhalb dieses Spektrums verorten zu können. Eine hieran ausgerichtete Analyse mit Fokus auf die gesamten spielweltlichen Handlungsmöglichkeiten erlaubt die anschließende Bestimmung des spielweltlich-historischen Narrativs.[10] Dabei sind in historischen Narrativen digitale Spiele immer festgefügte und durch die SpielerInnen veränderbare Elemente in verschiedener Intensität miteinander verwoben.[11] Bei einem Abgleich der Repräsentation von Geschichte eines ausgewählten digitalen Spiels mit der aktuellen, im Normalfall in Textform vorliegenden Historiografie ist daher die Überführung der Spiel- in Textform notwendig, um überhaupt die

---

[5]   Pfister 2017.

[6]   Hensel 2011, 146.

[7]   Chapman 2012, 43 f.

[8]   Chapman 2016, 23.

[9]   Ebd., 61–129.

[10]   Ebd., 136–172.

[11]   Ebd., 155–162.

spezifische Analyse nachvollziehbar darlegen zu können – auch für die-
jenigen, die das entsprechende Spiel nicht gespielt haben. Nach dem in
Abbildung 1 dargelegten Ablaufmodell soll dies exemplarisch anhand
der *Boston Tea Party* – eines genuin globalhistorischen Ereignisses – in
Assassin's Creed III[12] (AC3) und dem anschließenden Vergleich mit der
aktuellen Historiografie gezeigt werden. AC3 bietet sich besonders an,
da eine fiktive Geschichte, die Aufschluss über eine Verschwörung des
Geheimbundes „der Templer" gibt, mit den realhistorischen Ereignissen der Amerikanischen Revolution verquickt wird. Dabei schlüpfen
die SpielerInnen in die Rolle eines Assassinen, der die geschichtlichen
Ereignisse mit Hilfe der Technologie des Animus – eines Apparats, der
das Aufrufen der Erinnerungen genetischer Vorfahren ermöglicht – in
einem actionreichen Spektakel erneut erleben kann.[13] Dabei drängt sich
die Frage auf, inwiefern die Spielstrukturen das historische Narrativ verändern und inwiefern das Modell von Chapman dies aufzudecken hilft.

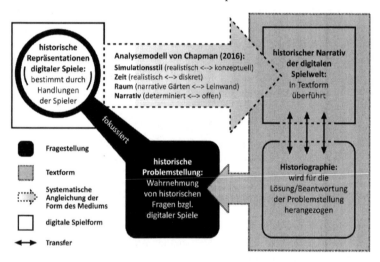

Abb. 1: Idealtypisches Ablaufmodell der Analyse historischer Repräsentationen
digitaler Spiele durch Überführung der zugrundeliegenden Repräsentationsform
des digitalen Spiels in historische Narrative.

---

[12]   Assassin's Creed III 2012.
[13]   Wie der Spieler mithilfe des Animus in die Erinnerungen seiner Vorfahren
       gelangt, wird in folgendem Spielmitschnitt veranschaulicht: Giere, Daniel:
       AC3: Spielsitzung1 (1:07:29), URL: http://youtu.be/WkXImk2yH8c?t=9m40s
       (Geprüft am 21.03.2016); s. 09:40 – 15:20.

Historische Problemstellung

Die Amerikanische Revolution als pathosgeladener Ursprungsmythos einer patriotischen Identität der USA wird, wenn auch heute teilweise infrage gestellt, nach wie vor in der aktuellen popkulturellen Erinnerung reproduziert und so am Leben gehalten.[14] Weniger oft in den Fokus aktueller Forschungen sind bisher digitale Spielformate geraten, welche die 1750er- bis 1780er-Jahre der 13 englischen Kolonien thematisieren. Besonders vielversprechend erscheint hier die spielweltliche Verarbeitung von AC3. Als sinnvolle Eingrenzung bietet sich der Fokus auf die oftmals schillernd historisierte *Boston Tea Party* als eine interregionale Interaktion sowohl innerhalb der 13 nordamerikanischen Kolonien wie auch deren Auswirkungen auf die Beziehungen zum englischen Mutterland mit schließlich globalhistorischer Bedeutung besonders an.[15] Hierbei müssen auch die Verflechtungen und die Strahlkraft der Revolution auf den atlantischen Raum bedacht werden. Letztlich tritt der Bruch mit der institutionellen Ordnung – der Kolonialmacht England – gerade bei der *Boston Tea Party* besonders deutlich zutage.[16] Die *Boston Tea Party* wird stets als Schlüsselmoment der Revolution präsentiert, wobei der Gouverneur von Massachusetts, Thomas Hutchinson, als Interessenvertreter der englischen Krone und des englischen Parlaments den „Söhnen der Freiheit" als koloniale Autorität, die „gemeinsame Positionen zu bestimmen und den zivilgesellschaftlichen Protest gegen die Maßnahmen des britischen Parlaments zu koordinieren"[17] versuchten, gegenüberstand.[18] So werden die Ereignisse des Jahres 1773 in der Region um die Stadt Boston als Kleinraum im Sinne eines „Ausgangs- und Bezugspunkt[es] für Beziehungen unterschiedlicher Reichweite" verstanden und ermöglichen den Blick auf die Akteure der revolutionären Handlungen in einem globalen Netzwerk.[19] Gerade diese konkrete Perspektive auf eine politische Revolution ermöglicht, auf die der Unabhängigkeitserklärung von 1776 vorangegangenen regionalen Dynamiken zu fokussieren, die schlussendlich weitreichende Folgen hatten.[20] Nicht ohne Grund kumulierten von 1770 bis 1830 „Revolu-

---

[14]   Hochgeschwender 2016, 335–336.
[15]   Vgl. Komlosy 2011, 41 f.; Mayer 2010, 537.
[16]   Vgl. Mayer 2010, 535.
[17]   Hochgeschwender 2016, 24.
[18]   Ebd., 120–135.
[19]   Komlosy 2011, 125.
[20]   Vgl. Mayer 2010, 533 f.

tionen in einem ‚atlantischen Zyklus' mit zahlreichen Zusammenhängen zwischen Nordamerika, Frankreich, Europa und Lateinamerika."[21] Die „Söhne der Freiheit" waren zu Beginn der 1770er-Jahre eine einflussreiche Interessengemeinschaft amerikanischer Kolonisten, die durch die Rückweisung von Waren in vielen Städten und die Zerstörung von Teelieferungen der East India Company am 16. Dezember 1773 im Hafen von Boston – der *Boston Tea Party* – großen Druck auf die East India Company ausübten.[22] Kein Wunder also, dass die Agitationen der „Söhne der Freiheit" im aufklärerischen Europa auf reges Interesse stießen.[23] Auch hatte das neu entstandene Selbstbewusstsein der Kolonisten durch die *Boston Tea Party* weiteren Nährboden gefunden, das schließlich im Unabhängigkeitskrieg von 1776 bis 1783 mündete und tiefgreifende Auswirkungen nicht nur für Europa, sondern aufgrund der nachfolgend verstärkten Landnahme der neu entstandenen USA ebenso für die indigene Bevölkerung hatte.[24] Interessant ist deshalb im Besonderen, wie in AC3 die Repräsentation der *Boston Tea Party* dies einfangen kann.

Analyse der historischen Repräsentationen nach Chapman in *Assassin's Creed III*

Ohne das zuvor genannte Analysemodell von Adam Chapman in Gänze vorstellen zu können, werden nachfolgend nur die Grundtendenzen der ausführlichen Analyse dargelegt.[25] Eine Zuordnung der audio-visuellen Umsetzung von AC3 zum realistischen Simulationsstil und damit die einhergehende Tendenz zur Rekonstruktion historischer Welten sind im Ansatz des Spiels gut erkennbar – Gegenpol wäre der konzeptuelle Simulationsstil, bei welchem Geschichte vor allem konstruktiv durch Strukturen repräsentiert wird und eine authentische Wiedergabe historischer Realitäten kaum eine Rolle spielt.[26] Das Eintauchen der SpielerInnen mithilfe des Animus in die historischen (genetischen) Erinnerungen der ersten spielbaren Hauptfigur Haytham Kenway – später schlüpfen die SpielerInnen in die Rolle des Sohnes Haytham Ken-

---

[21] Mayer 2010, 536, 539–542.
[22] Vgl. Hochgeschwender 2016, 19–23, 95–97, 206.
[23] Ebd., 8.
[24] Ebd., 104 f., 257–268.
[25] Siehe Chapman 2016, 59–172.
[26] Siehe ebd., 59–89.

ways namens Connor – im Jahr 1754 soll die historische „Umwelt rekonstruieren".[27] In der Spielumgebung wird klar, was den Animus ausmacht: Die umgebende Spielwelt wird aus einzelnen, zusammengefügten Fragmenten möglichst genau rekonstruiert, die dann ein Nacherleben der Erinnerungen von Haytham Kenway ermöglichen.[28] Es wird also – auch begründet durch die Erzählung des Spiels – versucht, sich einer ‚historischen Realität' möglichst authentisch anzunähern. So sprechen beispielsweise die Einwohner im nordöstlichen Waldland indigene Sprachen, welche den SpielerInnen anhand von Untertiteln übersetzt werden. Genauso werden die Siedlungen und die Kleidung der halbsesshaften Mohawk historischen Vorlagen nachempfunden.[29]

Mit ein paar Ausnahmen ist das Verhältnis zwischen Spielzeit (die die SpielerInnen beim Spielprozess benötigen), fiktiver Zeit (die erzählte Zeitdauer im Spiel) und vergangener Zeit (die Zeit, die das historische Ereignis höchstwahrscheinlich wirklich in Anspruch genommen hat) als gleich einzuschätzen. Führen die SpielerInnen allerdings beispielsweise bedeutende oder spektakuläre Kampfhandlungen durch, so verlangsamt sich die fiktive Zeit, damit den Handlungen des Avatars besser gefolgt werden kann. Dabei gerät die fiktive Zeit kurzzeitig in ein Missverhältnis zur vergangenen Zeit.[30] Insgesamt ist aber im Spiel von einem tendenziell realistischen Zeitverhältnis auszugehen – Gegenpol wäre ein diskretes Zeitverhältnis, bei welchem Spielzeit, fiktive Zeit und vergangene Zeit stark differieren würden.[31]

Einige Kompromisse müssen ebenso bei der spielweltlichen Repräsentation von Raum eingegangen werden. So sind beispielsweise die Entfernungen zwischen historischen Gebäuden innerhalb der in AC3 vorfindbaren Spielwelt verkürzt. Ebenfalls werden die offenen Spielwelten Boston, New York und das Grenzland – ein Waldgebiet nordwestlich der Stadt Boston – durch sichtbare Grenzen umzäunt, die die

---

27 Siehe Giere, Daniel: *AC3: Spielsitzung1* (1:07:29), URL: https://youtu.be/ WkXImk2yH8c?t=13m33s (Geprüft am 21.03.2016); s. 13:33 – 13:37.

28 Siehe Giere, Daniel: *AC3: Spielsitzung1* (1:07:29), URL: https://youtu.be/ WkXImk2yH8c?t=13m22s (Geprüft am 21.03.2016); s. 13:22 – 14:58.

29 Vgl. Arens/Braun 2008, 24–29, 34–38.

30 Siehe Giere, Daniel: *AC3: Spielsitzung4* (1:28:58), URL: https://youtu.be/ aGFW03hmOQY?t=28m38s (Geprüft am 06.02.2017), s. 28:38 – 29:13; AC3: Spielsitzung4 (1:28:58), URL: https://youtu.be/aGFW03hmOQY?t=1h19m35s (Geprüft am 06.02.2017), s. 1:19:35 – 1:19;44.

31 Siehe Chapman 2016, 90–99.

SpielerInnen am Weiterkommen hindern.[32] Da in den Grenzbereichen des Handlungsraumes keine Spielinhalte bereitstehen, bieten sie auch kaum Anreize für die SpielerInnen, jene zu erreichen.[33] Innerhalb der abgesteckten Grenzen dieses Handlungsraumes können sich die SpielerInnen jedoch nahezu frei bewegen.[34] Um innerhalb der Hauptmissionen Linearität zu erzwingen, stehen den SpielerInnen nicht alle wahrnehmbaren Räume für Handlungen zur Verfügung.[35] Die Raumstruktur – auch in den offen gehaltenen Städten Boston, New York und des Grenzlands – kann durch die SpielerInnen kaum verändert werden und stellt daher kein bestimmendes Element der Tätigkeit des Spielens dar. Stark eingeschränkte räumliche Verarbeitungen in Form ‚narrativer Gärten‘ dienen jedoch nur bei den Haupt- und Seemissionen als Restriktion der Handlungsmöglichkeiten der SpielerInnen und werden durch eine Vielzahl von Cutscenes unterstützt. Als Gegenpol ‚narrativer Gärten‘ sieht Chapman die Verwendung von ‚Raum als Leinwand‘, bei der der Raum selbst zur Spielmechanik wird (oftmals bei Strategiespielen vorzufinden).[36]

Durch die Analyse des spielweltlichen Raums wird deutlich, dass die Möglichkeiten der NutzerInnen im Spiel eingeschränkt sind. Ihnen ist es zum Beispiel nicht möglich, den Verlauf der Hauptgeschichte des Spiels in irgendeiner Weise zu verändern. Es bleibt lediglich die Option, durch Nebenziele in den einzelnen Missionen Vorteile für den weiteren Spielfluss in Form besserer Waffen und Ausrüstung zu erhalten. Dies ändert jedoch nichts an dem zugrundeliegenden Narrativ. Dem Nutzer bleibt somit nur die Entscheidung, welche der ihm angebotenen Spielziele und damit einhergehenden Missionen in den Sequenzen wann erfüllt werden, wobei nicht einmal eine alternierende Reihenfolge ermöglicht wird. Freie Wahl besteht somit nur bezüglich der dargebotenen Nebenmissionen und in optionalen Missionszielen, wie z. B. bei

---

[32] Siehe Giere, Daniel: *AC3: Spielsitzung7* (1:35:49), URL: https://youtu.be/ WIIro2ZYuBQ?t=2m13s (Geprüft am 22.03.2016), s. 02:13 – 05:06.

[33] Siehe Giere, Daniel: *AC3: Spielsitzung6* (1:35:49), URL: https://youtu.be/ NHkafu_HOfE?t=13m20s (Geprüft am 22.03.2016), s. 13:20 – 14:55.

[34] Siehe Giere, Daniel: *AC3: Spielsitzung2* (56:41), URL: https://youtu. be/9jB9cwQD4qM?t=5m5s (Geprüft am 22.03.2016), s. 05:05 – 06:04.

[35] So werden die SpielerInnen in der ersten Spielsequenz – im Royal Theatre in London des Jahres 1754 – unmittelbar zu ihren Sitzplätzen geführt, siehe Giere, Daniel: *AC3: Spielsitzung1* (1:07:29), URL: https://youtu.be/ WkXImk2yH8c?t=14m41s (Geprüft am 21.03.2016); s. 14:41 – 15:30.

[36] Siehe Chapman 2016, 100–110.

der *Boston Tea Party* durch das Töten von Gegnern auf eine bestimmte Weise, wobei die *Boston Tea Party* als Ereignis durch Handlungen der SpielerInnen nicht verhindert oder im Ablauf verändert werden kann.[37] Die möglichen Interaktionen der SpielerInnen beschränken sich auf die folgenden Handlungen: parcourartiges Klettern, Schleichen, Verstecken, Reiten, Schiffe steuern und dabei die Kanoniere befehligen, Ablenken und/oder leises, manchmal aber auch brachiales Töten von Gegnern sowie wenige Interaktionen mit Objekten, die jedoch keinen Einfluss auf das Narrativ haben. Letztlich ist es nur möglich, die Mission zu beenden oder beim Versuch zu scheitern, was einen Neustart der Mission oder das Laden eines vorherigen Spielabschnitts erzwingt. Insgesamt ergibt sich für das zugrundeliegende Narrativ der Hauptmissionen eine vorrangig determinierte Erzählstruktur, die von den SpielerInnen nicht verändert werden kann. Gegenpol hierzu wäre eine offen-ontologische Erzählstruktur, bei der sich das historische Narrativ erst durch vielfältige Handlungsmöglichkeiten der SpielerInnen auf unterschiedlichste Weise manifestiert.[38]

Historisches Narrativ der *Boston Tea Party* in *Assassin's Creed III*

Auf Grundlage der zuvor anhand der Dimensionen des Analysemodells von Chapman identifizierten Spielstrukturen ist nunmehr möglich, das historische Narrativ der spielweltlich repräsentierten *Boston Tea Party* aus AC3 in Textform zu überführen. Dabei wird durch einen realistischen Simulationsstil versucht, Historisches audiovisuell wie auch zeitlich möglichst authentisch zu rekonstruieren. Dies wird unterstützt durch eingeschränkte Handlungsmöglichkeiten der SpielerInnen durch räumlich eingeschränkte ‚narrative Gärten' und eine determinierte Erzählstruktur. Das nachfolgend vorgestellte historische Narrativ zur *Boston Tea Party* stellt eine Übersetzung der spielweltlichen Verarbeitung in Textform dar, die anschließend mit der aktuellen Historiografie verglichen wird.

Im Spiel beginnt die Mission zur *Boston Tea Party* mit einer Cutscene, in der Samuel Adams – ein Wortführer der „Söhne der Freiheit" in Boston – bei einer öffentlichen Debatte im *Old South Meeting House* am Abend des 16. Dezember 1773 deutlich herausstellt, dass es keine

---

[37] Siehe Giere, Daniel: *AC3: Spielsitzung9* (14:20), URL: https://youtu.be/ V306SObMWrY?r=4m46s (Geprüft am 30.03.2016), s. 04:46 – 04:53.

[38] Siehe Chapman 2016, 119–135.

weiteren Möglichkeiten dieser Versammlung gibt, gegen den *Tea Act* und die Fremdbestimmung durch die englische Krone vorzugehen. Er verlässt daraufhin das Gebäude, um sich davor mit William Molineux, Stephane Chapheau und Connor zu treffen. Die bekennenden Revolutionäre Chapheau und Molineux wissen bereits über die nächsten Schritte Bescheid. Connor hingegen – Halb-Engländer und Halb-Mohawk – fordert aufgrund von Zweifeln Aufklärung über die Pläne der „Söhne der Freiheit". Adams erklärt, Helfer bei einem in der Nähe befindlichen Haus abzuholen, unter anderem Paul Revere, um dann gemeinsam die Teeladung der Schiffe am Griffin's Anleger zu versenken. Der Kritik entgegnet Adams mit dem Angebot, dass Connor die Führung der Gruppe übernimmt. Am Anleger erwarten die Gruppe jedoch 15 englische Soldaten, die die Handelsschiffe bewachen. Die Revolutionäre sehen im Töten der Bewacher die einzige Möglichkeit, um den Tee der Schiffe versenken zu können. Daher nehmen sich die zwei kampferprobten Sympathisanten Chapheau und Connor dieser Aufgabe an und töten die Soldaten im Nahkampf. Nachdem die Wege zu den Schiffen frei sind, ruft Connor Adams, Molineux und Revere herbei. Inzwischen hat sich eine Meute von über 100 grölenden Schaulustigen auf dem Anleger versammelt, die das Versenken der ersten handlichen Teekisten aus Holz frenetisch bejubeln. Es erscheinen nun auch mehr englische Soldaten, die über die Zuwege zu den Schiffen rennen. Revere kann die Revolutionäre jedoch rechtzeitig warnen. Den Assassinen Connor und Chapheau gelingt es erneut, die nahenden Truppenverbände auszuschalten. Zwischenzeitig versenken die Revolutionäre weitere Kisten im Hafenwasser. Nachdem bis auf eine letzte alle Kisten im Hafenbecken versenkt sind, wird der Angriff seitens der englischen Soldaten abrupt abgebrochen. Daraufhin erscheint Adams wieder auf einem der Schiffe und geht mit den anderen Revolutionären unter dem Jubel der Menge von Bord. Die „Söhne der Freiheit" unter Führung von Connor versenken die letzte Kiste derart im Hafenbecken, dass nun auch den anwesenden Teeschmugglern William Johnson und Charles Lee ein deutliches Zeichen des Sieges der „Söhne der Freiheit" gezeigt wird. Kurz darauf verlassen die meisten das Hafengebiet. Schlussendlich lässt sich das Ergebnis der *Bosten Tea Party* wie folgt beziffern: weit über 100 zerstörte Teekisten, mehrere Dutzend von den Revolutionären getötete britische Soldaten und circa ein Dutzend toter Freiheitskämpfer.[39]

---

[39]   V306SObMWtY (Geprüft am 30.03.2016).

Abgleich mit der aktuellen Historiografie

Von dem in der Historiografie beschriebenen „climatic meeting of the Tea Act crisis at Old South Meeting House on December 16, 1773" ist in der determinierten, spielweltlichen Erzählung von AC3 wenig zu sehen.[40] Die Versammlung selbst wird im Spiel nur am Rande behandelt, warten Connor, Molineux und Chapheau vor dem Gebäude im Grunde doch nur auf das Erscheinen Adams. Auch wird die Anwesenheit einer Vielzahl als Mohawk-Indianer verkleideter Stadtbewohner Bostons bei der Versammlung und der *Boston Tea Party* spielweltlich nicht repräsentiert. Im Zentrum der Cutscene vor dem *Old South Meeting House* steht stattdessen die persönliche Kritik des fiktiven Halb-Mohawks Connor. Diese beschränkt sich vor allem darauf, dass die bisherigen Agitationen der „Söhne der Freiheit" nur wenig zur Rettung seines Mohawk-Stammeslandes getan haben. Seine Ängste sind nicht unbegründet. Immerhin spielte die ‚Landgewinnung' und damit einhergehende Interessen von Landspekulanten und Neusiedlern ständig eine Rolle bei den Unabhängigkeitsbestrebungen der englischen Kolonien. Die englische Krone hatte bis dato für einen Verbleib der *Proclamation Line* von 1763 nach Ende des Siebenjährigen Krieges votiert.[41] Die Problematik des Landraubs durch weiße Kolonisten an *Native Americans* ist also durchaus ein wichtiger Aspekt, gerade auch in Bezug auf die Amerikanische Revolution, der hier spielweltlich aufgegriffen wird. Es bleibt als zentraler Moment im Spiel der gewaltsame Akt der Zerstörung der Teeladungen am Griffins's Anleger verbunden mit der Ermordung dutzender britischer Soldaten, was völlig konträr zu den Erzählungen der Historiografie steht.[42] Spielweltlich kann dies eindeutig auf die Integration der fiktiven Spielfigur Connor zurückgeführt werden, welche vor allem durch Kampf- und Kletterfertigkeiten besticht.

> „Das britische Militär blieb in der Garnison und tat – nichts. Die Flotte glänzte durch Abwesenheit, und Hutchinson verbarrikadierte sich mit seinem Stab in seinem Amtsgebäude. […] Im Hafen angekommen, rannten alle zum Griffin's Wharf, und die «Mohawk» setzten auf die Dartmouth über, wo ihnen gleichfalls keinerlei Widerstand entgegengesetzt wurde. Die Offiziere und Matrosen des Frachters waren klug

---

[40] Raphael 2013, 126.
[41] Hochgeschwender 2016, 102 f.
[42] Vgl. Berg 2013, 14 f.; Hochgeschwender 2016.

genug einzusehen, dass es keinen Sinn machte, für das Eigentum der Ostindienkompanie das eigene Leben aufs Spiel zu setzen."[43]

Zwar war durchaus Eskalationspotenzial vorhanden, da unter anderem der damalige Gouverneur Hutchinson Kriegsschiffe der *Royal Navy* in den Bostoner Hafen beorderte und ohnehin ein Großteil der Soldaten aufgrund der angespannten Lage an der Ostküste in Boston stationiert war.[44] Doch erschienen weder die Kriegsschiffe, noch griffen Soldaten bei der Zerstörung des Tees am 16. Dezember 1773 ein.[45] Gerade aufgrund der vorangegangenen Kritik am *Boston Massacre* durch die „Söhne der Freiheit", wie sie beispielsweise in dem von Adams publizierten *Journal of the Times* zu lesen ist, wäre es besonders schwierig gewesen, die Tötung mehrerer Dutzend britischer Soldaten während der *Boston Tea Party* zu rechtfertigen.[46] Die *Boston Tea Party* wäre, derartig abgelaufen, wohl nicht als pathetischer Unabhängigkeitsakt mit globalhistorischen Auswirkungen historisiert worden.

> „Die ‚Boston Tea Party' verlief überaus diszipliniert und ohne Gewalt gegen Menschen, war aber eine gezielte Provokation, die die Krone zu harten Gegenmaßnahmen verleiten und so die Kolonisten zusammenschweißen sollte."[47]

Im Spiel wird von keinem der „Söhne der Freiheit" das gewaltsame Vorgehen Connors kritisiert, sondern im Gegenteil sogar als einzig gangbarer Weg gerechtfertigt.[48] Laut Historiografie waren die „Söhne der Freiheit" aber schon genug damit beschäftigt, überhaupt die Radikalität der Zerstörung des Tees im Wert von ca. 10 000 Pfund vor einer vorrangig an Eigentum gebundenen Gesellschaft, von der Moderate sogar die Erstattung der Verluste der East India Company forderten, zu rechtfertigen.[49] Mit der im Spiel dargestellten Tötung dutzender englischer Soldaten hätten die Revolutionäre mit Sicherheit ihre Chancen auf eine Mobilisierung der Mehrheit in den Kolonien geschmälert. Erst

---

43 Hochgeschwender 2016, 22.
44 Ebd., 111.
45 Ebd., 21 f., 120–135.
46 Vgl. Berg 2013, 14.
47 Ebd., 14 f.
48 Siehe Giere, Daniel: *AC3: Spielsitzung6* (1:35:49), URL: https://youtu.be/NHkafu_HOfE?t=34m11s (Geprüft am 22.03.2016), s. 34:11 – 1:28:44.
49 Vgl. Lowery/Niver 2015, 16; Lerg 2010, 29; Hochgeschwender 2016, 22.

nach vielen Debatten, die seit der Ankunft des ersten Schiffes liefen, wurde die Teezerstörung als letztes Mittel gesehen.[50] Radikalere „Söhne der Freiheit" unter Führung von Adams pochten jedoch schon länger auf drastischere Maßnahmen als beispielsweise das einfache Zurücksenden von Handelsschiffen ins englische Mutterland, wie es moderatere Aufständische zum Beispiel in Philadelphia veranlassten.[51] Hier muss allerdings auch herausgestellt werden, dass die Oligarchie in den 13 Kolonien Neuenglands bereits seit den 1760er-Jahren Probleme hatte, die gesellschaftlichen und politischen Partizipationsbestrebungen der aufstrebenden Unterschichten zu unterbinden. Die Kolonien befanden sich in ständigem gesellschaftlichen Aufruhr. Das Errichten eines Zweikammersystems nach englischem Vorbild war unmöglich geworden und die Radikalität der Maßnahmen der „Söhne der Freiheit" war vielmehr eine Reaktion auf die vielen Unruhen, die gerade in Boston am heftigsten wüteten und ganz besonders auch als Bedrohung der damaligen Oligarchie verstanden wurden.[52] Das wirtschaftliche Erblühen der Kolonien förderte zugleich das Selbstwertempfinden kolonialer Eliten.[53] Darunter waren die „Söhne der Freiheit" nicht mehr nur eine auf eine Stadt konzentrierte Interessengemeinschaft. Aufgrund der vielzähligen englischen Beschlüsse unter König Georg III. bezüglich der nordamerikanischen Kolonien – vorrangig Zoll- und Steuerbeschlüsse – formierte sich gegen diese Fremdherrschaft eine gemeinsame Interessen vertretende Gemeinschaft heraus, die alle 13 Kolonien einschloss.

Nachdem der englische Gouverneur Hutchinson in Boston eine Frist bis zum 16. Dezember 1773 gesetzt hatte, die Teeladung eines Schiffes der East India Company zu löschen und kurze Zeit später zwei weitere mit indischen Teeladungen in Boston festmachten, drohte die Situation erstmals zu eskalieren. Hutchinson war der Überzeugung, dass das Recht der englischen Krone in Form des *Tea Acts* durchgesetzt werden müsse. Ansonsten würden die Teeladungen nach Verstreichen der Frist beschlagnahmt und durch die hiesigen Behörden veräußert werden.[54] Er sorgte somit dafür, dass die Schiffe nicht wieder ins englische Mutterland aufbrechen durften. Die hiesigen „Söhne der Freiheit" und als radikal einzuschätzende Bostoner hingegen verhinderten das Abladen

---

50 Woods Labaree 1972, 147.
51 Hochgeschwender 2016, 19 ff.
52 Ebd., 34 ff.
53 Ebd., 35 f.
54 Ebd., 19 f.

und Verkaufen des Tees in der englischen Kolonie – eine Pattsituation. Das Versenken des Tees durch die „Söhne der Freiheit" war sozusagen das letzte aller möglichen Mittel, nicht aber unbedingt das gewünschte. Am Ende drohte „den Bostoner Eliten [erneut] die Aufsicht über den revolutionären Prozess aus der Hand zu gleiten".[55]

> „Samuel Adams rose at that point to proclaim that he did not see what more the inhabitants could do to save their country. Perhaps this was the prearrangend signal. From a gallery came a war-whoop, answered in kind by a small group at the doorway who were disguised as Indians."[56]

Interessant ist, dass im Spiel nicht erwähnt wird, dass Adams zuvor als englischer Steuereintreiber[57] tätig war.[58] Er wird vielmehr als Patriot der gemeinsamen großen Sache der Unabhängigkeitsbewegung repräsentiert. Im Spiel wird somit Adams radikaler, doch rein patriotischer Geist heraufbeschworen.[59] Auch wird in AC3 nicht klar, dass die Interessen der „Söhne der Freiheit" von ansässigen reichen Kaufleuten und Grundbesitzern unterstützt wurden, welche darauf hoffen konnten, von der Loslösung vom englischen Mutterland auf vielfältige Weise zu profitieren.[60] Im Spiel steht alleine die Figur William Johnsons stellvertretend für die Pläne, sich an Mohawk-Ländereien zu bereichern. Dieser – eigentlich Superintendant für alle Stämme der *Native Americans* im Norden – wird im Spiel fälschlicherweise als Teeschmuggler dargestellt. Schmuggelware kam zumeist aus bourbonischen Ländereien, vorrangig Frankreich. Die im Spiel bei der *Boston Tea Party* im Hafen befindlichen Schiffe werden richtigerweise als eindeutig der East India

---

[55] Hochgeschwender 2016, 120.

[56] Woods Labaree 1972, 141.

[57] Bei vielen zeitgenössischen Steuer- bzw. Zolleintreibern (je nach Gesetzgebung der englischen Krone bezeichnet) bestand zu Recht große Angst. „Vereinzelte Gewaltausbrüche, die auch während der ruhigeren Jahre zwischen 1770 und 1773 vorkamen, trafen fast immer Zollbeamte. […] Ähnlich wie die Steuereintreiber während der Stempelgesetzunruhen wurden Kaufleute, die eine Handelskommission für den Tee der East India Company erhalten hatten, Opfer von Übergriffen, so dass die meisten ihr Privileg wieder aufgaben." Siehe Lerg 2010, 28.

[58] Hochgeschwender 2016, 21.

[59] Vgl. Giere, Daniel: *AC3: Spielsitzung8* (1:46:07), URL: https://youtu.be/3ohYxBOUY60?t=25m25s (Geprüft am 22.03.2016), s. 25:25 – 1:22:23.

[60] Hochgeschwender 2016, 11 f.

Company angehörig dargestellt.[61] Teeschmuggel war hier gar nicht notwendig beziehungsweise nicht möglich. Johnson hätte als Händler vielmehr von der Entladung des Tees profitiert, da er die Waren in Boston hätte veräußern können. Durch seine Geschäfte besaß Johnson ein großes Vermögen und erwarb von den Mohawk diverse Ländereien.[62]

Der *Tea Act*, welcher allgemein als Auslöser der *Boston Tea Party* gilt, war keine Steuererhöhung, sondern sollte den Preis für Teeimporte verringern (dies findet sogar in der spielweltlichen Enzyklopädie Erwähnung), um den Teeschmuggel in die nordamerikanischen Kolonien zu reduzieren und gleichzeitig der krisengeschüttelten East India Company zu einem Absatzmarkt für Teeüberschüsse zu verhelfen.[63] Auch wenn die Hintergründe und Motive für die Durchführung der *Boston Tea Party* natürlich spielweltlich nicht erschöpfend verarbeitet werden können, so wird zumindest im Vorfeld bereits die Kritik der „Söhne der Freiheit" am *Tea Act* geäußert.[64] Eine Vielzahl der damaligen Schmuggler waren „Söhne der Freiheit".[65] Zwar wird versucht, sämtliche dargestellte Personen auf Grundlage zeitgenössischer Portraits möglichst authentisch innerhalb des realistischen Simulationsstils zu repräsentieren, doch stehen die Handlungen Einzelner in der determinierten Erzählstruktur oftmals im Widerspruch zur realweltlichen Historiografie. Dies wiegt besonders schwer, da so ein Großteil der SpielerInnen wohl kaum in der Lage ist, derartige Repräsentationen zu dekonstruieren, und durch die determinierten und realistisch anmutenden Repräsentationsform möglicherweise sich geneigt zeigt, das historische Narrativ zu übernehmen.[66] John Hancock – einer der berüchtigtsten Bostoner Teeschmuggler seiner Zeit – wäre für die determinierte Erzählstruktur eine bessere Wahl gewesen. Hancock war Verfechter der Sache der „Söhne der Freiheit" – wahrscheinlich auch, weil er Repressalien von Seiten der englischen Krone aufgrund seines bereits im Siebenjährigen Krieg betriebenen Schmuggelns mit den Franzosen zu erwarten hatte.[67] In AC3 wird dies nicht offengelegt, wobei so einleuchtend erklärt werden könnte,

---

[61]   Vgl. Hochgeschwender 2016, 26.

[62]   Ebd., 45.

[63]   Vgl. ebd., 119; Williams 2010, 64.

[64]   Siehe Giere, Daniel: *AC3: Spielsitzung8* (1:46:06), URL: https://youtu.
be/3ohYxBOUY60?t=1h3m52s (Geprüft am 07.02.2017), s. 1:03:52 – 1:05:24.

[65]   Hochgeschwender 2016, 119.

[66]   Eine entsprechende Rezeptionsstudie hierzu wurde bereits an der Universität
Hannover durchgeführt und wird voraussichtlich 2018 veröffentlicht.

[67]   Ebd., 110 f.

warum sich die „Söhne der Freiheit" vehement gegen den *Tea Act* stellten und auch bereits im Vorfeld des Unabhängigkeitskrieges Kontakte
zu Frankreich bestanden. In der Spielwelt verschwimmen die Interessen
und Rollen der historischen Personen in einem hin und her wabern-
den Hafenbecken aus vermeintlich guten wie auch bösen Teeschmug-
gel-, Handels- und Landerwerbsmotiven. Die spielweltliche Repräsentation der *Boston Tea Party* lässt vordergründig kaum Rückschlüsse auf
die vielfältigen Motive hinter den Agitationen der „Söhne der Freiheit"
und die gerade für die *Native Americans* fernab der *Proclamation Line*
weitreichenden Folgen zu.

> „Zeitgenössische Beobachter bemerkten mokant, die amerikanischen
> Kolonisten seien die ersten Revolutionäre der Weltgeschichte, die wegen
> einer deutlichen Preissenkung auf die Barrikaden gingen."[68]

Wer waren die als Mohawk verkleideten Revolutionäre?[69] Schätzungs-
weise waren zwischen 50 und 100 Handwerker und Kleinkaufleute[70]
unter der Führung der „Söhne der Freiheit"[71] an der Zerstörung von
insgesamt 342 Kisten beziehungsweise 45 Tonnen Tee beteiligt.[72] Die
im Spiel dargestellten Revolutionäre werden richtigerweise als Handwerker oder Kleinkaufleute dargestellt, wobei auch die Anzahl der Beteiligten, zumindest im gesamten Hafenanleger, ungefähr den belegten
Zahlen entspricht und daher wiederum den realistischen Simulationsstil unterstreichen. Verwunderlich ist jedoch, dass die überlieferte Ver-
kleidung der beteiligten Revolutionäre als Mohawk, die durch Gemälde
und Lithografien beinahe ikonographischen Charakter besitzt, im Spiel
überhaupt nicht thematisiert wird. Nicht einmal der Hauptcharakter
Connor wechselt für die *Boston Tea Party* sein Outfit, obwohl er sogar
Halb-Mohawk ist.

Tatsächlich wählten die „Söhne der Freiheit" das indigene Outfit
bewusst, um eine symbolische Nachricht nach England zu schicken. Die
Kolonien verstanden sich als eigenständige Kultur in Abgrenzung zum

---

[68]   Hochgeschwender 2016, 122.

[69]   Jennings 2000, 143.

[70]   Die Zahlen in der einschlägigen Historiografie schwanken zwar zwischen 30 und
       300 aktiven Agitatoren, jedoch wird hier auf Grundlage von Hochgeschwender
       von einer realistischen Zahl von 50 bis 100 ausgegangen. Vgl. Woods Labaree
       1972, 144; Williams 2010, 65; Hochgeschwender 2016, 22.

[71]   Lerg 2010, 29.

[72]   Vgl. Mc Donnell 2013, 105 f.; Hochgeschwender 2016, 120.

englischen Mutterland, so zumindest eine verbreitete Interpretation.[73] Letztlich wird von einer langfristig geplanten Aktion der „Söhne der Freiheit" ausgegangen, da ansonsten auch die Kostümierung in derart kurzer Zeit kaum zu realisieren gewesen wäre.[74] In AC3 wirkt aufgrund der unerwartet angetroffenen britischen Soldaten die ganze Aktion aber wenig vorausschauend geplant, so dass sich der Non-Player-Charakter Samuel Adams sogar zu einer emotionalen Reaktion genötigt fühlt: „Mist, noch mehr Soldaten."[75] Die Historiografie liefert naturgemäß keine Hinweise für diese fiktiven Elemente, ebenso wenig wie für den Assassinen/Halb-Mohawk/Freiheitskämpfer Connor, der die Revolutionäre zum Griffin's Anleger führt. Auch wenn bisher nicht gänzlich geklärt werden konnte, wer genau aktive Rollen bei der Boston Tea Party eingenommen hat, wird die wichtige Rolle Adams bei der Planung herausgestellt.[76]

Die SpielerInnen werden in AC3 an die Spitze dieser Bewegung gesetzt, weil so eine stärkere Involvierung und Identifizierung mit dem Spielcharakter wie auch ein verstärktes Selbstwirksamkeitsempfinden erreicht wird.[77] Bei AC3 steht die spielweltliche Repräsentation der fiktiven Geschichte Connors im Vordergrund einer determinierten Erzählung, die die SpielerInnen jedoch nicht zu ändern vermögen. Im Spiel steht daher ganz eindeutig das spielmechanische Gewaltprimat des Actionspiels über der Erzählung. Während im Spiel nur circa zehn Minuten Zeit für die Boston Tea Party verstreichen, dauerte die tatsächliche Aktion vermutlich um die drei Stunden und wurde wohl auch nicht durch eine grölende Menschenmenge am Anleger unterstützt.[78] Auch wenn es eine Vielzahl von aufgebrachten Menschen an den Anleger zog, war es vermutlich erstaunlich ruhig.[79] Im Spiel wird die Szenerie hingegen durch Musik und Gegröle der anwesenden Schaulustigen in ein spannendes Action-Spektakel verwandelt.

> „Höhepunkt dieser organisierten Gewaltanwendung war schließlich die Boston Tea Party, bei der die vermeintlichen Mohawks nicht nur jede physische Gewalt vermieden, sondern auch ihren Respekt vor

---

[73] Hochgeschwender 2016, 122.

[74] Hochgeschwender 2016, 121.

[75] Giere, Daniel: *AC3: Spielsitzung9* (14:20), URL: https://youtu.be/306SObMW tY?t=1m25s (Geprüft am 16.11.2016), s. 01:25 – 01:30.

[76] Vgl. Woods Labaree 1972, 142; Dippel 2005, 23.

[77] Klimmt 2006, 76.

[78] Lerg 2010, 29.

[79] Woods Labaree 1972, 144.

Privateigentum ausdrückten, indem sie ein aufgebrochenes Vorhängeschloss ersetzten."[80]

Anstatt ein Schloss aufzubrechen, um sich Zugang zu den Schiffen zu verschaffen, eliminieren die SpielerInnen bei AC3 15 englische Soldaten. Die realhistorische *Boston Tea Party* lief im Vergleich dazu geradezu beschaulich ab. In der Realwelt war es Adams höchstselbst, der die vorangegangene Massenschlägerei – das *Boston Massacre* – ein Ereignis mit Toten zu „eine[m] Akt bewusster Grausamkeit [des englischen] Militärs" hochstilisiert hatte.[81] Ein Kämpfer moderner Freiheitswerte und -normen für die gute, größere Sache, wie im Spiel dargestellt, war er aber nicht. Die *Boston Tea Party*, welche im Übrigen erst im Nachhinein so genannt wurde, bleibt im Spiel ein Gewaltakt, der, so wie er spielweltlich repräsentiert wird, nicht stattgefunden hat. Zwar kann die spielweltliche Gewaltanwendung Connors derart gedeutet werden, dass die „Söhne der Freiheit" bereits seit Mitte der 1760er-Jahre Gewalt als legitimes Mittel ansahen, jedoch findet sie im Spiel an falscher Stelle statt. Ganz abgesehen davon hätten die Schaulustigen, zum größten Teil mit Sicherheit radikale Bostoner, die britischen Soldaten daran gehindert, überhaupt Zugang zu den Schiffen zu erlangen und nicht eine derart passive Rolle wie im Spiel eingenommen[82], wenn die radikalen Proteste in der Stadt Boston seit den 1760er-Jahren bedacht werden.[83]

Beantwortung der Problemstellung

Letztendlich vermittelt die spielweltliche Darstellung der *Boston Tea Party* den SpielerInnen eine glorifizierte Darstellung der Agitationen der „Söhne der Freiheit" und rechtfertigt deren ausufernde Gewaltanwendung gegen eine innerkoloniale Verschwörung wie auch gegenüber der englischen Kolonialmacht. Fraglich bleibt, warum die zentrale Figur John Hancocks im Spiel keine Erwähnung findet, da es gerade hier möglich gewesen wäre, die persönlichen Interessen Einzelner im globalen Geflecht als Folge des Siebenjährigen Krieges zu präsentieren. Ebenso fraglich ist, warum Gouverneur Thomas Hutchinson – als Interessenvertreter der Kolonialmacht England – keine Repräsentation

---

[80] Breunig 1998, 53.
[81] Hochgeschwender 2016, 114.
[82] Siehe Giere, Daniel: *AC3: Spielsitzung9* (14:20), URL: https://youtu.be/306SOb MWtY?t=5m07s (Geprüft am 16.11.2016), s. 05:07 – 13:10.
[83] Dippel 2005, 18–21.

erfährt. Zwar wird der Gründungsmythos durch die extrem gewaltvolle mediale Inszenierung der *Boston Tea Party* angekratzt, die regionalen Akteure und globalen Verflechtungen werden jedoch kaum verarbeitet. So wird in AC3 abermals die wenig differenzierte, erst im Nachhinein zugeschriebene Bedeutung des legitimen Widerstandes gegenüber einer unterdrückenden Fremdherrschaft inszeniert und eben nicht das historische Ereignis. Dass die *Boston Tea Party* zum damaligen Zeitpunkt auch individuelle Interessen hiesiger Gruppen befriedigte, findet ebenso wenig Erwähnung, obwohl dies ein interessanter Ausgangspunkt für die spielmechanisch notwendigen Konflikte wäre.

Letztlich zeigte die exemplarische Analyse der *Boston Tea Party* in AC3 den großen Einfluss einer determinierten Erzählstruktur in einem weitgehend unveränderbaren Raum auf das historische Narrativ, manifestiert durch den fiktiven Hauptcharakter Connor. Gerade Spielformate eines realistischen Simulationsstils, die sich damit rühmen Geschichte möglichst „authentisch" zu repräsentieren, sind damit besonders anfällig für kontrafaktische Verarbeitungen, die möglichweise unverändert von den SpielerInnen übernommen werden könnten. Interessant ist dabei, dass genau dann kaum Interesse an einer adäquaten Geschichtsdarstellung zu bestehen scheint, wenn es um die spielmechanische Umsetzung der Handlungen des Hauptcharakters geht. Problematisch ist das bei der Repräsentation der *Boston Tea Party* vor allen Dingen, weil die Spielfigur durch exzessive Gewaltanwendung gegenüber britischen Truppen derart stark in das historische Narrativ eingreift, dass ausgehend hiervon die vielen nachfolgenden Veränderungen kaum nachvollzogen werden können. Eine spielweltliche Umsetzung fernab dieses Gewaltprimats wäre wünschenswert, gerade wenn wir davon ausgehen müssen, dass durch die große Verbreitung von *Assassin's Creed* ein starker Einfluss auf nutzerseitige Geschichtsbilder zu erwarten ist. Einzig kritischer Aspekt der spielweltlichen Repräsentation ist der beiläufig erwähnte Landraub an den *Native Americans*, welcher allerdings erst im Epilog des Spiels stärker zum Tragen kommt.[84] Spielmechanisch hätte die *Boston Tea Party* nicht zwangsläufig mit der Tötung dutzender englischer Soldaten umgesetzt werden müssen. So hätte parcourartiges Klettern des Hauptcharakters Connors eine friedvollere Umsetzung der *Boston Tea Party* ermöglicht.

Zugleich vermag das Spiel eingehend die Radikalität der Agitationen der Bostoner zu vermitteln, auch wenn die *Boston Tea Party*,

---

84   Giere, Daniel: *AC3: Spielsitzung 15* (23:11), URL: https://youtu.be/DmnCpS 8O8K4?t=20m52s (Geprüft am 22.03.2016), s. 20:52 – 22:48.

wenn sie genau wie im Spiel abgelaufen wäre, wohl kaum als Teil des Ursprungsmythos der USA hätte historisiert werden können. Letztlich verpasst AC3 aber die Chance die konkurrierenden Ansprüche auf die Macht in den Kolonien, die Gründe für die Unterstützung der „Söhne der Freiheit" durch wesentliche Teile der Bevölkerung sowie das Misslingen der Befriedung der Situation nach dem *Tea Act* durch die englischen Interessenvertreter zu repräsentieren, aus denen sich die tiefgreifenden Veränderungen in vielen Teilen des atlantischen Raum ergaben.[85] Die globalhistorische Bedeutung der *Boston Tea Party* hätte spielerisch nachvollziehbarer umgesetzt werden können. Derart abgelaufen hätten die Agitationen der „Söhne der Freiheit" wohl bereits kurz nach der *Boston Tea Party* in einen militärischen Konflikt mit dem englischen Mutterland gemündet. Die Amerikanische Revolution hätte dann weniger als positives Vorbild für die vielen revolutionären Umbrüche um 1800 dienen können. Dennoch bietet sich das Spiel gerade deshalb für historische Lehr- und Lernkontexte an, da die Spielmechaniken das historische Narrativ kontrafaktisch aufladen, es dennoch historische Authentizität verspricht und sich daher besonders für eine problemorientiert dekonstruktive Analyse anbietet. Hierbei könnten die Versprechen einer authentischen Darstellung in der Bewerbung des Spiels Ausgangspunkt sein, um die Spielmission der *Boston Tea Party* kritisch zu reflektieren.

Literatur

AKGWDS 2016 = Arbeitskreis Geschichtswissenschaft und Digitale Spiele, Manifest für geschichtswissenschaftliches Arbeiten mit Digitalen Spielen, https://gespielt.hypotheses.org/manifest_v1-1 [23.07.2017].

Arens/Braun 2008 = Werner Arens/Hans-Martin Braun, Die Indianer Nordamerikas. Geschichte, Kultur, Religion. 2. Aufl., München 2008.

Berg 2013 = Manfred Berg, Geschichte der USA, München 2013.

Breunig 1998 = Marion Breunig, Die Amerikanische Revolution als Bürgerkrieg, Heidelberg 1998.

---

[85] Eine radikale Gegengeschichte hierzu ist die nachträgliche Erweiterung des digitalen Spiels AC3 mit *The Tyranny of King Washington* (Assassin's Creed III: The Tyranny of King Washington 2013). Hierbei „erscheint der erste Präsident der Vereinigten Staaten als imperialistischer Tyrann, der alle amerikanischen Indianerstämme ausrotten will und vom Freiheitskämpfer in einen [sic!] Despoten mutiert ist" (Hochgeschwender 2016, 343). So versuchen die SpielerInnen, den Tyrannen Washington von seinen irregeführten Plänen abzuhalten.

Chapman 2012 = Adam Chapman, Privileging Form Over Content: Analysing Historical Videogames, in: Daniel J. Cohen/Joan Fragaszy Trocano/Sasha Hoffman/Jeri Wierings (Hg.), Journal of Digital Humanities, 1 (2012) 2, 42–46.

Chapman 2016 = Adam Chapman, Digital Games as History. How Video Games Represent the Past and Offer Access to Historical Practice, London 2016.

Dippel 2005 = Horst Dippel, Geschichte der USA. 7. Aufl., München 2005.

Hensel 2011 = Thomas Hensel, Das Computerspiel als Bildmedium, in: Michael Hagner/Ina Kerner/Dieter Thomä (Hg.), Theorien des Computerspiels, Hamburg 2011, 128–146.

Hochgeschwender 2016 = Michael Hochgeschwender, Die Amerikanische Revolution. Geburt einer Nation 1763-1815, München 2016.

Jennings 2000 = Francis Jennings, The Creation of America. Through Revolution to Empire, Cambridge 2000.

Klimmt 2006 = Christoph Klimmt, Computerspielen als Handlung, Köln-Hannover 2006.

Lerg 2010 = Charlotte Lerg, Die Amerikanische Revolution, Tübingen 2010.

Lowery/Niver 2015 = Zoe Lowery/Heather Moore Niver, The American Revolution, Chicago 2015.

Mayer 2010 = David Mayer, Revolutionen: Welten auf den Kopf gestellt, in: Reinhard Sieder/Ernst Langthaler, Globalgeschichte 1800–2010, Wien 2010, 529–556.

Mc Donnell 2013 = Michael A. Mc Donnell, The Struggle Within: Colonial Politics on the Eve of Independence, in: Edward G. Gray/Jane Kamensky (Hg.), The Oxford Handbook of the American Revolution, Oxford 2013, 103–120.

Pfister 2017 = Eugen Pfister, "Wie es wirklich war." – Wider die Authentizitätsdebatte im digitalen Spiel, http://gespielt.hypotheses.org/1334 [30.5.2017].

Raphael 2013 = Ray Raphael, The Democratic Moment: The Revolution and Popular Politics, in: Edward G. Gray/Jane Kamensky (Hg.), The Oxford Handbook of the American Revolution, Oxford 2013, 121–138.

Schüler/Schmitz/Lehmann 2012 = Benedikt Schüler/Christopher Schmitz/Karsten Lehmann, Geschichte als Marke. Historische Inhalte in Computerspielen aus der Sicht der Softwarebranche, in: Angela Schwarz (Hg.), "Wollten Sie auch immer schon einmal pestverseuchte Kühe auf ihre Gegner werfen?": Eine fachwissenschaftliche Annährung an Geschichte im Computerspiel. 2. Aufl., Münster 2012, 199–216.

Williams 2010 = Tony Williams, America's beginnings. The Dramatic Events that Shaped a Nation's Character, Lanham 2010.

Woods Labaree 1972 = Benjamin Woods Labaree, The Boston Tea Party, Oxford–London–New York 1972.

Ludografie

Assassin's Creed II, Ubisoft Montreal, Xbox 360 [u. a.], Ubisoft 2009.

Assassin's Creed III, Ubisoft Montreal [u. a.], Xbox 360 [u. a.], Ubisoft 2012.

Assassin's Creed III: The Tyranny of King Washington, Ubisoft Montreal [u. a.], Xbox 360 [u. a.], Ubisoft 2013.

Globalisierung und digitale Spiele

Keimzellen verborgener Welten

Globalisierungsprozesse beim MMORPG *The Secret World* als globalhistorische Zugriffswege

Nico Nolden

Erspielte Globalgeschichte

Ein globaler Kulturaustausch wird heute maßgeblich von (Massen-) Medien getragen. Je nach Nutzungsvorlieben, soziokulturellen Rahmenbedingungen und der Verbreitung technischer Grundlagen in einer Weltregion entstehen so diverse – aber immer auch eng miteinander verflochtene – Medienkulturen. Kaum eine globale Medienkultur wächst dabei heute so rasant und auf so vielen Ebenen zusammen wie jene digitaler Spiele. Noch vor drei Dekaden tauschten Menschen lokal und in privaten Kreisen Programme auf physischen Datenträgern, die nur wenige Kilobyte fassten. Heute transferieren sie in den Datennetzen Gigabytes um den Globus. Vor zwei Dekaden vergoldeten digitale Spiele noch die Bilanzen im örtlichen Einzelhandel, nun laufen ihm weltweit operierende, digitale Distributionsplattformen wie zum Beispiel Steam oder das PlayStation Network den Rang ab. Das Internet war zur Mitte der neunziger Jahre höchstens geeignet, Texte und niedrig aufgelöste, ,pixelige' Bilder auszutauschen. Immer leistungsfähigere Technologien ermöglichen heute dagegen globale soziale Netzwerke, aufbauend auf Blogs, Podcasts und Videos. Neue Wege der Distribution lassen so auch kleinste Entwicklerstudios von überall her direkt die Märkte bespielen. Mithilfe sozialer Netzwerke kommunizieren sie unmittelbar und weltweit mit Spielerinnen und Spielern. Letztere wiederum beteiligen sich mittlerweile direkt finanziell am Entwicklungsprozess von Spielen.

Schon diese Auswahl von Entwicklungen offenbart global umwälzendes Potenzial. Immer neue Technologien verändern die kommunikativen Möglichkeiten von Spielergemeinschaften – quer zu Nationalstaaten, Gesellschaften übergreifend, verteilt über den Globus. Sie diversifizieren die Handlungsspielräume von Entwicklerstudios, den

Publishern sowie von Kundinnen und Kunden. Technologien, die Spielenden und der Markt vernetzen Spiel- und Spielerkulturen weltweit.

Durch globale mediale Kommunikationskanäle getragen, tauschen sich heute Menschen verschiedenster Weltregionen in der digitalen Sphäre auch über Geschichte aus – sei es mittels Diskussionen in sozialen Netzen wie Facebook, textliche oder filmische Antworten auf YouTube-Videos oder Gespräche im Nachrichtenkanal Twitter: Historische Informationen sind auch für die kulturelle Sphäre um digitale Spiele ein wesentliches Element. Eine besondere Funktion nehmen hier die Kommunikationskanäle von Online-Rollenspielen ein, denn in einigen der Massively Multiplayer Online Role-Playing Games (MMORPGs) treffen historisch inszenierende Spielwelten auf weltweit verflochtene Spielerschaften und deren kulturelle Diversität. Spielende kommunizieren mit den Spielinhalten, aber auch untereinander, sowohl innerhalb der technischen Grenzen eines Spieles wie auch außerhalb. So entsteht ein Austausch über geschichtliche Inszenierungen, der historische Erinnerungskulturen beeinflusst. Der vorliegende Beitrag verortet dementsprechend MMORPGs in dem skizzierten Geflecht, erläutert am Beispiel *The Secret World*[1] relevante Prozesse der Globalisierung und klärt so das Verhältnis der Online-Rollenspiele zur Globalgeschichte.

Was heißt hier global?

Es ist eine Herausforderung, digitale Spiele und ihre historische Relevanz in Prozessen der Globalisierung und einer Disziplin der Globalgeschichte zu verorten. Um globalhistorisch bedeutende Prozesse im Umfeld der Spielkultur zu identifizieren, sind die Begriffe zu schärfen. Globalhistorische Ansätze drangen in den letzten beiden Dekaden in die Mitte der Geschichtswissenschaft vor.[2] Mittlerweile im wissenschaftlichen Mainstream etabliert, geht selbst berechtigte Kritik an ihrer methodischen Ausrichtung gelegentlich unter.[3] Der globalgeschichtliche Diskurs schließt an ein weites Spektrum zwischen transnationaler Geschichte, Weltgeschichte und Universalgeschichte an, je nach Denktradition, Weltregion und historischem Zeitraum unterschiedlich ausgerichtet.[4]

---

[1]   The Secret World 2012.
[2]   Conrad 2013, 8; zu den Wegbereitern des Feldes bei Conrad/Eckert/Freitag 2007.
[3]   Eckert 2017.
[4]   Sieder/Langthaler 2010, 9–22; Conrad 2013, 13–52.

Globalgeschichte beschreibt heute eine Methodik mit drei Kern-
zugriffen:[5] Sie reflektiert globale Kontexte, grenzübergreifende Verflechtung und Kommunikation sowie Prozesse weltweiter Integration.
Räumlichkeit bekommt neben Zeitlichkeit neue Relevanz, um interregionale Beziehungen geografisch und kulturell neu zu fassen.[6] Ihre
Methodik gibt relationalen Zusammenhängen zwischen Strukturen,
Akteuren und Prozessen den Vorrang vor internalistischen Interpretationen.[7] Sie kehrt nationalen Deutungsmustern den Rücken, um die
jahrhundertelange eurozentristische Hybris der Geschichtswissenschaft
zu überwinden. Eine solche überkommene europäische Denktradition
missdeutete die nationalen Deutungsmuster als historische Blaupause
für die restliche Welt, mit der jeweils eigenen Nation als Schwerpunkt.
Von nationalen Forschungstraditionen und -institutionen lässt sich aber
auch eine Globalgeschichte nicht ohne Weiteres abgrenzen. Schon die
europäisch geprägten Fachtermini erschweren zum Beispiel die Aufnahme historiografischer Auffassungen anderer Weltregionen.[8] Nur ein
Umbau der historischen Wissenschaft kann die Separation von histo-
riografischen Traditionen der Wissenschaftslandschaft durchbrechen.[9]
Globalgeschichte erhebt somit einen dekolonialisierenden, emanzipa-
torischen Anspruch, dessen rebellischer Impetus ihr allerdings nicht
nur Freunde beschert.

Den Begriff der Globalisierung zu fassen, ist kompliziert. Die
Geschichtswissenschaft ist nicht gewohnt, gegenwärtige Abläufe zu
verarbeiten. Über die historische Qualität von Vorkommnissen entscheidet oft erst ihre spätere Deutung. Umstritten ist, wann Globalisierungsprozesse einsetzten, einige aber formierten sich bereits vor der
Neuzeit.[10] Sozial- und geisteswissenschaftliche Forschende widmeten
sich entsprechend lange einzelnen Teilaspekten des Phänomens, bevor
eine Forschung gezielt unter dem Begriff kondensierte.[11]

Die gegenwärtige Phase der Globalisierung ist ein zeitgeschichtlicher
Prozess, in welchen sich auch die Entwicklung und Verbreitung digitaler Spiele einbettet.[12] Ökonomisch geprägt, postuliert der Begriff, dass

---

[5]   Conrad 2013, 10–12.
[6]   Komlosy 2011, 17–45.
[7]   Conrad 2013, 21–27.
[8]   Pernau 2011.
[9]   Sachsenmaier 2011, 232–245.
[10] Osterhammel/Petersson 2012, 27–113.
[11] Middell/Engel 2010.
[12] Gehler 2002, 34 f.

sie über die gesamte Welt Finanzmärkte und Warenströme verflechtet, Produktionsketten transnational dezentralisiert und wegen der Vergleichbarkeit von Lohnkosten auf den Wettbewerb drückt.[13] Die Größenskalen lassen Staaten und Gesellschaften, erst recht einzelne Menschen, häufig als machtlose Spielbälle erscheinen.

Eine Globalisierung birgt jedoch auch Chancen für Einzelne. Jenseits ökonomischer Interessen organisieren sich Menschen mithilfe der technischen Optionen sozialer Netzwerke und gestalten globale Prozesse aktiv mit.[14] Ihre Kommunikation transportiert Informationen zwischen Kulturregionen und verdichtet Interaktionsräume einer Netzwerkgesellschaft, wie sie Manuel Castells skizzierte.[15] Der vorliegende Beitrag bezieht daher Globalisierung nur am Rande auf ökonomische Aspekte. Er fokussiert eine globale Integration individueller Kommunikation, gerahmt durch soziokulturelle Netzwerke unter Berücksichtigung ihrer technologischen Basis. Diese Sicht knüpft an eine Globalgeschichte, die auf Transfer-, Netzwerk- und globaler Gesellschaftsgeschichte aufbaut.[16]

Eine geheime Welt der Globalisierungsprozesse

Verhandeln die vernetzten Kommunikationssphären historisches Wissen, treffen regionale Geschichtsdeutungen und Erinnerungskulturen aufeinander. Der obige Begriff einer Globalisierung lässt daher bei Online-Rollenspielen drei globalhistorisch relevante Dimensionen erkennen: Erstens entsteht ein weltweit standardisierter technologischer Rahmen, der die Spielerfahrung ermöglicht. Zweitens vermengen Spielwelten regionale Geschichtstraditionen, epochale Ebenen und wechselnde kulturelle Perspektiven, was die historische Gesamtinszenierung globalisiert. Die technische Basis und die geschichtliche Inszenierung spannen den Kommunikationsraum auf, der drittens Spielende aus vielen soziokulturellen Hintergründen zu globalen Erfahrungen zusammenführt. Dort entsteht eine globalisierte Erinnerungskultur.

---

[13]   Osterhammel/Petersson 2012, 10–15; Rehbein/Schwengel 2012, 164–177.
[14]   Osterhammel/Petersson 2012, 20–24; detailliert zu Netzwerken, Regionen und Soziokulturen bei Rehbein/Schwengel 2012, 177–224.
[15]   Castells 1996.
[16]   Sieder/Langthaler 2010, 15 u. 19, 20 f.

Eine Bühne – Globalisierung der Technokultur

Eine Basis für die soziokulturellen Räume stellt die technische Entstehungsgeschichte, die auf Multi-User-Dungeons (MUD) in den späten
siebziger Jahren zurückgeht.[17] Neben der Bezeichnung prägte das erste
Muliplayer Online-Rollenspiel *MUD1*[18] die Funktionalität und Technik für die spätere Entwicklung. Online zu sein, bedeutete damals, zu
einem exklusiven, akademischen Kreis zu gehören, der auf das wissenschaftliche Advanced Research Projects Agency Network (ARPANET)
zugreifen konnte.[19] Der Vorläufer für das Internet etablierte wichtige
technische Standards und spannte ein erstes weitmaschiges Datennetz
über Universitäten und Forschungseinrichtungen zunächst in den USA,
später über das westliche Bündnis. Diesen eigentlichen Zweck entfrem-
dend, eröffneten MUDs darin textbasierte, meist fantastische Spielwelten, in denen Menschen gemeinsam Abenteuer bestanden. Das Rollen-
spielsystem *Dungeons & Dragons*[20] beeinflusste die Spielkultur der MUDs
stark.[21] Bei diesem noch heute beliebten Pen-&-Paper-Rollenspiel teilen
Spielerinnen und Spieler mit Stift, Charakterbögen und Würfeln selbst
erdachte Geschichten aus der fantastischen Spielwelt in lokalen Spielrun-
den. Die rechnergestützte Variante verband die Spielenden nun ortsun-
abhängig und einige von ihnen erschufen die MUDs.[22] Deren zentrale
Spielprinzipien prägten auch MMORPGs nachhaltig.[23] Daher blieb die
soziale Erfahrung, kollaborativ Unterhaltung zu erschaffen, essenziell.[24]

Digitale Spiele sind Medien von besonderer Komplexität. Ihr spezifischer medialer Charakter rührt aus der Mischung traditioneller Medi-
enformen von Text, Bild, Video und Ton, die in gemeinsamer Wechselwirkung etwas Neuartiges hervorbringen. Die zentrale Rolle nehmen
dabei die Spielenden selbst ein, da jede Inszenierung ihr Zutun voraus-
setzt. Beeindruckt von den entstehenden Möglichkeiten digitaler Systeme suchte die Geisteswissenschaftlerin Janet Murray zur Jahrtausend-
wende nach deren zentralen Charakteristika. Sie fand vier intrinsische
Eigenschaften digitaler Systeme, die idealtypisch durch MMORPGs

---

[17] Siehe Bartle 2006, 3–31.
[18] MUD1 1978.
[19] Veerapen 2013, 101–104.
[20] Dungeons & Dragons 1974.
[21] Arneson/Gygax 1974; Inderst 2009, 29–52; Bartle 2006, 61–76.
[22] Garriott 2017, 13–48.
[23] Mortensen 2006.
[24] Schiesel 2008.

verkörpert würden:[25] Sie simulieren *prozedural* komplexes Verhalten,
indem sie eine Vielzahl von Regeln anwenden. Sie begünstigen *partizi-
pativ* individuelle Herangehensweisen. Sie bilden Welten *räumlich* ab.
Im quasi unbegrenzten digitalen Stauraum erschaffen sie zudem enorme
enzyklopädische Netzwerke. Aus dem Privatvergnügen einer begrenzten
technisch versierten Subkultur wuchsen Online-Rollenspiele zu einem
Massenphänomen für Millionen.[26] Kurz vor dem Jahrtausendwechsel
verbreiteten sich kompatible und leistungsfähige Rechensysteme mas-
senhaft in den industrialisierten Gesellschaften. Die Preise für Hard-
ware fielen, zugleich wuchs ihr Leistungsvermögen sowie das der Software und des Internets. Technisch und finanziell konnten sich so größere Spielerkreise an Online-Rollenspielen beteiligen. In der westlichen
Hemisphäre markierte *Ultima Online*[27] von Richard Garriot den Durchbruch, der den Begriff der MMORPGs prägte.[28] Das südkoreanische
Lineage[29] eroberte asiatische Spielerherzen im Sturm. Mit der Verbreitung des Breitbandinternets in den USA, Europa und Asien wuchs die
Zahl der MMORPGs beständig weiter: So verhalf *Everquest*[30] dreidi-
mensionalen Spielwelten zum Durchbruch am Massenmarkt. *Dark Age
of Camelot*[31] prägte die Spielweisen, indem es neben Kämpfen gegen
Kreaturen der Spielwelt und gegen andere Spieler erstmals Fraktions-
kriege ganzer Reiche einführte.[32] Diese Vorläufer setzten viele Konventionen für heutige MMORPGs.

    World of Warcraft[33] markiert einen vorläufigen Sattelpunkt der Ent-
wicklung. Es schliff sperrige Elemente der Spielform rund, erhöhte
die Zugänglichkeit für ein breites Publikum und entwickelte das
beliebte Universum von *Warcraft 3: Reign of Chaos*[34] und des Addons
The Frozen Throne[35] fort. Kein MMORPG erreichte vergleichbar hohe
Spielerzahlen, selbst wenn der Zenit mit 12 Millionen 2010 erreicht

---

[25]   Murray, 1998, 71–90, bes. 86, zentral zu den Eigenschaften 72, 74, 79 f. und
     83 f.
[26]   Inderst 2009, 52–93 bietet die beste soziohistorische Einordnung.
[27]   Ultima Online 1997.
[28]   Garriott 2017, 151–92.
[29]   Lineage 1998.
[30]   EverQuest 1999.
[31]   Dark Age of Camelot 2001.
[32]   Witte/Beyer-Fistrich 2017.
[33]   World of Warcraft 2004.
[34]   Warcraft III: Reign of Chaos 2002.
[35]   Warcraft III: The Frozen Throne 2003.

war.[36] Der Erfolg verführte die Konkurrenz dazu, das Modell nachzuahmen, was MMORPGs bis heute kreativ stagnieren ließ.[37] Dennoch kam es zu graduellen Innovationen, die aus historischer Hinsicht erwähnenswert sind: Die geschichtliche Entwicklung der sogenannten „Konzernkonflikte" in der Spielwelt von *Eve Online*[38] dokumentiert maßgeblich die Community selbst.[39] Chronisten der als Corporations bezeichneten Spielgemeinschaften zeichnen Ereignisse aus der Perspektive ihrer Gruppierungen auf und konstruieren so kollektive Identitäten.[40] Die Ansammlung einer bestimmten Anzahl von Spielenden löst in *Guild Wars 2*[41] Gruppen-Events aus. So erhalten beispielsweise alle anwesenden Spielerinnen und Spieler den Auftrag, ein Dorf zu verteidigen, wodurch spontane Kollektiverfahrungen entstehen.

Umfassender reformierte erst *The Secret World* die Spielform. Dichte narrative Netzwerke ranken sich dort um historische Inhalte.[42] Um diese mit typischen Spielmechaniken zu verknüpfen, brach das Spiel aber mit etablierten Konventionen. Gewöhnlich arbeiten die Spielenden in MMORPGS eine Vielzahl von Missionen gleichzeitig ab. Um aber eng an den narrativen Fragmenten durch das Geschichtsgewebe zu führen, gestattet *The Secret World* nur eine geringe Zahl gleichzeitiger Aufträge. Spielende, die in Gruppen zusammen spielen wollten, mussten dafür ihre begonnenen Aufträge abbrechen. Diese Struktur schränkte das kollaborative Zusammenspiel ein, eine der wichtigsten Grundlagen von MMORPGs.[43] Das Online-Rollenspiel integrierte zudem weitere gegensätzliche Konzepte: Der narrative Ansatz etwa sollte Neueinsteiger für MMORPGs begeistern, mit dieser Intention kollidierte aber ein kompliziertes, kryptisches Talentsystem. Der für cin MMORPG sehr ungewöhnliche Schritt einer Neuauflage korrigierte 2017 mit *Secret World Legends*[44] viele der spielmechanischen Inkonsistenzen.[45] Die neue Version konzentriert sich auf kleinere Spielergruppen und zugänglichere Systeme für Kampf und Charakterentwicklung, im Kern bleibt

---

[36] Kollar 2016.
[37] Nolden 2012a.
[38] Eve Online 2003.
[39] Parkin 2015.
[40] Hausar 2013, 30–33.
[41] Guild Wars 2 2012.
[42] Nolden 2012b.
[43] Nolden 2014.
[44] Secret World Legends 2017.
[45] Nolden 2017; Guthrie 2017a.

die Spielerfahrung aber erhalten.[46] Die Befunde dieses Beitrags gelten
daher auch für die Neufassung.

Gruppen sind in den Spielgebieten nun überschaubar, große Spielermengen aber treffen nach wie vor an Knotenpunkten aufeinander und
tauschen sich aus. Da sich das technisch Mögliche und das kulturell
Erlaubte gegenseitig beeinflussen, setzen die verwendeten Technologien
den Begegnungen einen technikkulturellen Rahmen. Wie bei den meisten MMORPGs benötigt der Zugang auf die Spielserver einen lokalen
Client: Der Zentralserver stellt die grundlegenden Programmfunkti-
onen bereit, berechnet veränderliche Aspekte der Spielwelt und koordiniert Kommunikation sowie Interaktion der Spielenden möglichst
effizient. Beim Client handelt es sich um ein Programm, das Elemente
speichert, die lokal benötigt und nicht permanent über das Internet
kommuniziert werden. Er wählt sich beim Spielstart in einen Zentralserver ein. Kollaboration als Kernprinzip setzt voraus, dass alle Spielenden die gleichen Bedingungen vorfinden. In der Regel wählen sie sich
immer auf demselben Server mit einigen tausend Mitspielern ein, *The
Secret World* hingegen schuf eine durchlässige Technologie, die mehrere
Server übergriff, und damit einen gemeinsamen Spiel- und Kommunikationsraum, dessen flexible „Dimensionen" das Zusammenspiel aller
Spielerinnen und Spieler ermöglicht.[47] Die anderswo hermetischen Teil-
sphären öffnet es für weltweiten spielerischen Austausch. Unterschiedliche Kernspielzeiten bedingt durch globale Zeitzonen oder sprachliche
Barrieren sorgen zwar für Schwerpunkte, die technische Anlage aber
unterbindet diesen Austausch nicht länger prinzipiell. Mit der Diskurs-
lehre von Michel Foucault im Hinterkopf lässt sich festhalten, dass ein
technisches System erheblich beeinflusst, welche Gesprächsdiskurse
führbar oder eben nicht führbar sind. Da *The Secret World* historisch
inszeniert, führt die Spielwelt-Technologie zu einem geschichtswissen-
schaftlich wesentlichen Effekt: Sie ermöglicht den weltweiten Austausch
über geschichtliche Traditionen, Wahrnehmungen und Deutungen der
Spielerinnen und Spieler im globalen Maßstab.

Eine Welt – Globalisierung der historischen Inszenierung

Eine Vielzahl digitaler Spiele inszeniert historisch. Für 1981 bis 2011
zählte die Historikerin Angela Schwarz 2009 PC-Spiele „mit histo-

---

46   Guthrie 2017b; Guthrie 2017c.
47   Bruusgaard 2012; Reahard 2012.

rischen Inhalten", von denen 43 Prozent zwischen 2006 und 2011 erschienen.[48] An Bestsellern, die Historisches funktional einbinden, fand Carl Heinze 2006 bis 2010 jährlich 110 für den PC und 125 für Konsolen.[49] MMORPGs greifen ebenso auf historische Vorstellungen zurück.[50] Josh Howard mahnt, ihre Relevanz für die Geschichtswissenschaft ernster zu nehmen: Sie seien besonders interessant aufgrund der Erkenntnis, dass sie sowohl Spiele als auch immer eine Form von Gemeinschaft sind.[51] Bislang versäumen Historikerinnen und Historiker, dadurch einen zentralen Zugang zur Kulturgeschichte digitaler Mediengesellschaften zu erschließen.[52]

Inszenieren digitale Spiele Geschichte, wirken viele Faktoren zusammen. Rekonstruierte Gebäude und Gegenstände errichten Kulissen aus Sachkulturen. Spiele setzen historische Persönlichkeiten ein, oft aber interaktionsarm und daher objekthaft. Auch der Zuschnitt von beeinflussbaren Spielmechaniken transportiert historische Aussagen. Rechenmodelle inszenieren makrohistorische Prozesse auf globalen Größenskalen. Mikrohistorische Systeme erschaffen Weltentwürfe aus lebensweltlichen Gefügen. Dicht und detailliert inszenieren sie innerhalb von wenigen Quadratkilometern das alltägliche wechselwirkende Verhalten von Bewohnern und berechnen Landschaften, Flora und Fauna unter dem Einfluss von dynamischem Wetter, dem Tageszyklus und Jahreszeiten. Viele Spiele transportieren historische Inhalte durch narrative Elemente, die oft fragmentarisch strukturiert sind. Wegen der mächtigen Position der Spielenden generiert erst das Spielen eine individuelle Geschichte, deren Abfolge sich von Person zu Person potenziell unterscheidet oder in der ganze Narrative fehlen, die für andere bestimmend waren.[53] Aufwändig entwirft *The Secret World* Sachkulturen von Weltregionen aus typischen gegenwartlichen und historischen Objekten. London, New York und Seoul, die zentralen Knotenpunkte im Spiel, erhalten Glaubwürdigkeit durch zeitgenössische Fahrzeuge, Geschäfte, Pubs, Möbel, Kleidung, Schmuck und andere Details. Aus geografisch üblichen Gegenständen und Gebäuden schöpfen die Hauptspielgebiete Neuengland, Ägypten und Rumänien einen konsistenten Eindruck.

---

[48] Schwarz 2012, 10–14.
[49] Heinze 2012, 109–13.
[50] MacCallum-Stewart/Parsler 2007, 203.
[51] Howard 2015.
[52] Hausar 2013, 29.
[53] Chapman 2016, 22 u. 283 bezeichnet Spielende in diesem geschichtlichen Schaffensprozess als *player-historians*.

Objekte sind oft nicht bloß Staffage, sondern erhalten plausible Funktionen wie ein mitgeführtes Smartphone, auf dem Auftraggeber anrufen, oder rumänische Polizeiakten, die für eine Mission zu übersetzen sind.[54] Aus einer gegenwartlichen Ebene um das Jahr 2010 bereisen die Spielenden die genannten Metropolen und Weltregionen und reisen gelegentlich auch in historische Epochen zurück. Sie bewegen sich zwischen belegbaren Überlieferungen und Manifestationen einer Kulturgeschichte aus literaturgeschichtlichen und populärkulturellen Vorlagen. Damit verbundene Objekte lehnen sich an historische Vorbilder an, ohne akribisch rekonstruiert zu sein. Hieroglyphen, die in der ägyptischen Landschaft Gebäude schmücken, sind atmosphärische Illustrationen. Ein Auftrag dagegen, die Lebensphasen von Pharao Echnaton zu ordnen, nutzt die akkuraten Namenszeichen des Herrschers.[55] Die repräsentierte Sachkultur bildet also nicht eine bloße Kulisse, sondern wird akkurater, je relevanter fürs spielerische Handeln ihre historische Funktion ist.

Nicht objekthaft sind zudem Personen eingebunden. Jedes Gebiet, in dem historische Überlieferungen, Mythen und Legenden buchstäblich zum Leben erwachten, birgt Überlebende teils katastrophaler Ereignisse, deren Bedürfnisse durch Missionen zu weiteren Orten und Figuren der Spielwelt überleiten. Die Perspektiven dieser Personen fußen auf ihrem kulturellen und ethnischen Hintergrund sowie ihrem individuell glaubwürdigen Horizont. Deshalb teilen sie keine übergeordnete Einheitsdeutung. In vertonten Gesprächen schildern sie Verhältnisse mit anderen Personen, ihre Vorgeschichte, die Spielgebiete und historische Ereignisse. Filmisch inszenierte Sequenzen verleihen ihnen zusätzliche Glaubwürdigkeit. Aus den Kontakten erwächst eine Oral History, deren komplexes Geflecht die Spielenden selbst deuten müssen. Welches Mosaik sich ergibt, hängt davon ab, mit welchen Spielfiguren sie zu welchem Stand des Spiels über welche Aspekte sprechen. Der Umgang mit den Personen erschafft ein beeindruckendes Netzwerk, dessen multiperspektivische Komplexität definitive Interpretation nicht zulässt.

Beachtenswert als Teil des Weltentwurfs ist die historische Atmosphäre, zu der Geräuschkulissen (Soundscapes) und regional typische Wetterphänomene beitragen. Doch der Schwerpunkt der Inszenierung liegt spürbar auf narrativen Strukturen und Interaktion der Spielen-

---

[54]   Unfair 2012.
[55]   TSWDB 2012a.

den. Die zahlreichen Hauptmissionen sind an historischen Inhalten
reich und wegen der Auftragsarten innovativ: Manche Ziele sind zu
bekämpfen, in anderen Aufträgen müssen Fallen, Gegner und Kameras
umschlichen werden. Innovativ sind Investigativ-Missionen, die tief in
die Hintergründe der Spielwelt und ihrer Bewohner eintauchen. Vielfältige Denkaufgaben erfordern, außerhalb der Spielwelt historisch zu
recherchieren: Die hebräische Gravur eines Wanderstabs ist mit arabischer Schrift abzugleichen.[56] Mary Shelleys Frankenstein hilft, ein Pass-
wort zu entschlüsseln.[57] Eine ganze Weihnachtsquest rankt sich um die
Komposition von Mozarts Zauberflöte.[58]

Die Aufgaben sind so vielseitig und aufwändig, dass ein eingebauter
Web-Browser zum wichtigen Werkzeug wird. Sein Zugriff nach außen
lässt die Grenzen zwischen der erdachten Spielwelt und der Außenwelt
verschwimmen. Eine Mission etwa erfordert, die Mitarbeiterin eines
Konzerns zu identifizieren. Im Internet ist eine Firmenwebseite zu finden, deren Personalbereich die Daten preisgibt.[59] Mit dieser Diffusion
in die Lebenswelt schließt *The Secret World* gezielt die gegenwartliche
Spielebene an die Zeitgeschichte an. Verschwörungstheoretiker, die in
der Spielwelt anzutreffen sind, besitzen Blogs im Internet.[60] Bei You-
Tube sind Videos von Akteuren hinterlegt.[61] Aufwand und Dichte der
Verknüpfungen sind so erstaunlich, wie der Effekt auf die Glaubwürdigkeit aller Spielinhalte spürbar ist.

Ergänzt wird die verwinkelte Beschäftigung mit Geschichte durch
viele knappere Nebenaufträge und leuchtende Waben, die in der Spielwelt verstreut sind. Letztere fügen Informationsschnipsel in eine enzyklopädische Datenbank ein, die spielweltliches Hintergrundwissen, das
sogenannte Lore, über Fraktionen, Ereignisse und Spielfiguren sammelt. Wegen des Detailreichtums kann dieser Beitrag nicht alle historischen Ebenen aufführen, ihre Komplexität lässt sich aber illustrieren. Von der sowjetischen Vorherrschaft in Rumänien künden kommunistische Betonanlagen, die neben einem abgewohnten, älteren Dorf-
kern aufragen. Legenden führen in die frühneuzeitliche Grafschaft, ein
Romalager leitet in christliche und vorchristliche Mythen über, sogar

---

[56] TSWDB 2012b.
[57] TSWDB 2014a.
[58] TSWDB 2014b.
[59] Orochi 2012.
[60] Freeborn 2009.
[61] FunCom 2012.

die antike römische Präsenz wird aufgegriffen. In Neuengland reicht
die Geschichte bis zu Landungen der Wikinger und Begegnungen mit
den dortigen Ureinwohnern der Wabanaki zurück. Die skandinavi-
sche Sagenwelt und jene der amerikanischen Ureinwohner mischen
sich, kreuzen lokalgeschichtliche Ereignisse des 20. Jahrhunderts und
begegnen Manifestationen neuenglischer Horrorliteratur. Die ägyptischen Spielgebiete verbinden Tourismus wie Terrorismus in der arabischen Welt mit kolonialer Ausbeutung und althistorischen Ausgra-
bungen. Die Menschen kämpfen um Freiheit und Selbstbestimmung,
doch gegen die Kultisten, welche die Auferstehung Echnatons betreiben, hilft nur das Verständnis der altägyptischen Glaubenswelt. Groß-
städtische Kultur verknüpft das Gebiet von Tokio mit den Niederun-
gen organisierter Kriminalität und dem Ansturm von Wesen aus japa-
nischen Vorstellungen vor allem der Edo-Zeit. Kontinuierlich durchwe-
ben die Schauplätze den historischen Rahmen mit zeitgeschichtlichen
Rückkopplungen. In Ägypten etwa beschränkt sich koloniale Ausbeutung nicht nur auf vergangene Zeiten, wenn archäologische Artefakte
geschmuggelt werden oder der Einfluss von Ölkriegen thematisiert
wird. In diesen Momenten werden die globalhistorischen Anknüpfungspunkte besonders deutlich.

   Konsequente Perspektivität erhöht den Wiederspielwert enorm.
Zeigten schon die Überlebenden in der Welt ein multiperspektivisches,
nicht definitiv deutbares Netzwerk von Oral History, liefern drei Fraktionen zusätzliche Deutungsebenen. Die „Templer"-Zentrale in London teilt die Welt schematisch in Gut und Böse, in New York versuchen
„Illuminaten", die Ereignisse zu monetarisieren, und in Fernost ziehen
die „Drachen" an Fäden des Geschehens. So klischeehaft dies wirkt,
stehen dahinter drei Muster historischer Welterfahrung. Erstere folgen
traditionalistischen, paternalistischen Ansichten mit klaren Feindbil-
dern, eine kapitalistische, progressive und leistungsorientierte Welt-
sicht durchdringt die Illuminaten und der fernöstliche Verbund sucht
mit der Chaos-Theorie punktuell Einfluss. Die jeweils gewählte Zentrale reagiert mit Bewertungen, die von ihrer Haltung geprägt sind, auf
Gespräche mit Überlebenden und in Missionen. Spielwelt und Spielfiguren verhehlen nicht, wenn sie diese Grundeinstellung nicht teilen.

   Die genannten Elemente verweben sich zu einer komplexen, historischen Gesamtinszenierung, die sich den skizzierten globalhistorischen Paradigmen annähert. Sie verknüpft die zeitgenössische Sicht
mit historischen Ebenen und übergreift Weltregionen. Multiperspektivisch bietet sie Deutungen aus kulturellen und ethnischen Hinter-

gründen einzelner Personen, aufgrund von Weltbildern globaler Vereinigungen und im Hinblick auf lokale und überregionale Geschichte. Das Geflecht erhebt die Widersprüchlichkeit zum Prinzip. Dafür nutzt das Spiel klug angelegte narrative Bausteine von verschiedener historischer Dichte, für die glaubwürdig rekonstruierte Sachobjekte und Gebäude der Regionen die Bühne bereiten. Objekte von funktionaler Bedeutung sind akkurater, verglichen mit dekorativen Stilelementen. Rechenmodelle sind von untergeordneter Bedeutung, dynamische Soundeffekte und die Lichtstimmung aber zeigen die Relevanz einer historischen Atmosphäre für die Geschichtsinszenierung. Die Missionsformen setzen Geschichte vielseitig und funktional ein, Spielwelt und Außenwelt diffundieren ineinander. Die Struktur und die behandelten historischen Themen führen auf eine weltumfassende, differenzierte Kulturgeschichte einer globalisierten Inszenierung.

Der Wille zur Geschichte – Globalisierung der Spielenden

Gerahmt von Technologien und entlang der Verknüpfungslinien sozialer Netzwerke verlaufen Kommunikationswege. Die Spielenden sind in eine volatile kulturelle Sphäre eingebettet, in der sich drei überlappende Teilbereiche verweben: jener innerhalb der Spielweltgrenzen, jener außerhalb sowie hybride Formen. Schwierig ist zu überblicken, wo die Schwerpunkte der Kommunikationsformen liegen und von welcher Intensität sie sind. Dieser Abschnitt beansprucht daher keine Vollständigkeit, vielmehr wirft er Schlaglichter, um Spektrum und Komplexität der Phänomene zu belegen.

Innerhalb der Grenzen des Spieles treffen Spielende auf ein lebendiges Netzwerk von Figuren. Multiperspektivisch reflektieren sich darin spielweltliche Ereignisse, historische Hintergründe, Lokalgeschichte und persönliche Verhältnisse. Bezieht man die Weltdeutungen der drei Fraktionen mit ein, führt dieses Netz aus Sichtweisen zu einer spielweltlichen Oral History. In den sieben Jahren seiner Existenz ergänzte *The Secret World* in fünfzehn Updates die Spielfiguren und Hintergrundwelt durch Gesprächsoptionen und Aufträge.[62] Dadurch entstand eine Zeitachse, die der Kommunikation von Spielenden mit der Oral History eine Vergangenheitserfahrung verlieh. Auch für zwischenmenschliche Kommunikation stellt die Spielwelt Werkzeuge bereit. Ein Textchat erlaubt, Äußerungen an Personen oder Gruppen zu verschicken

---

[62] TSWDB o. J.

oder ohne konkreten Adressaten ins nähere Umfeld zu rufen. In Gebieten mit großen Spielerzahlen eignet sich der öffentliche Chat nur, um Beistand für Missionen oder Handelspartner zu suchen. Schließen sich temporär Gruppen zusammen, können sie gekapselte Gruppenchats einrichten. Aber selbst dann oder in wenig frequentierten Gebieten dient das Instrument nur knappen Unterhaltungen. Alle Spielgebiete bieten spielweltliche Begegnungsstätten wie Tavernen, welche die Spielenden zum Austausch einladen. Damit längerfristige Gemeinschaften entstehen, pflegen Spielerinnen und Spieler Freundeslisten, zu denen sie Bekannte aus der Spielwelt einladen. Etabliert haben sich in Online-Rollenspielen zudem Emotes.[63] Diese animierten Gesten dienen dazu, dem Gegenüber Gemütszustände der Spielfigur mitzuteilen, etwa Freude oder Wut. Sie sind in *The Secret World* aber auch regelmäßig Bestandteile von Missionen: Weil es eine Überwachungskamera irritiert, ist ein Rad zu schlagen. Eine Statue Echnatons wird angebetet, um eine Reaktion auszulösen. Solche nonverbale, symbolische Kommunikation ist ein interessanter Vermittler, weil sie einen Standard unabhängig von Sprachbarrieren definiert, obwohl Gesten kulturell Unterschiedliches bedeuten können.

Manche Kommunikationsformen nutzen Spielende innerhalb und außerhalb der Spielwelt. Diese Hybride erschweren zusätzlich, klare Grenzen um das eigentliche Spiel zu ziehen. So operieren Gilden, Zusammenschlüsse von größeren Spielergruppen, deren soziale Funktionsweise der Kulturhistoriker Rudolf Inderst aufschlüsselte, zwar in vorgegebenen Spielstrukturen, doch durch eigene Webseiten auch über diese Grenzen hinaus.[64] Im Fall von *The Secret World* als „Cabals" bezeichnet, bieten sie Mitgliedern weitere Kommunikationswege und Möglichkeiten zur Organisation zum Beispiel für gemeinsame Feldzüge.[65] Die nicht zum Spiel gehörigen Webseiten spiegeln Organisationsformen wieder, dokumentieren gemeinsame Spielerfahrungen und geben Diskussionen Raum. Diese Mittel stiften eine kollektive Identität, die das gemeinschaftliche Handeln im Inneren des Spieles und das Auftreten gegenüber Einzelnen und Spielergruppen bestimmt. Für Gruppengespräche wird externe Software von Drittanbietern wie Ventrilo und Teamspeak genutzt, was erneut die Spielweltgrenzen verwischt. Ohne lästiges Tippen lässt sich damit verbal zügiger austauschen, denn

[63]   ContraceptiveCat 2012.
[64]   Inderst 2009, 141–172 u. 193–289.
[65]   Cabals o.J., Cabal Directory o.J.

The Secret World verfügt über keine eingebaute Sprechfunktion. Diese Hilfsmittel stehen in einer Grauzone der Spielweltgrenzen.

Stets außerhalb des eigentlichen Spielraums kommunizieren Spielende vor allem schriftlich in Foren. Viele Magazine oder Webportale ermöglichen den Austausch unter Artikeln, auch die „Cabals" richten Diskussionsbereiche ein. Zentraler Anlaufpunkt aber sind die offiziellen Foren zum Spiel.[66] Aus sieben Jahren des Spielbetriebes dokumentiert dieser mächtige Fundus Meinungsäußerungen, technische Nachfragen, aber auch Diskussionen über spielweltliche Erzählungen und historische Hintergründe. Zum Beispiel wurde die Frage historisch diskutiert, warum die Zentrale der Templer in London und nicht in Rom steht.[67] Eine besonders enge Bindung an die Spielwelt findet sich bei Rollenspielerinnen und Rollenspielern, die alle ihre Äußerungen nur innerhalb des Horizontes ihres Avatars belassen. Schon die Webseite einer Rollenspiel-Community umfasst mehr als 4000 Accounts.[68] Ihre Identifikation mit der Spielwelt ist so groß, dass manche für ihre Spielfiguren Accounts im Netzwerk Twitter betreiben. Allein Secret World Roleplay listet 1558 Mitglieder, deren Spielfiguren sich aus dem spielweltlichen Horizont melden.[69] Ähnliche Aktivitäten finden sich bei Facebook. Spielerfahrungen werden aufgezeichnet und via Portale wie Twitch synchron übertragen. Sogenannte Let's Plays sind zahlreich bei YouTube abrufbar. In dortigen Chats und Kommentarbereichen wird wiederum textlich diskutiert.

Wie sich Gespräche über Historisches auf diese Kommunikationskanäle verteilen, ist so schwierig abzuschätzen wie Effekte, die auf eine Erinnerungskultur wirken. Allein für *The Secret World* sind mehrere Jahre der Kommunikation zu sichten, viele Kanäle sind nur punktuell und qualitativ zu erschließen, manches wie Gespräche überhaupt nicht mehr erfassbar. Unwissentliche Mitschnitte wäre ohne das Wissen der Teilnehmenden juristisch problematisch, weil es ihr Recht am eigenen Wort verletzt. Das Einverständnis zu erfragen, setzt die Kenntnis der realen Person hinter dem Avatar voraus, aber die Preisgabe der Anonymität ist unüblich. Zudem wäre das Anliegen zu erklären, nach erinnerungskulturell relevanten Äußerungen zu fahnden. Das Gespräch würde auf das Thema gelenkt, und der Befund massiv verfälscht. Sym-

---

[66] The Secret World o.J.
[67] Lightshadow 2012.
[68] Secret World RP o.J.
[69] Secret World Roleplay 2014.

bolische Kommunikation durch Emotes ist kaum festzuhalten, knappe
Äußerungen im Textchat sind nicht sehr ergiebig.

Als Quelle tauglich sind die schriftlichen Dokumente, welche die
Spielenden in Foren niederlegen. Unter den Suchbegriffen „Lore" und
„History" sammelten sich in den offiziellen Foren seit 2012 gut 500
Diskussionsthreads. Deutschsprachige Beiträge sind unter dem Begriff
„Geschichte" undifferenzierter, weil er Prosa mit erfasst. Sie summie-
ren sich auf 309 Threads mit im Schnitt je einem Dutzend Beiträgen.
Die Verknüpfung von „Lore" und „Geschichte" führt zu 27 Threads
mit schwankender Aktivität. Oft entwickeln sich Diskussionen nur zu
einem Thema über Dutzende von Beiträgen. Spielerinnen und Spieler
diskutieren, durch ihre Accounts anonymisiert, die innere Stimmigkeit
der Spielwelt und ihr Verhältnis zur äußeren historischen Überlieferung.
Ein Anteil, der sich allein mit wissenschaftlicher Geschichtsschreibung
befassen würde, ist nicht separierbar. Die erdachten Elemente, populärkulturelle Themen und wissenschaftliche gesicherte Befunde durch-
mischen sich ständig. Meine Dissertation untersucht ausführlicher, wie
viel der Kommunikation die historische Inszenierung in welcher Weise
betrifft.[70] Schon obige Zahlen aber sprechen für eine erhebliche Auseinandersetzung mit historischen Themen in der Community. Die Spielenden kommen aus verschiedenen Regionen der Welt, diskutieren über
ein Gewebe aus weltweiten historischen Überlieferungen und legen die
Keimzelle für eine kollektive Erinnerungskultur. Der Austausch von
Deutungen im Diskurs führt zu einem integrativen Prozess, der globalhistorische Vorstellungen aushandelt.

Der globalhistorische Effekt

Eingangs fragte dieser Beitrag nach einer globalhistorischen Sicht. Sie
fokussiert weltweite Kontexte, betrachtet grenzübergreifende Verflechtungen zwischen Menschen und ihrer Kommunikation und stellt rela-
tionale Zusammenhänge zwischen technischen und sozialen Strukturen mit zugehörigen Akteuren und Abläufen heraus. Die Geschichte
von MMORPGs und das Beispiel *The Secret World* halfen, drei integrative Prozesse einer Globalisierung herauszuarbeiten:

Erstens entwickelt sich ein Standard, der weltweit die Spielerfahrung
rahmt. Ihn prägen typische technische und spielmechanische Eigenschaften der Rollenspielkultur und von MUDs. MMORPGs öffneten

---

[70] Nolden 2018.

sich zwar für ein Massenpublikum, eine Technologie aber wie bei *The Secret World* erst verbindet weltweit große Spielermengen serverübergreifend. Darin liegt die technikkulturelle Globalisierung.

Die Spielwelt verknüpft zweitens Überlieferungen diverser Weltregionen. Ihr Schwerpunkt liegt zwar auf der Nordhalbkugel, bezieht etwa nur am Rande die Azteken oder westafrikanischen Voodoo ein. Trotzdem offenbart *The Secret World* eine interdependente, überregionale, von Nationen unabhängige und multiperspektivische Struktur, die einem globalhistorischen Geschichtsverständnis nahesteht. Weltumfassend und differenzierend, führt sie zur Globalisierung der historischen Inszenierung. Sie realisiert damit die bislang interessanteste Geschichtserfahrung bei MMORPGs. Weil *The Secret World* konsequent die medialen Eigenschaften nutzt, die Murray für digitale Systeme skizzierte, ist sie auch über Online-Rollenspiele hinaus beispielhaft.

Die historische Inszenierung konstituiert Schauplätze, auf die Menschen von überall auf der Welt gemeinsam zugreifen. So errichtet das Spiel drittens eine weltweite Sphäre erinnerungskultureller Kommunikation. Die Auseinandersetzung über geschichtliche Elemente erfolgt mithilfe von Technologien teils innerhalb des Spieles, teilweise außerhalb und in einem hybriden Grenzbereich. Sie ermöglichen den Spielerinnen und Spielern einen Austausch über geschichtliche Traditionen, Wahrnehmungen und Deutungen im globalen Maßstab. Darin liegen Keime für eine globale Erinnerungskultur, die vorerst nur das Beispiel *The Secret World* nachweist. Wie dieses Online-Rollenspiel als erinnerungskulturelles Wissenssystem im Detail funktioniert, erörtert meine Dissertation.[71]

Digitale Spielkulturen entwickeln sich als weltweites Medienphänomen kontinuierlich weiter. Distributionswege und Produktionsweisen verändern sich und bringen neue Technologien hervor, die mit Kulturen und Gesellschaften in Wechselwirkung stehen. Der grenzübergreifende, interregionale und transnationale Zuschnitt tangiert verschiedene Prozesse der Globalisierung. Auch die Spielformen und die inszenierten Inhalte wandeln sich kontinuierlich. Dass Entwürfe menschlicher Geschichte in diesem dynamischen Rahmen globalhistorisch ausgehandelt werden, erweist sich als plausibel, auch wenn es gewiss zunächst die globalgeschichtliche Interpretation einer Subkultur wäre. Diese aber ist mit Erinnerungskulturen um andere Spiele, andere Medien und in anderen Regionen überall auf der Erde verknüpft, weshalb die Spiele-

---

[71] Nolden 2018.

rinnen und Spieler diese umgekehrt auch beeinflussen. *The Secret World* ist sicherlich nicht das Ende dieser Entwicklung, solange historische Inhalte in digitalen Spielen so präsent bleiben.

Literatur

Arneson/Gygax 1974 = David Arneson/Gary Gygax, Dungeons & Dragons, Lake Geneva 1974.

Bartle 2006 = Richard A. Bartle, Designing Virtual Worlds, Nachdr. d. Aufl. v. 2004, Berkeley 2006.

Bruusgaard 2012 = Martin Bruusgaard, Einzel-Server-Technologie von The Secret World, in: The Secret World: Entwickler Blog 26.6.2012 [= via Google Cache, 23.2.2017], engl. Fassung via Wayback Machine, http://bit.ly/2fW5eP4 [20.8.2017].

Cabals o.J. = Cabals, The Secret World Forums. English Forum, o.J., http://bit.ly/2stfgtc [23.06.2017].

Cabal Directory o. J. = Cabal Directory, in: The Secret World Stuff o. J., http://bit.ly/2tlaZId [23.06.2017].

Castells 1996 = Manuel Castells, The Information Age, Bd. 1: The Rise of the Network Society, Cambridge 1996.

Chapman 2016 = Adam Chapman, Digital Games as History. How Videogames Represent the Past and Offer Access to Historical Practice (Routledge Advances in Game Studies 7), New York 2016.

Conrad 2013 = Sebastian Conrad, Globalgeschichte. Eine Einführung, München 2013.

Conrad/Eckert/Freitag 2007 = Sebastian Conrad/Andreas Eckert/Ulrike Freitag (Hg.), Globalgeschichte. Theorien, Ansätze, Themen (Globalgeschichte 1), Frankfurt 2007.

ContraceptiveCat 2012 = ContraceptiveCat, Emote List, in: The Secret World Forum. English Forum 11.8.2012, http://bit.ly/2tXIrUN [23.06.2017].

Eckert 2017 = Andreas Eckert, Die Globalgeschichte wirft den Anker aus, in: FAZ plus 10.5.2017, http://bit.ly/2sezFAQ [18.6.2017].

Freeborn 2009 = Tyler Freeborn, Monsters of Maine, 2009, http://bit.ly/2sn4lkR [17.06.2017].

FunCom 2012 = [FunCom], Theodore Wicker Lecture, in: Kanal EliotDewhurst via Youtube 26.7.2012, https://youtu.be/0jSx-oyIEZE [17.06.2017].

Garriott 2017 = Richard Garriott, Explore/Create. Gamer Adventurer Pioneer, New York 2017.

Gehler 2002 = Michael Gehler, Zeitgeschichte zwischen Europäisierung und Globalisierung, in: Aus Politik und Zeitgeschichte (APuZ) B51-52/2002, 23–35.

Guthrie 2017a = M. J. Guthrie, FunCom Reboots The Secret World as Secret World Legends, A 'Shared-World Action RPG', in: Massively Overpowered 29.3.2017, http://bit.ly/2q1MGRz [15.6.2017].

Guthrie 2017b = M. J. Guthrie, Exclusive Interview: Funcom's Romain Amiel On Secret World Legends' Combat Revamp and More, in: Massively Overpowered 31.3.2017, http://bit.ly/2t5ZjZE [15.06.2017].

Guthrie 2017c = M. J. Guthrie, Exclusive Interview: Secret World Legend's Story, Monetization, Membership, Tokyo, And More, in: Massively Overpowered 1.4.2017, http://bit.ly/2rvf7s3 [15.06.2017].

Hausar 2013 = Gernot Hausar, Gespielte Geschichte. Die Bedeutung von „Lore" im Massive Multiplayer Spiel Eve Online, in: Historische Sozialkunde 4/2013, 29–35.

Heinze 2012 = Carl Heinze, Mittelalter Computer Spiele (Historische Lebenswelten in populären Wissenskulturen 8), Bielefeld 2012.

Howard 2015 = Josh Howard, The Oral History of MMOs, in: Play the Past 3.9.2015, http://bit.ly/2mwINlA [12.6.2017].

Inderst 2009 = Rudolf T. Inderst, Vergemeinschaftung in MMORPGs (Univ. Diss., München 2008), Boizenburg 2009.

Kollar 2016 = Philip Kollar, Did Legion Boost World of Warcraft's Subscriber Numbers over 10 Million?, in: Polygon 4.10.2016, http://bit.ly/2sDq8Y1 [15.06.2017].

Komlosy 2011 = Andrea Komlosy, Globalgeschichte. Methoden und Theorien, Stuttgart 2011.

Lightshadow 2012 = Lightshadow, Templer: Warum London und nicht Rom, in: The Secret World Forum. Deutsches Forum 5.10.2012, http://bit.ly/2sjm7qt [19.06.2017].

MacCallum-Stewart/Parsler 2007 = Esther MacCallum-Stewart/Justin Parsler, Controversies. Historicising the Computer Game, in: DiGRA '07 - Proceedings of the 2007 DiGRA International Conference: Situated Play, Nr. 4 2007, S. 203–10, http://bit.ly/1W2XJQt [12.06.2017].

Middell/Engel 2010 = Matthias Middell/Ulf Engel (Hg.), Theoretiker der Globalisierung, [Leipzig] 2010.

Mortensen 2006 = Torill Mortensen, WoW is the New MUD. Social Gaming from Text to Video, in: Games and Culture, Nr. 4 1/2006, 397–413.

Murray 1998 = Janet H. Murray, Hamlet on the Holodeck. The Future of Narrative in Cyberspace, Cambridge 1998.

Nolden 2012a = Nico Nolden, Krawall mit MMORPGs, in: Keimling 9.5.2012, http://bit.ly/2dUoCd9 [15.06.2017].

Nolden 2012b = Nico Nolden, Da wohnt doch was im Schrank, in: Keimling 5.10.2012, http://bit.ly/PeBhFT [15.06.2017].

Nolden 2014 = Nico Nolden, Totengräber verborgener Welten, in: Keimling 20.1.2014, http://bit.ly/1kQ7vX2 [15.06.2017].

Nolden 2017 = Nico Nolden, Metamorphosis, in: Keimling 22.4.2017, http://bit.ly/2pPR2u9 [15.06.2017].

Nolden 2018 = Nico Nolden, Erinnerungskulturelle Wissenssysteme in Computerspielen. Historische Inszenierungen digitaler Spielwelten in Massively-Multiplayer Netzwerken, Univ. Diss. Hamburg 2018.

Orochi 2012 = Orochi Group. Offizielle Webseite, 2012, http://www.orochi-group.com [17.6.2017].

Osterhammel/Petersson 2012 = Jürgen Osterhammel/Niels P. Petersson, Geschichte der Globalisierung. Dimensionen, Prozesse, Epochen, 5. durchges. Aufl., München 2012.

Parkin 2015 = Simon Parkin, Eve Online. How a Virtual World Went to the Edge of Apocalypse and Back, in: The Guardian 12.5.2015, http://bit.ly/1PWOE6h [15.6.2017].

Pernau 2011 = Margrit Pernau, Transnationale Geschichte (Grundkurs Neue Geschichte, 3535), Stuttgart 2011.

Reahard 2012 = Jef Reahard, Chaos Theory: The Secret World's Single-Server Tech, in: engadget.com 19.7.2012, http://engt.co/2tgsUzV [18.06.2017].

Rehbein/Schwengel 2012 = Boike Rehbein/Hermann Schwengel, Theorien der Globalisierung, 2. überarb. Aufl., Konstanz 2012.

Sachsenmaier 2011 = Dominic Sachsenmaier, Global Perspectives on Global History. Theories and Approaches in a Connected World, Cambridge 2011.

Schiesel 2008 = Seth Schiesel, Gary Gygax, Game Pioneer, Dies at 69, in: New York Times 5.3.2008, http://nyti.ms/2tdwlXc [12.06.2017].

Schwarz 2012 = Angela Schwarz, Computerspiele. Ein Thema für die Geschichtswissenschaft?, in: Dies. (Hg.), „Wollten Sie auch immer schon einmal pestverseuchte Kühe auf Ihre Gegner werfen?" Eine fachwissenschaftliche Annährung an Geschichte im Computerspiel (Medien'Welten 13), 2. erw. Aufl., Münster 2012, 7–33.

Secret World Roleplay 2014 = Secret World Roleplay, RP Hub for Secret World Legends and legacy The Secret World, Januar 2014, http://bit.ly/2sNoJvC [24.06.2017].

Secret World RP o.J. = Secret World RP, RP Community for The Secret World & Secret World Legends, http://www.tsw-rp.com [24.6.2017].

Sieder/Langthaler 2010 = Reinhard Sieder/Ernst Langthaler, Was heißt Globalgeschichte? Einleitung, in: Dies. (Hg.) Globalgeschichte 1800–2010, Wien 2010.

The Secret World o.J. = The Secret World. Offizielle Foren, http://bit.ly/2sMTe4z [24.6.2017].

TSW DB o.J. = TSW DB, Mission Guides, o. J., http://bit.ly/2sZkaBj [22.06.2017].

TSWDB 2012a = TSW DB, The Big Terrible Picture. Investigation, 2012, http://bit.ly/2sc7sNK, [17.06.2017].

TSWDB 2012b = TSW DB, The Unburnt Bush. Investigation, 2012, http://bit.ly/2rHGpGI [17.06.2017].

TSWDB 2014a = TSW DB: The Animate Clay. Investigation [=DLC Sidestories: Further Analysis], April 2014, http://bit.ly/2p2LlsQ [17.06.2017].

TSWDB 2014b = TSW DB, The Christmas Conspiracy. Investigation [=Seasonal Mission], Dezember 2014, http://bit.ly/2rCy4Jm [17.06.2017].

Unfair 2012 = Unfair.co: The Secret World: Death and Axes Guide. Investigation [= Issue 1.2 Digging Deeper], September 2012, http://bit.ly/2rFbFem [18.06.2017].

Veerapen 2013 = Maeva Veerapen, Where do Virtual Worlds Come From? A Genealogy of Second Life, in: Games and Culture, Nr. 2 8/2013, S. 98–116, http://bit.ly/2icsmcA [18.08.2017].

Witte/Beyer-Fistrich 2017 = Christian Witte/Maria Beyer-Fistrich, Dark Age of Camelot wird 15. Ein Rückblick auf das große PvP-MMORPG, in: *buffed.de* 5.2.2017, http://bit.ly/2oFLAKj [12.06.2017].

Ludografie

Dark Age of Camelot, Mythic Entertainment, PC (Windows), Vivendi Games [u. a.] 2001.

Dungeons & Dragons, Gary Gygax / Dave Arneson, plattformunabhängig, TSR / Wizards of the Coast 1974.

Eve Online, CCP Games, PC (Windows) [u. a.], Simon & Schuster 2003.

EverQuest, Sony Online Entertainment, PC (Windows) [u. a.], Sony Online Entertainment 1999.

Guild Wars 2, ArenaNet, PC (Windows) [u. a.], NCsoft 2012.

Lineage, NCsoft, PC (Windows) [u. a.], NCsoft 1998.

MUD1, Richard Bartle / Roy Trubshaw, plattformunabhängig, 1978.

Secret World Legends, FunCom, PC (Windows), Electronic Arts 2017.

The Secret World, FunCom, PC (Windows), Electronic Arts 2012.

Ultima Online, Origin Systems [u. a.], PC (Windows) [u. a.], Electronic Arts 1997.

Warcraft III: Reign of Chaos, Blizzard Entertainment, PC (Windows) [u. a.], Blizzard Entertainment 2002.

Warcraft III: The Frozen Throne, Blizzard Entertainment, PC (Windows) [u. a.], Blizzard Entertainment 2003.

World of Warcraft, Blizzard Entertainment, PC (Windows) [u. a.], Blizzard Entertainment 2004.

Vom Wissen der digitalen Spiele

Aktuelle Klimawandeldiskurse als simulierte Erfahrung

Andreas Endl – Alexander Preisinger

Während schwere Hagelschauer über Tokio niedergehen und New-Delhi im Schnee versinkt, wird New York von einer gigantischen Welle überschwemmt. Bilder, die aus Roland Emmerichs Katastrophenfilm *The Day After Tomorrow* (2004) stammen. So sehr der Plot nach Hollywood-Manier gestrickt ist, so groß ist der Einfluss des katastrophischen Bilderprogramms auf unsere Vorstellung vom Klimawandel, indem er abstrakte Klimadaten in konkrete Bilder verwandelt. In die gleiche Kerbe schlägt das Computerspiel *Fate of the World* (im Folgenden kurz FOTW genannt)[1] des Indie-Entwicklers „Red Redemption“. Der Spieler/die Spielerin übernimmt die Rolle der „GEO“ (Global Environmental Organisation), einer Art Weltregierung, und versucht über unterschiedliche Steuerungsmechaniken das Weltklima und dessen Auswirkungen in den Griff zu bekommen.

Der hochkomplexe Klimawandel als spielbare Simulation – das ist vor allem aus wissenssoziologischer sowie wissenshistorischer Sicht interessant: Da es sich um eine Simulation mit wissenschaftlichem Hintergrund[2] und didaktischer Absicht[3] handelt, stellt sich die Frage, welche Vorstellungen vom Klima(-wandel) aus wissenschaftshistorischer Perspektive und unter Verwendung welcher Strategien sowie aus interdiskursiver Perspektive hier erfahr- und ‚spielbar‘ gemacht werden. Ausge-

---

[1]   Fate of the World 2011.

[2]   Die Entwickler haben mit Mayles Allen, dem Chef der „Climate Dynamics Group“ der Universität Oxford, zusammengearbeitet.

[3]   So wurde das Spiel etwa von der renommierten Website „Games for Change“ zu einem der einflussreichsten Spiele 2010/11 gewählt und von der Website „Serious Games“ im Jahr 2011 als zweitbestes Spiel ausgezeichnet. Spielimmanente Mittel wie ein eigenes Wiki, das die Spielelemente wissenschaftlich erklärt, lassen die Zuordnung des Spiels in den Serious-Game-Bereich gerechtfertigt erscheinen.

hend von diesen beiden Perspektiven bietet FOTW als Untersuchungs-
objekt einen breiten Einblick in die Dynamik der Klimawandeldebatte
in Bezug sowohl auf die Zeitlichkeit von Wissensbeständen als auch
deren Verarbeitung und Darstellung für den Spieler/die Spielerin. Im
Gegensatz zu den anderen Beispielen in diesem Sammelband handelt
es sich bei unserem um eine prognostische Globalgeschichte, da die
Klimawandeldebatte stets mögliche Zukünfte entwirft.

Wissen als Diskurs

Entsprechend der diskursanalytischen Wissenssoziologie[4] und in Anlehnung an die Arbeiten des französischen Philosophen und Historikers
Michel Foucault[5] betrachten wir Wissen nicht als einfach gegeben, sondern als soziale Konstruktion. Wissen wird durch regulierte Praktiken
der Zeichenproduktion durch (kollektive) Akteure, Institutionen und
Organisationen hervorgebracht, stabilisiert und verändert. Wissen ist
daher nicht objektiv vorhanden, sondern ein Diskurs – ein mehr oder
weniger geregeltes Sprachspiel, das Welt und Wirklichkeit konstituiert.
   Will man das diskursive Feld des Klimawandels zumindest skizzie-
ren, so lassen sich folgende Hauptakteure benennen: Es gehören dazu
beispielsweise die wissenschaftlichen (staatlich oder privat finanzier-
ten) Forschungseinrichtungen. Staatlicherseits sind es u. a. Umwelt-
ministerien, die Gesetze und Regelungen entwerfen, umsetzen und
überwachen. Auf internationaler Ebene sind es die Organe der UN
(Umweltprogramm der Vereinten Nationen, UNEP; United Nations
Framework Convention on Climate Change, UNFCCC) und andere
internationale Organisationen (OECD, Weltbank etc.), die um Deutungsmacht ringen. Teils auf nationaler, teils auf internationaler Ebene
tritt die sogenannte Zivilgesellschaft in Form von NGOs (etwa Global
2000 oder Greenpeace) auf. Viele weitere Akteure, etwa Lobbyisten
der Konzerne (beispielsweise das George C. Marshall Institute), aber
auch die Unterhaltungsindustrie, prägen das Wissen über den Klimawandel. Alle Akteure gemeinsam konstituieren den Klimawandeldiskurs mit teilweise erheblich voneinander abweichenden Positionen.

---

[4]   Vgl. Keller 2008.
[5]   Vgl. Kammler 2008 über den Wissensbegriff bei Foucault. Foucault äußert
     sich an unterschiedlichen Stellen zur diskursiven Verfasstheit von Wissen, siehe
     etwa Foucault 1981.

Hinsichtlich der Komplexität der Diskurse kann man in modernen, ausdifferenzierten und arbeitsteiligen Gesellschaften zwischen Spezial-diskursen[6] und öffentlichen Diskursen/Interdiskursen unterscheiden. Spezialdiskurse werden von Experten und bestimmten Institutionen produziert und sind mit spezifischen Praktiken, etwa den Regeln des wissenschaftlichen Betriebs, verbunden. Demokratien benötigen für ihr Funktionieren eine massenmediale und breitenwirksame Möglich-keit für an Spezialdiskurse angeschlossene Folgekommunikation. Daher werden Spezialdiskurse durch bestimmte Institutionen, Nachrichtenfor-mate, Film, Literatur und eben auch durch digitale Spiele vereinfacht, transformiert und anschaulich gemacht. Dies geschieht etwa durch die Reduktion von Fachbegrifflichkeit in Metaphern und lebensweltliche Sprache oder durch Narrativierung.

Um einen solchen Spezialdiskurs, der politstrategisch in einen Inter-diskurs verwandelt werden muss, weil er die Weltöffentlichkeit angeht, handelt es sich beim Klimawandel. Für den Soziologen Ulrich Beck[7] nimmt der Klimawandel daher auch eine prominente Position ein. Beck versteht ganz im diskursanalytisch-konstruktivistischen Sinn das Risiko des Klimawandels als „Vermittlungsthema"[8]: „Und die Frage, welche Art von Inszenierung, ja ‚Visualisierung' nötig und möglich ist, um diese Abstraktheit zu überwinden und den Klimawandel und seine apokalyptischen Folgen ‚sichtbar' zu machen, stellt sich daher in besonderem Maße [...]."[9] Es geht um die Frage, mit welchen Mitteln und Strategien der Klimawandel wahrnehmbar gemacht wird[10], wie also das Gefährdungspotenzial „mit wissenschaftlichem Material strate-gisch in der Öffentlichkeit definiert, verschleiert, dramatisiert"[11] wird. Des Weiteren stellen wir, die Autoren, klar, dass die Legitimität eines Interdiskurses bzw. der Nutzen für die Rezipienten nur dann gegeben sind, wenn der zugrundeliegende Spezialdiskurs anerkannt ist: Deswe-gen betrachten wir den Klimawandel und Ansätze zu dessen Bekämp-fung aus Sicht aktueller Wissenschaftsdiskurse und legen unser Augen-merk dabei auf Vollständigkeit, Aktualität und auch Validität von Wis-sensbeständen und Mechaniken des Spiels. Genau mit diesem Ansatz,

---

[6]   Vgl. Link 2006.
[7]   Beck 2015.
[8]   Ebd., 23.
[9]   Ebd., 158.
[10] Vgl. zum Klimawandel als Erzählung: Viehöver 2012.
[11] Beck 2015, 159.

nämlich Strategien und Mittel der Wissenstransformation zwischen Spezial- und Interdiskurs des Klimawandels sichtbar zu machen, wollen wir im Folgenden FOTW untersuchen.

Nach einer kurzen Einleitung in das Spiel wollen wir mittels vier thematischer Zugänge den spielerischen Interdiskurs in Beziehung zum ökonomisch-naturwissenschaftlichen Spezialdiskurs setzen. Diese vier Zugänge dienen dazu, die Dynamik der Klimawandeldebatte und die Zeitlichkeit von Wissensbeständen anhand von historischen und rezenten Wissenschaftsdiskursen explizit zu machen. In diesem Sinne dient die Gegenüberstellung von Spielaspekten mit Wissenschaftsdiskursen dazu, festzustellen, ob dem Spieler/der Spielerin ein akkurates Bild vom generellen Systemverständnis des Klimawandels sowie Lösungsmöglichkeiten zu dessen Bewältigung vorgestellt werden. Diese vier Zugänge untersuchen 1) die optischen Darstellungsstrategien, mit denen der Klimawandel darstellbar und spielerisch anschlussfähig wird; 2) die zentralen Denk- und Vorstellungsfiguren der Kybernetik; 3) die Konfiguration von politischem Handeln; 4) und die Verarbeitung und Integration von ökologischen Grenzen und gesellschaftlichen Entwicklungsmodellen.

Den Klimawandel spielbar machen – Spielprinzip und Steuerung

In FOTW wird die Welt im Angesicht der drohenden Klimakatastrophe zur „Schicksalsgemeinschaft"[12] zusammengeschweißt; als GEO übernimmt der Spieler/die Spielerin das Amt der Weltregierung. Spielziel und Mechaniken werden durch das Szenario bestimmt, welches der/die Spielende anfangs auswählt: Dieses bestimmt, wie viele Jahre (Runden) gespielt und welche Parameter für den Spielsieg erfüllt werden müssen (etwa maximaler Stand der Temperaturerhöhung, minimaler Human-Development-Index-Wert/HDI etc.). Im Originalspiel gab es fünf Missionen, zwei weitere kamen als kaufbare, herunterladbare Inhalte (Downloadable Content, DLC) später hinzu („Migration", „Denial").

In der Mitte des Bildschirms sieht man, ähnlich wie in Google Earth, die Erde, die rotiert werden kann. In den Ecken finden sich jeweils die Steuerungselemente des Spiels. Der Spieler/die Spielerin kann in zwölf Weltregionen (etwa Nord- und Südamerika, Russland, China) Vertreter einsetzen. Erst durch sie werden in dem jeweiligen Gebiet Aktionen möglich. Bezahlt werden alle Interaktionen mittels einer fiktiven Währung. Sowohl regeltechnisch als auch ästhetisch ist FOTW an einem

---

Brettspiel orientiert: Neben dem Spielablauf in Runden, wobei jede Runde meistens fünf Jahre simuliert, werden die Klimamaßnahmen durch Spielkarten unterschiedlicher Kategorie gesteuert. Die Kategorie „Energie" umfasst etwa die Förderung von alternativen Energieträgern oder die Einführung von Elektroautos.

Das Spiel beginnt in den meisten Szenarien im Jahr 2020 und endet 2200. Zunächst erhält der Spieler/die Spielerin aus allen Weltregionen, in denen er/sie seine Agenten platziert hat, entsprechende Einkünfte. Anschließend platziert er/sie die Maßnahmenkarten und bezahlt sie. Mit einem Klick auf „Rundenende" berechnet das Spiel den globalen CO_2-Ausstoß und die Temperaturveränderung. Beide sind wesentliche Indikatoren des Erfolgs und werden in den Abrechnungen zwischen den Runden einander mittels Skalen gegenübergestellt.

Interdiskursive Darstellungsstrategien zur Reduktion von Komplexität

Der Globus steht im Mittelpunkt der Ansicht. Durch Verfärbung der Erdoberfläche lässt sich indirekt der Einfluss des Klimawandels erschließen, etwa, weil Gebiete verwüsten oder das tiefe Grün des Regenwalds verschwindet. Des Weiteren erscheinen im Laufe des Spiels Icons für unterschiedliche Katastrophen. Zusätzlich kann der Spieler/die Spielerin den Globus in drei Kategorien einfärben, um sich etwa Bevölkerungs- und Temperaturänderungen anzeigen zu lassen. Des Weiteren berichten als gezeichnete Grafik dargestellte Nachrichtenbeiträge über die globalen Veränderungen. Sie zeigen etwa drastische Bilder von Überschwemmungen, Trockenheit oder Aufständen. Diese interdiskursiven Darstellungsstrategien, entnommen den populären Visualisierungstechniken nachrichtenproduzierender Medien, reichen jedoch für den Spieler/die Spielerin nicht aus, um die Spielereignisse in einen kohärenten Zusammenhang zu bringen und die entsprechenden Aktionen planen zu können. Erst im Statistikfenster am Ende jeder Runde wird in Zahlen sichtbar, wie etwa die Landwirtschaft zur Abgasproduktion beiträgt oder wie viele Terawattstunden aus erneuerbaren Energieträgern stammen. Diese zahlenbasierte Darstellung, eingeteilt in Bereiche wie Energie, Emissionen oder BIP, zeigt mittels Schemata verschiedene Einflussfaktoren und deren Verkettungen.

Der vermutlich von den Herstellern intendierte Lerneffekt soll durch die Interaktion von lebensnah-konkreter und mechanistisch-abstrakter Semiotik entstehen: Die Katastrophenbilder von hungernden Menschen oder ausgedörrten Landstrichen machen die klimatischen Veränderungen ‚erfahrbar', weil sie lebensweltlich anschließbar sind. Im Gegensatz dazu stehen die abstrakten, spezialdiskursiven Statistiken und Diagramme, deren Werte für sich genommen wenig aussagekräftig sind. Der Durchschnittspreis für agrarische Güter aus dem Statistikfenster ist wertneutral; erst die Visualisierung von Hungernden, ab einer bestimmten Höhe des Werts, macht die Konsequenzen sichtbar und die nackte Zahl lebensweltlich anschlussfähig und bewertbar. Erst recht zeigt sich dies bei dem zentralen Steuerungselement des Spiels, den Politikkarten. Neben einem Bild der entsprechenden Maßnahme befindet sich eine in den meisten Fällen wenig aussagekräftige Erklärung. So steht etwa bei der Einführung von Elektroautos zu lesen: „Massively cuts back dependency on oil. Increase electricity in proportion." Diese interdiskursiven Darstellungsformen sind hinsichtlich der Komplexität des Gegenstandes in ihrem Aussagewert limitiert. Es scheint kaum vorstellbar, dass ein Spieler/eine Spielerin mit den interdiskursiven Spielelementen auskommt und die Szenario-Ziele erfüllen kann. Die Spiel- und damit auch die Umweltschutz- und Klimamechaniken bleiben weitgehend implizit, während die Auswirkungen umso drastischer dargestellt werden. FOTW folgt damit in vielerlei Hinsicht dem katastrophischen Diskurs populärer Klimawandelnarrative.

Denkfiguren: die Welt als kybernetischer Stoff- und Energiekreislauf

Im Gegensatz zur interdiskursiven Ebene der Nachrichten ist das Statistikfenster des Spiels das spezialdiskursive Element, das es ermöglicht, einzelne Problemstellungen zu verstehen und mit entsprechenden Maßnahmen zu reagieren. Es dient als Anlaufstelle, um die genaue Entwicklung der Parameter zu beobachten (die Kategorie „Global Climate" veranschaulicht zum Beispiel spielentscheidende Parameter wie Temperaturveränderung oder Emissionen) und in Beziehung zu anderen Parametern zu setzen. So wird etwa dargestellt, wie viele Emissionen einzelne Wirtschaftssektoren zum Globalemissionsbudget beitragen. FOTW folgt damit einem kybernetischen Denken[13], welches Wirklichkeit als Zusammenspiel komplexer Systeme (Wirtschaft = Bruttoinlandsprodukt; Umwelt = Treibhausgasemissionen und Ökotoxi-

---

[13] Lange 2007, 176 f.

zität[14]; gesellschaftliche Entwicklung = Human Development Index) erklärt. Während manche dieser komplexen Systeme einen hohen spezialdiskursiven Detailgrad aufweisen, wie zum Beispiel die Ressourcenproduktion, sind andere, aus gängiger wissenschaftlicher Sicht, deutlich vereinfacht dargestellt (Ökotoxizität[15] oder Bildung[16]). Dies vermittelt den Eindruck eines mechanistischen und naturalistischen Systemverständnisses (bei der Ressourcenproduktion), dem ein höherer Stellenwert im Vergleich zu den komplexen sozialen Phänomenen wie beispielsweise gesellschaftlicher Entwicklung (HDI, Bildung) in der Klimakrise zukommt. Nur wenige der Maßnahmenkarten deuten die komplexe Interaktion zwischen Bildung, Geburtenrate und Ressourcenverbrauch an. Demgegenüber werden insbesondere in trans- und interdisziplinären Bereichen der Nachhaltigkeitswissenschaften Bildungsaspekten sowie anderen sozialen Parametern wie Ethik oder Wertemodellen eine hohe Bedeutung beigemessen, wenn es um die Lösung von Umweltproblemen geht.[17] Während die interdiskursive Oberfläche des Spiels ein möglichst verständliches Spielerlebnis zulassen soll, muss eine spezialdiskursive Tiefenstruktur vom Spieler/von der Spielerin selbst erschlossen werden. Eine durchgehende Narrativierung der teilweise heterogenen und unverbundenen Spielelemente kann nur durch die Interpretation der RezipientInnen zustande kommen.

Im Kontext des Systemverständnisses stellt sich FOTW einer der lange zurückreichenden[18], aber heutzutage gesellschaftspolitisch relevantesten Fragestellungen mittels interdiskursiver Elemente: der Entkoppelung von wirtschaftlichem Wachstum und Ressourcenverbrauch und den daraus folgenden Umwelteinflüssen (wie zum Beispiel Treibhausgasemissionen), welche wiederum die Lebensbedingungen für die Menschen auf irreversible Weise verschlechtern.[19] Damit thematisiert das Spiel eine der aktuellsten gesellschaftspolitischen Debatten unserer

---

[14] Bezeichnet den Grad an negativen Einflüssen auf natürliche Lebewesen sowie auf Lebensräume.

[15] Bezieht sich auf das Potential chemischer, biologischer oder physischer Stressfaktoren, Ökosystemen zu schaden, vgl. Truhaut 1977, 151 f.

[16] International anerkannte, multi-dimensionale Messindices zu Bildung beziehen sich auf mehrere Indikatoren; vgl. UNDP 2018.

[17] Für Bildung siehe u. a.: Tilbury 1995 und Loorbach/Rotmans 2010.

[18] Siehe Malthus über den Zusammenhang von Bevölkerungswachstum und Nahrungsmittelproduktion; vgl. Bashford/Chaplin 2016.

[19] UNEP 2011.

Zeit, welcher alle existenzbedrohenden Umweltprobleme – nicht nur der Klimawandel – zugrunde liegen.[20]

Ein anschauliches Beispiel hierfür ist der mechanistisch dargestellte Zusammenhang zwischen Ressourcenproduktion, Energiebereitstellung und wirtschaftlicher Aktivität. FOTW verbindet diese drei Aspekte in der Denkfigur eines Stoff- und Energieflussmodells, gekoppelt mit dem Wirtschaftssystem. Damit wird ein wirtschaftswissenschaftliches Modell im Wissensfeld der ökologischen Ökonomie konzipiert.[21] Mittels dieser Bezeichnung und Anordnung von Einflussfaktoren stellt das Spiel einen Minimalzusammenhang zwischen Ressourcenverbrauch, CO_2-Konzentration und Temperaturanstieg her.[22] Das Spiel teilt hierbei in „Stock"- und „Flow"-Parameter: Am Beispiel von Kohle bedeutet das die Darstellung von absoluter Verfügbarkeit sämtlicher Kohlevorkommen („stock") sowie die Rate der wirtschaftlichen Kohlegewinnung („flow") und deren Beitrag zu Treibhausgasemissionen („flow") bzw. anschließend zur globalen CO_2-Konzentration („stock"). Mit diesem Systemverständnis macht FOTW auf sehr einfache, aber klare Art und Weise vorstellbar, wie die Gewinnung von nicht-erneuerbaren fossilen Ressourcen (Kohle, Gas etc.) mit der Steigerung von Treibhausgasemissionen und letztendlich der globalen CO_2-Konzentration und dem Temperaturanstieg (einem der Gewinnparameter des Spiels) zusammenhängen. Damit wird eine sehr lineare und technisch-systemische Sicht von Ressourcenproduktion und Umweltschädigungen dargestellt, die jedoch dem Anspruch an die Nachvollziehbarkeit eines Gewinnparameters (CO_2-Konzentration) entspricht.

In dieser Hinsicht bildet FOTW das anthropogene CO_2-System sehr gut ab, blendet aber Wechselwirkungen mit natürlichen CO_2-Systemen komplett aus (z. B. CO_2-Speicher der Meere). Rezentere Klimamodelle des letzten Jahrzehnts haben in dieser Hinsicht immer genauere Aussagen geliefert, welche natürlichen Prozesse den Klimawandel beeinflussen könnten:[23] Sogenannte Kippeffekte oder ein „Point of no return" in der Beeinträchtigung natürlicher Systeme sind bezeichnend für die Volatilität bzw. die Langzeitperspektive, die einer Bekämpfung des Klimawandels beigemessen werden.[24] Eine ausdrücklichere Darstel-

---

[20]   Wiedmann u. a. 2015.
[21]   Vgl. Schiller 2009.
[22]   Adriaanse u. a.1997.
[23]   Vgl. IPCC 2013.
[24]   Lenton u. a. 2008.

lung natürlicher CO_2-Kreisläufe in FOTW hätte sowohl die globalhistorische Dringlichkeit der Klimadebatte als auch die Langzeitperspektive des Klimasystems verdeutlicht.

Politisches Handeln denken: Auf dem Weg in die Ökokratie?

Das System einer politischen Steuerung – das sich generell aus den Maßnahmen, AkteurInnen und Entscheidungsmechanismen ableiten lässt – nimmt in FOTW eine eher untergeordnete Rolle ein. Der Spieler/die Spielerin erlebt die politische und gesellschaftliche Spielmechanik als eine starre und wenig regelbare Komponente. Im Folgenden werden die Mechaniken und Qualitätskriterien politischer Steuerung zur Bewältigung der Klimakrise anhand von gängigen, in akademischen Wissensfeldern behandelten Spezialdiskursen und deren Einfluss auf die interdiskursiven Elemente von FOTW diskutiert.

Das politische System in FOTW ist als Weltregierung organisiert. Der Spieler/die Spielerin übernimmt dabei die Rolle des Präsidenten dieser Weltregierung, die von einer Organisation namens „Global Environmental Organisation" (GEO) ausgeübt wird. FOTW begibt sich hierbei auf die wissenschaftstheoretische Ebene des Konzepts einer „Global Environmental Governance" (weiterhin als globale Umweltpolitik angeführt), welches die Summe an Organisationen, Maßnahmen, institutionellen Regeln und Normen zur Bekämpfung von globalen Umweltproblemen wie Klimawandel oder Biodiversitätsverlust darstellt.[25] Auf diese Weise imitiert und simuliert das Spiel bereits existierende globale Organisationen mit ähnlichen Funktionen wie zum Beispiel die Global Environment Facility (GEF), ein Finanzierungsinstrument der UN zur Implementierung von globalen Umweltregelwerken (UNFCC[26], CBD[27]), oder etwa das United Nations Environment Programme (UNEP), welches Aktivitäten von internationalen Umwelttagenden koordiniert. Damit spiegelt FOTW die Praxis der globalen Umweltpolitik der letzten Jahrzehnte wieder: Staatliche Akteure, die internationale Abkommen schließen und Institutionen gründen, um

---

[25]   „Global environmental governance" (GEG) repräsentiert die Gesamtheit an Organisationen, Politikinstrumente, Finanzierungsmechanismen, Regeln, Prozeduren und Normen, welche Prozesse für globalen Umweltschutz regeln […]" und wird weiterhin als globale Umweltpolitik angeführt, vgl. Najam u. a. 2006.

[26]   Siehe auch United Nations Framework Convention on Climate Change (UNFCCC), http://www.unfccc.int/.

[27]   Vgl. CBD, Convention on Biological Diversity.

den Kollaps von globalen bio-geochemischen Strukturen zu verhindern (z. B.: Kyoto-Protokoll zur Abwendung von Klimakatastrophen, Montreal-Protokoll zum Schutz der Ozonschicht).

Nun handelt es sich beim Klimawandel um ein hochkomplexes Phänomen, nicht nur im Sinne von geo-physikalischen Prozessen, sondern auch, was Ansätze zur Lösung des Problems betrifft: Im Diskurs der Nachhaltigkeitsforschung wird der Klimawandel als sogenanntes *wicked problem*[28] verstanden, was impliziert, dass die Lösung des Problems über *one-size-fits-all*-Lösungsansätze hinausgeht und nicht nur die Anwendung von technischer Expertise verlangt. Dabei behandelt das Konzept von *wicked problems* drei Kerndynamiken, welche in den folgenden Paragraphen von Bedeutung für die Analyse sind: 1) demokratisch/partizipativ (adressiert Perspektiven von unterschiedlichen AkteurInnen), 2) synergetisch und komplementär (integrative Zusammenarbeit unterschiedlicher Institutionen auf verschiedenen Ebenen – von supranational bis lokal), 3) emergent/reflexiv (berücksichtigt die Einzigartigkeit des Problems und unterschiedliche Lösungsansätze durch adaptive und reflexive Formen von *Governance*)[29].

Betrachtet man die Kerndynamik von *wicked problems* in Bezug auf demokratisch legitimierte Formen der politischen Steuerung in der globalen Debatte des Klimawandels, wird klar, dass eine einzige Organisation (GEO), berufen zur Weltregierung wie in FOTW, ein sehr unwahrscheinliches Szenario darstellt. Ein Szenario wie oben beschrieben, das dem Ansatz einer globalen Umweltpolitik, wie in den 1970er bis 1980er Jahren, folgt: Globale Institutionen erkannten damals nicht nur den Zusammenhang von sozio-ökonomischer Entwicklung und Umweltproblemen, sondern übernahmen auch auf globaler Ebene politische Handlungsmacht. Bodanksy charakterisiert diese Phase als „sustainable development stage"[30], welche als Katalysator von Global Environmental Governance galt und in der zahlreiche globale Umweltabkommen verabschiedet wurden. Diese Umsetzung politischen Handelns geht mit zwei Grundannahmen einher. Sie zeichnet ein einseitiges und veraltetes Bild einer möglichen (Top-down-)Steuerung und politischer Lösungen. Wendet man die Kerndynamiken von *wicked problems* in Formen gesellschaftlicher Steuerung an – in der Nachhaltigkeitswissenschaft

---

[28] Wicked kann in diesem Kontext als komplex, ambivalent, oder gefährlich übersetzt werden. Vgl. Rittel/Weber 1973; IPCC 2014.

[29] Vgl. Verweij u. a. 2006, Head/Alford 2013.

[30] Bodansky 2010.

neu definiert unter dem breiten Begriff von *Governance*[31] – lassen sich eine Reihe gesellschaftspolitischer Experimente und Realpraktiken in der heutigen akademischen und praktischen Debatte wiederfinden:[32] Dabei kann es sich zum einen um lose, aber stark basisdemokratische partizipatorische Formen von *Governance* auf lokaler Ebene handeln (z. B. lokale „Agenda 21"-Netzwerke wie „Gemeinde-Initiativen zur Photovoltaikförderung" oder „Food-coops").[33] Zum anderen sind größere regional oder nationalstaatlich angelegte Formen von *Governance*, die viele verschiedene Akteursgruppen einbinden (wie zum Beispiel Modellregionen zur Förderung von erneuerbarer Energie), denkbar. Wenn man nun anhand dieser drei Kerndynamiken moderner Formen von *Governance* die Elemente zur politischen Steuerung oder Maßnahmensetzung betrachtet, lässt FOTW folgende Beobachtungen zu:

In Bezug auf demokratisch legitimierte oder partizipatorische Aspekte von *Governance* räumt FOTW dem Spieler/der Spielerin (als Präsidenten der GEO), anders als bei heute existierenden Organisationen von Global Environmental Governance, beinahe uneingeschränkte Entscheidungsgewalt ein. Beck schreibt über diese Allmacht zur Verfolgung eines gesellschaftsexistenziellen Zieles als „Weg in die Ökokratie, die sich von der Technokratie nur durch Potenzierung, nämlich globales Management, unterscheidet, gekrönt von einem ausgeprägt guten Gewissen."[34] Auch vernachlässigt das Spiel die Darstellung sämtlicher Ausverhandlungsprozesse, welche demokratisch-partizipative Systeme mit verschiedenen Akteursgruppen kennzeichnen. Ein sehr anschauliches Beispiel ist das Kräftemessen bei Klimaverhandlungen im Hinblick auf die Höhe der Treibhausgasemissionsreduktion, bei dem die industrialisierten Staaten mit hohem Lebensstandard aufgefordert werden, den Löwenanteil aufgrund ihrer Wirtschaftskraft gegenüber den Entwicklungsländern mit niedrigem Lebensstandard[35] zu leisten.

---

[31]   Nach Van den Brande u. a. 2008 handelt es sich bei dem Begriff „governance" nicht nur um das traditionelle Synonym von Regierung, sondern auch um einen Begriff, der neuere Formen der politischen oder gesellschaftlichen Steuerung beschreiben soll.

[32]   Für eine umfangreiche Liste siehe: Ostrom 1990; Lange u. a. 2013.

[33]   Schreurs 2008.

[34]   Beck 2015, 158.

[35]   Göğüş 2014.

In Anbetracht der Tatsache, dass die aktuellste Weltstudie über den
demokratischen Werteverfall bei jungen Erwachsenen berichtet,[36] folgt
FOTW einem äußerst eingeschränkten Diskurs, der jegliche politische
Entscheidungsfreiheit dem Zwang eines naturwissenschaftlich argumen-
tierten Handlungsdrucks opfert. Dieser Effekt verstärkt sich noch durch
die Eigenlogik des Spiels: Alle Regionen, die der Spieler/die Spielerin
nicht als GEO steuert, erleiden früher oder später schwerste Folgeef-
fekte des Klimawandels. Das führt zu dem Paradox, dass die hochpo-
litische Debatte des Klimawandels geradezu als entpolitisierter Sach-
zwang gedacht wird.

Des Weiteren vermittelt diese interdiskursive Inszenierung politischer
Prozesse dem Spieler/der Spielerin ein verzerrtes Bild vom Klimawandel,
seinen AkteurInnen und den dahinterstehenden Interessen. Wie bereits
vorher erwähnt, wird die realweltliche globale Klimawandeldebatte nicht
wie in FOTW von einer einzigen Organisation getrieben. Vielmehr sind
in diesem System eine Vielzahl von AkteurInnen auf unterschiedlichen
Ebenen (supranational bis lokal) mit unterschiedlichen Interessen (zivil-
gesellschaftliche Ziele wie regionale Selbstbestimmung oder wirtschafts-
liberale Ziele wie uneingeschränkter Handel) aktiv. Deren Interessen
und Handlungskompetenzen betreffen nicht nur primär den Klimawandel (WTO), überschneiden sich jedoch, wenn es um dessen Bekämpfung geht.[37] Dabei argumentieren Spaargaren und Mol, dass innovative
Ansätze zur Zusammenarbeit und Koalitionen mit NGOs sowie supra-
nationalen Organisationen durchaus effektiv sein können, um Global
Environmental Governance voranzutreiben.[38] Im Kontext von heutigen
Konferenzen zur Bekämpfung des Klimawandels nehmen NGOs zum
Beispiel nicht an Verhandlungen teil, spielen aber indirekt eine zentrale
Rolle bei der Bewusstseinsbildung sowie der Schaffung von Legitimität
und Transparenz bei Verhandlungen.[39]

Grenzen und Alternativen von
gesellschaftlicher Entwicklung denken

Betrachtet man das globale System von biophysikalischen Prozessen
auf ganzheitlichere Weise, werden noch andere globale Umwelther-

---

[36]   Foa/Mounk 2016.
[37]   Wittneben 2012, 1431 f.
[38]   Spaargaren/Mol 2008, 350 f.
[39]   Vgl. Corell/Michele 2016, Rietig 2016.

ausforderungen als der Klimawandel relevant: Steffen u. a. beschreiben diese Thematik in ihrem Konzept der *planetary boundaries* (planetare Belastungsgrenzen), welches verschiedene Umweltindikatoren und entsprechende Grenzwerte als sicheren Entwicklungskorridor definiert (d. h., das Überschreiten eines dieser Indikatoren oder Werte hat irreversible negative Folgen für die Lebensqualität unserer Gesellschaft).[40] Nun steht außer Zweifel, dass es das Ziel der Entwickler von FOTW war, SpielerInnen primär über die Gefahren und Ursachen des Klimawandels und über Optionen zur Bewältigung des Problems zu informieren. Das Nichtberichten über gleichwertige globale Umweltherausforderungen (beispielsweise globales Artensterben) kommt daher keineswegs einem Versäumnis in Bezug auf Bewusstseinsbildung gleich. Was dem Spiel jedoch nicht gelingt, ist die Bedeutung von anderen *planetary boundaries* für das Klima miteinzubeziehen (sowohl in qualitativer dialogischer Form als auch quantitativer statistischer Umweltdatendarstellung). Wie bereits vorher erwähnt, sind die beiden einzigen umweltrelevanten Größen in FOTW die globale CO_2-Konzentration und die Ökotoxizität. Vermutlich deshalb, weil beide Größen auch im außerhalb des Spiels geführten Klimawandeldiskurs an erster Stelle stehen. Dabei lassen einige Aspekte des Spiels auf verdeckte und indirekte Weise auf die Thematik von *planetary boundaries* schließen: Maßnahmenkarten wie „Naturschutzgebiete erschließen" oder „biologische Landwirtschaft" verringern den Einfluss des Indikators Ökotoxizität, der zusammengefasst sämtliche negativen Einflüsse der Gesellschaft auf die Biosphäre (natürliche Lebensräume und Lebewesen) darstellt. Diese hochkomplexe Thematik in einem Indikator zusammenzufassen, reicht für das Verständnis des Spielers/der Spielerin in Bezug auf dessen Ursachen (Umweltzerstörung), jedoch nicht im Hinblick auf das Verständnis realer Zusammenhänge von Biosphärenintegrität und Klimawandel. Zusammenfassend kann festgehalten werden, dass das beabsichtige Ausblenden der Thematik von *planetary boundaries* und deren Wechselwirkung ein sehr einseitiges Bild von globalen Umweltherausforderungen im Zusammenhang mit Klimawandel darstellt.

Die Art, wie in FOTW gesellschaftliche Entwicklung inszeniert wird, muss als konventionell bezeichnet werden. Dies zeigt sich darin, dass zahlreiche Szenarien ihren Erfolg an der Erreichung bestimmter Werte des Human Development Index oder des Bruttoinlandsprodukts mes-

---

[40]   Steffen u. a. 2015.

sen. Sowohl die derzeitige wissenschaftliche[41] als auch gesellschaftspo-
litische Debatte[42] hinterfragt zunehmend das Paradigma eines endlosen
Wirtschaftswachstums. In dieser Hinsicht lassen sich neue Bestrebun-
gen zur Messung gesellschaftlicher Entwicklung herauslesen, die weniger an konsumorientierten als an umweltschonenden Indikatoren ange-
lehnt sind[43] (beispielsweise an der „Subjektiven Lebenszufriedenheit"
oder „healthy life years" oder an hoch-aggregierten Indices auf natio-
nalstaatlicher Ebene wie dem OECD „Better Life Index"). Diese Thematik wird von FOTW erstaunlicherweise durch einen eigenen Glos-
sareintrag („Prosperity without growth") beleuchtet, findet sich jedoch
wenig bzw. intransparent in der Spielmechanik verankert.

Was Szenarien und ihre Erfolgsindikatoren als auch die dahinterliegende Datengrundlage und Systematik anbelangt, stellt FOTW die
These zur menschlichen Bedürfnisbefriedigung durch fortschreitendes
Wirtschaftswachstum nur indirekt sowie auf wenig transparente Weise
infrage, und bedient sich dabei keiner alternativen Indikatoren gesellschaftlicher Entwicklung. Jedoch deutet FOTW diese Thematik indirekt durch zwei Aspekte in seiner Spielmechanik an: durch die sogenannte „Perspektive" („outlook") oder gesellschaftliche Wertehaltung
und durch die Zufriedenheit („contentment") einer Region. Die „Perspektive" kann hierbei im weiteren Sinne als gesellschaftliches Werte-
oder Weltbild, welches von seinen beiden Extremwerten „hedonistisch"
und „öko-fanatisch" definiert wird, dargestellt werden. Dabei gibt die
„Perspektive" einer Region Auskunft, welche Arten von gesellschaftlichen Aktivitäten und entsprechenden politischen Maßnahmen sich in
Zufriedenheit niederschlagen und welche nicht. FOTW lässt den Spieler über diese Mechaniken im Dunkeln, obwohl die Transition einer
gesellschaftlichen Entwicklung weg von einem konsumatorisch-kapi-
talistischen Verständnis hin zu dem Modell von *life styles of health and
sustainability*[44] eine der dringendsten Herausforderungen zur Bewältigung von globalen Umweltherausforderungen darstellt.[45] Betrachtet
man das Wissenschaftsfeld der Ökologischen Ökonomik (siehe oben)
und neuere Studien zur Entwicklung von Wirtschaftswachstum und

---

[41] Meadows u. a. 2004.
[42] UK CSD 2009.
[43] New Economics Foundation 2010.
[44] Lifestyle of health and sustainability (LOHAS): Lebensstil basierend auf Akti-
     vitäten von sanftem Konsum oder Förderung von zwischenmenschlichen und
     sozialen Aktivitäten; vgl. Schommer u. a. 2007.
[45] Jackson 2009.

Ressourcenverbrauch[46], dann liegt der Schluss nahe, dass eine Veränderung der „Perspektive" der Regionen und die damit verbundene Akzeptanz von konsumreduzierenden und ressourcenschonenden Maßnahmen wohl eine der erfolgreichsten Strategien zur Erfüllung vieler realweltlichen Szenarien darstellt.

Die Wandelbarkeit von vorgestellten Zukünften in der Klimawandeldebatte

Insgesamt zeigt sich klar, dass FOTW bei seiner interdiskursiven Darstellung des Klimawandels einige aus wissenschaftshistorischer Perspektive anachronistische Spezialdiskurse zugrunde legt – was wiederum ein Hinweis auf die Dynamik des Klimawandeldiskurses in den letzten drei Jahrzehnten ist. Im globalhistorischen Sinn könnte man damit von einer durchwegs veralteten Zukunft sprechen:

Betrachtet man FOTW im Lichte der Modellierung und des Systemverständnisses eines *wicked problems*, so schafft es das Spiel, dem gängigen Wissenschaftsdiskurs, der dem Denkmodell der Kybernetik folgt, einigermaßen gerecht zu werden: Dies betrifft, wenn auch stark vereinfacht, die systemische Darstellung von Umwelt-, Wirtschafts- und teilweise von Sozialaspekten in einem Modell zur Erklärung des *wicked problems* Klimawandel. Aus wissenschaftshistorischer Perspektive anachronistisch verfährt das Spiel im Bereich der Politik: Der Spieler/die Spielerin in der Rolle des Präsidenten dieser Weltregierung hat beinahe uneingeschränkte Entscheidungsgewalt bezüglich der Maßnahmensetzungen. Dies entspricht am ehesten einem System von Global Environmental Governance, das in den 1970er bis 1980er vorherrschend war, und zeichnet deswegen ein sowohl einseitiges als auch veraltetes Bild möglicher Steuerung (top-down) und politischer Lösungen. Neuere Modelle und Praktiken in der heutigen akademischen Debatte entsprechen einem Bild von Multi-Akteur-Formen von *Governance*, sowohl den Klimawandel als auch dessen Lösungsansätze betreffend (z. B. Agenda-21-Gruppen). Klimawandel ist ein komplexes soziales und geo-physikalisches Phänomen, das nicht nur anhand von wenigen Umweltindikatoren erfasst werden kann. Auch hier stellt sich das Spiel voller anachronistischer Wissensbestände dar, ist doch gerade der Klimawandeldiskurs davon gekennzeichnet, dass unablässig über eine Vielzahl von Indikatoren und deren Verlässlichkeit diskutiert wird.

---

[46] Schandl u. a. 2016.

Das absichtliche Ausblenden von anderen Umweltindikatoren (siehe das Konzept zu *planetary boundaries*) und deren Wechselwirkung stellen ein sehr einseitiges Bild von globalen Umweltherausforderungen im Zusammenhang mit Klimawandel dar.

Zusammenfassend kann festgehalten werden, dass FOTW sich einer der großen Herausforderungen der digitalen Spielentwicklung stellt: einer komplexen Thematik gerecht zu werden, vermittelnd zwischen inhaltlichem Anspruch und spielerischer Bewältigung. Die Analyse unterschiedlicher interdiskursiver Strategien des Spiels zeigt, dass FOTW es aus spezialdiskursiver Sicht nicht zufriedenstellend schafft, den Klimawandel erfahrbar zu machen. Nicht, dass die Spielmechanik Komplexität reduziert, die Kritik bezieht sich vielmehr darauf, welche Wissensbestände auf welche Weise in allgemeinverständliche Vorstellungen vom Klimawandel transformiert werden. Paradox ist auch die Art, wie hier komplexe Sachverhalte veranschaulicht werden sollen: Einerseits soll der Pfad in eine nachhaltige Zukunft mit didaktischer Absicht deutlich gemacht werden, gleichzeitig werden aber die dahinterstehenden Mechaniken spielseitig nicht ausreichend explizit gemacht. Der Spieler/die Spielerin muss sich daher die Frage stellen, ob er oder sie an der simulierten Herausforderung des Klimawandels oder vielleicht nicht doch an der Intransparenz der interdiskursiven Darstellung der Klimapolitik scheitert. Trotz dieses bewussten Ausblendens von zentralen systemtheoretischen Aspekten liefert FOTW einen Beitrag zum Verständnis von komplexen Sachverhalten oder motiviert den Spieler/ die Spielerin, vielleicht auch genau durch das Nichtfunktionieren des Spiels, diese Systeme zu hinterfragen.

Literatur

Adriaanse u. a.1997 = Albert Adriaanse/Stefan Bringezu/Allen Hammond/Yuichi Moriguchi / Eric Rodenburg/Don Rogich/Helmut Schütz, Resource Flows: The Material Basis of Industrial Economies, Washington, DC 1997.

Bashford/Chaplin 2016 = Alison Bashford/Joyce Chaplin, The New Worlds of Thomas Robert Malthus. Rereading the Principle of Population, New Jersey 2016.

Beck 2015 = Ulrich Beck, Weltrisikogesellschaft, Frankfurt a. M. 2015.

Bodansky 2010 = Daniel Bodansky, The Art and Craft of International Environmental Law. Cambridge 2010.

CBD = Convention on Biological Diversity (CBD), http://www.cbd.int/ [17.6.2017].

Corell/Michele 2016 = Elisabeth Corell/Michele M. Betsill, A Comparative Look at NGO Influence in International Environmental Negotiations: Desertification and Climate Change, Global Environmental Politics 1 (2001) 4, 86–107.

Foa/Mounk 2016 = Roberto Stefan Foa/Yascha Mounk, The Danger of Deconsolidation, Journal of Democracy 27 (2016) 3, 1–16.

Foucault 1981 = Michel Foucault, Archäologie des Wissens, Frankfurt a. M. 1981.

Gee u. a. 2014 = Domini Gee/Man-Wai Chu/Simeon Blimke/Geoffrey Rockwell/Sean Gouglas/David Holmes/Shannon Lucky, Assessing Serious Games: The GRAND Assessment Framework, Digital Studies/Le champ numérique, 2014, https://www.digitalstudies.org/ojs/index.php/digital_studies/article/view/273/336 [22.6.2017].

Göğüş 2014 = Sırça S. Göğüş, Understanding Impasse in Climate Change Negotiations: the North South Conflict and Beyond, https://climate-exchange.org/2014/02/06/understanding-impasse-in-climate-change-negotiations-the-north-south-conflict-and-beyond/ [20.6.2017].

Head 2014 = Brian W. Head, Evidence, Uncertainty, and Wicked Problems in Climate Change Decision Making in Australia, Environment and Planning C: Government and Policy 32 (2014), 663–679.

Head/Alford 2013 = Brian W. Head/John Alford, Wicked Problems: Implications for Public Policy Management, Administration & Society 20 (2013) 10, 1–29.

IPCC 2013 = Thomas F. Stocker/Dahe Qin (Hg.), Climate Change 2013: The Physical Science Basis. Contribution of Working Group I to the Fifth Assessment Report of the Intergovernmental Panel on Climate Change. Summary for Policymakers, Cambridge–New York 2013.

IPCC 2014 = Christopher B. Field/Vicente R. Barros (Hg.): Climate Change 2014: Impacts, Adaptation, and Vulnerability. Part A: Global and Sectoral Aspects. Contribution of Working Group II to the Fifth Assessment Report of the Intergovernmental Panel on Climate Change, Cambridge–New York 2014, 195–228.

Jackson 2009 = Tim Jackson, Prosperity Without Growth: Economics for a Finite Planet, Oxon–New York 2009.

Kammler 2008 = Clemens Kammler, Wissen, in: Clemens Kammler/Rolf Parr/Ulrich Johannes Schneider (Hg.): Foucault Handbuch. Leben – Werk – Wirkung, Stuttgart 2008, 303–310.

Keller 2008 = Reiner Keller, Wissenssoziologische Diskursanalyse. Grundlegung eines Forschungsprogramms, Wiesbaden 2008.

Lange 2007 = Stefan Lange, Kybernetik und Systemtheorie, in: Arthur Benz/Susanne Lütz/Uwe Schimank/Georg Simonis (Hg.): Handbuch Governance: Theoretische Grundlagen und empirische Anwendungsfelder, Wiesbaden, 2007, 176–187.

Lange u. a. 2013 = Philipp Lange/Peter P.J. Driessen/Alexandra Sauer/Basil Bornemann/Paul Burger, Governing Towards Sustainability-Conceptualizing Modes of Governance, in: Journal of Environmental Policy & Planning 15 (2013) 3, 403–425.

Lenton u. a. 2008 = Timothy M. Lenton/Hermann Held/Elmar Kriegler/Jim W. Hall/Wolfgang Lucht/Stefan Rahmstorf/Hans Joachim Schellnhuber, Tipping

Elements in the Earth's Climate System, in: Proceedings of the national Academy of Sciences 105 (2008) 6, 1786–1793.

Link 2006 = Jürgen Link, Diskursanalyse unter Berücksichtigung von Interdiskurs und Kollektivsymbolik, in: Reiner Keller/Andreas Hierseland/Werner Schneider u. a. (Hg.): Handbuch Sozialwissenschaftliche Diskursanalyse. Bd. 1: Theorien und Methoden. 2., akt. u. erw. Aufl., Wiesbaden 2006, 407–430.

Loorbach/Rotmans 2010 = Derk Loorbach/Jan Rotmans, The Practice of Transition Management: Examples and Lessons from four Distinct Cases, in: Futures 42 (2010) 3, 237–246.

Meadows u. a. 2004 = Donella Meadows/Jorgen Randers/Dennis Meadows, Limits to Growth – the 30 Year Update, Chelsea, USA 2004.

Najam u. a. 2006 = Adil Najam/Mihaela Papa/Nadaa Taiyab, Global Environmental Governance: A Reform Agenda. Winnipeg 2006, https://www.iisd.org/pdf/2006/geg.pdf [17.6.2017].

New Economics Foundation 2010 = New Economics Foundation, Measuring our progress: The power of well-being, http://www.neweconomics.org/publications/measuring-our-progress [12.6.2017].

Ostrom 1990 = Elinor Ostrom, Governing the Commons, Cambridge 1990.

o. A. 2017 = o.A., Fate of the World, https://en.wikipedia.org/wiki/Fate_of_the_World [9.4.2017].

Penetrante 2010 = Ariel Macaspac Penetrante, Common But Differentiated Responsibilities – The North-South Divide in Climate Change Negotiations, in: Gunnar Sjöstedt/Ariel Macaspac Penetrante (Hg.): Climate Change Negotiations – A Guide to Resolving Disputes and Facilitating Multilateral Cooperation, Chapter: 3, Oxon–New York 2010, 249–276.

Rietig 2016 = Katharina Rietig, The Power of Strategy: Environmental NGO Influence in International Climate Negotiations, in: Global Governance: A Review of Multilateralism and International Organizations 22 (2016) 2, 268–288.

Rittel/Webber 1973 – Horst W. J. Rittel/Melvin M. Webber, Dilemmas in a General Theory of Planning, in: Policy Science 4 (1973) 2, 155–169.

Schandl u. a. 2016 = Heinz Schandl/Marina Fischer-Kowalski/James West/Stefan Giljum/Monika Dittrich/Nina Eisenmenger/Arne Geschke/Mirko Lieber/Hanspeter Wieland/Anke Schaffartzik u. a., Global Material Flows and Resource Productivity. A Report of the Working Group on Decoupling of the International Resource Panel, Nairobi 2016.

Schiller 2009 = Frank Schiller, Linking Material and Energy Flow Analyses and Social Theory, in: Ecological Economics 68 (2009), 1676–1686.

Schommer u. a. 2007 = Peter Schommer/Thomas Harms/Hendrik Gottschlich, LOHAS Lifestyle of Health and Sustainability, Heilbronn 2007.

Schreurs 2008 = Miranda A. Schreurs, From the Bottom Up. Local and Subnational Climate Change Politics, in: The Journal of Environment & Development 17 (2008), 343–355.

Spaargaren/Mol 2008 = Gert Spaargaren/Arthur P.J. Mol, Greening Global Consumption: Redefining Politics and Authority, in: Global Environmental Change 18 (2008) 3, 350–359.

Steffen u. a. 2015 = Will Steffen/Katherine Richardson/Johan Rockström/Sarah E. Cornell/Ingo Fetzer/Elena M. Bennett u. a., Planetary Boundaries: Guiding Human Development on a Changing Planet, in: Science 347 (2015) 6223.

Tilbury 1995 = Daniella Tilbury, Environmental Education for Sustainability: Defining the New Focus of Environmental Education in the 1990s, in: Environmental education research 1 (1995) 2, 195–212.

Truhaut 1977 = René Truhaut, Ecotoxicology: Objectives, Principles and Perspectives, in: Ecotoxicology and Environmental Safety 1 (1977) 2, 151–173.

UK CSD 2009 = UK Commission for Sustainable Development, Prosperity without Growth? – The transition to a sustainable economy, http://www.stiglitz-sen-fitoussi.fr/en/index.htm [19.6. 2016].

UNDP 2018 = Human Development Index (HDI), http://hdr.undp.org/en/content/human-development-index-hdi [12.3.2018].

UNEP 2011 = Marina Fischer-Kowalski/Mark Swilling/Ernst Ulrich von Weizsäcker/Yong Ren/Yuichi Moriguchi/Wendy Crane/Fridolin Krausmann/ Nina Eisenmenger/Stefan Giljum/Peter Hennicke/Rene Kemp/Paty Romero Lankao/Anna Bella Siriban Manalang, Decoupling Natural Resource Use and Environmental Impacts from Economic Gowth. A Report of the Working Group on Decoupling to the International Resource Panel, http://www.gci.org.uk/Documents/Decoupling_Report_English.pdf [12.3.2018].

UNFCCC = United Nations Framework Convention on Climate Change (UNFCCC), http://www.unfccc.int/ [17.6.2017].

Van den Brande u. a. 2008 = Kris Van den Branden/Sander Happaerts/Hans Bruyninckx, The Role of the Subnational Level of Government in Decision-Making for Sustainable Development-A Multi-Level Governance Perspective, Leuven 2008

Verweij u. a. 2006 = Marco Verweij/Mary Douglas/Richard Ellis/Christoph Engel/ Frank Hendriks/Susanne Lohmann Steven Ney/Steve Rayner/Michael Thompson, Clumsy Solutions for a Complex World: The Case of Climate Change, in: Public Administration 84 (2006) 4, 817–843.

Viehöver 2012 = Willy Viehöver, Öffentliche Erzählung und der globale Klimawandel, in: Markus Arnold/Gert Dressel/Willy Viehöver (Hg.): Erzählungen im Öffentlichen. Über die Wirkung narrativer Diskurse, Wiesbaden 2012, 173–215.

Wiedmann u. a. 2015 = Thomas O. Wiedmann/Heinz Schandl/Manfred Lenzen/ Daniel Moran/Sangwon Suh/James West/Keiichiro Kanemoto, The Material Footprint of Nations, Proceedings of the National Academy of Sciences 112 (2015) 20, 6271–6276.

Wittneben 2012 = Bettina B. F. Wittneben/Chukwumerije Okereke/Subhabrata Bobby Banerjee u. a., Climate Change and the Emergence of New Organizational Landscapes, in: Organization Studies 33 (2012) 11, 1431–1450.

World Economic Forum 2016 = Cassie Werber/Jason Karaian, The Decoupling of Emissions and Growth is Underway. These 5 charts Show How, https://www.weforum.org/agenda/2016/10/the-decoupling-of-emissions-and-growth-is-underway-these-5-charts-show-how [17.6.2017].

Ludografie

Fate of the World, Red Redemption, PC (Windows) [u. a.], Red Redemption/ Lace Mamba Global 2011 (weitere downloadbare „Missionen": Denial 2012, Migration 2012).

(De-)Globalisierung durch Jugendschutz

Jugendschutzmechanismen und der Versuch ihrer Vereinheitlichung

Claus Celeda

Einleitung

Digitale Spiele sind ein globales Phänomen. Im Unterschied zu anderen Wirtschaftszweigen vergleichbarer Größe hat sich dieser Aspekt der Globalisierung allerdings nicht erst über Jahre hinweg entwickelt, sondern war von Beginn an Teil der Entwicklung digitaler Spiele. Produktion, Vermarktung und Vertrieb sind international, die Entwicklungsstudios selbst multikulturell besetzt. Sie sind damit derzeit ein Paradebeispiel einer erfolgreichen Globalisierung. Diesem Streben nach einem grenzenlosen, internationalen Absatzmarkt für digitale Spiele stehen aber die stark fragmentierten gesetzlichen Bestimmungen der einzelnen Vertriebsländer gegenüber. Hier herrscht Uneinheitlichkeit vor, sodass das Streben der Entwicklungsstudios, jedem/r Spieler/in auf der ganzen Welt das gleiche Spielerlebnis bieten zu können, ad absurdum geführt wird. Die bestimmenden gesetzlichen Regelungen finden ihren Ursprung im Jugend(medien)schutz, ebenso wie dem Medien-, aber auch dem Strafrecht. Aufgrund der geltenden Gesetze beziehungsweise der zu Anwendung gebrachten Spruchpraxis, welche sich im Laufe der Zeit jedoch stark verändert hat, fielen berühmte Titel wie das 1981 erschienene *Castle Wolfenstein*[1] dem Jugendschutz ‚zum Opfer'. Ebenso erging es dem 1993 erschienenen Spieleklassiker *Doom*[2], aber auch anderen prominenten Spielereihen wie *Mortal Kombat*[3].

Dabei zeigen sich starke nationale Unterschiede in der jeweiligen Praxis der Alterseinstufung. Während in Europa, besonders im deutsch-

---

[1] Castle Wolfenstein 1981.
[2] Doom 1993.
[3] Mortal-Kombat-Reihe 1992–2016.

sprachigen Raum, aus historischen Gründen Krieg und der Nationalsozialismus heikle Themen sind, ebenso wie die Darstellung von Gewalt, haben Entwickler in den USA größere Probleme damit, Sexualität und Nacktheit darzustellen.

Es stellt sich die Frage, wie nationale Behörden auf ein so stark globalisiertes Produkt reagieren und welche rechtlichen Maßnahmen sie zur Regulierung ergreifen. Dabei sind zunächst die jeweiligen nationalen rechtlichen Bestimmungen zu betrachten und in weiterer Folge, welchen Einfluss das Produkt ‚digitales Spiel' auf diese Bestimmungen und auch auf die ‚Vereinheitlichung' oder auch ‚unbewusste Angleichung' einzelner staatlicher Bestimmungen aneinander hat, besonders im deutschsprachigen, aber auch im gesamteuropäischen Raum.

Da eine Darstellung aller relevanten Bestimmungen europäischer und anderer Staaten den Rahmen dieses Textes bei Weitem sprengen würde, sollen hier nur die gesetzlichen Bestimmungen der Bundesrepublik Deutschland, Österreichs sowie der Schweiz eingehender betrachtet werden, um einen Bogen von der Deglobalisierung durch nationale Gesetze zurück zur Globalisierung und Internationalisierung zu spannen.

Allgemeine Jugendschutzmechanismen

Bestimmendes Element aller Einschränkungen, die digitale Spiele durch Nationalstaaten erfahren, ist der Jugendschutz. In diesem findet sogar das Recht zur freien Meinungsäußerung seine Grenzen. Der Jugendschutz hat dabei seine Anfänge im Jugendarbeitsschutz. Bereits im 19. Jahrhundert regelte etwa Preußen über ein entsprechendes Gesetz die Arbeitszeiten von Kindern und Jugendlichen. Heute erfüllt der Jugendschutz weit darüberhinausgehende Aufgaben. Er soll sprichwörtlich die Jugend schützen – vor Ausbeutung durch Kinderarbeit ebenso wie vor nicht altersgemäßen Inhalten in Texten und Medien, aber auch vor entsprechenden Substanzen wie Alkohol und Zigaretten. Dies sind all jene Dinge, von denen der Staat annimmt, dass sie entweder psychisch oder physisch für Kinder und Jugendliche schädlich sind und vor denen diese dementsprechend geschützt werden müssen, meist aufgrund der Tatsache, dass Kinder und Jugendliche noch keine ausreichende Reflexionsfähigkeit und kein entsprechendes Welt- und Sachwissen entwickelt haben, um mit beispielsweise nationalsozialistischen Schriften oder Medien entsprechend reflektiert umzugehen.

Als Regulationsmechanismen haben sich fünf unterschiedliche Zugänge entwickelt, die teils auch parallel und ineinander übergehend von einzelnen Staaten angewendet werden:

- Indizierung und Verbot durch den Staat
- Alterseinstufungen durch den Staat
- Alterseinstufungen durch die Industrie
- Empfehlung von ‚guten‘ Spielen
- Aufklärung der Eltern[4]

Auf die ersten vier Punkte soll hier genauer eingegangen werden, wenn auch aus pädagogischer Sicht wohl die Aufklärungsarbeit bei Eltern, Pädagog/innen sowie bei Kindern und Jugendlichen das effektivste Mittel sein dürfte, um die gewünschten Ziele des Jugendschutzes zu erreichen. Diese sind vergleichbar mit Strategien, die Eltern direkt bei ihren Kindern verfolgen, indem sie gewisse Dinge entweder verbieten (restriktive Strategie), mit ihren Kindern in Dialog treten (aktive Intervention) oder gemeinsam an dem Medium teilhaben (‚Coviewing‘).[5] Auf staatlicher Ebene wird – wenn auch in viel größerem Ausmaß – ebenso vorgegangen, wobei anzumerken ist, dass Totalverbote in der Regel nicht die pädagogisch sinnvollste Lösung für eventuell ungeeignete Medien sind.[6]

Anhand einzelner Beispiele werden die entsprechenden Zugänge dargestellt:

- Den Anfang macht dabei die Bundesrepublik Deutschland, welche eine Kombination aus den ersten beiden Punkten, also der Indizierung und der staatlichen Alterseinstufung, als probates Mittel des Jugendschutzes gewählt hat. Hier ist ergänzend zu erwähnen, dass nahezu alle europäischen Staaten, anders als etwa die USA, mehr oder weniger stark von der Indizierung und dem Verbot gewisser Medien Gebrauch machen, besonders bei strafrechtlich relevanten Inhalten, doch nicht nur bei diesen.
- Österreich hat sich im Gegensatz dazu der Positivprädikatisierung, das heißt der Empfehlung ‚guter‘ Spiele, verschrieben, wobei die österreichische Rechtslage grundsätzlich eine andere ist als im Nachbarland Deutschland.

---

[4] Vgl. Garnitschnig/Mitgutsch 2008, 21 f.
[5] Kunzcik/Zipfel 2006, 367.
[6] Vgl. Rosenstingl/Mitgutsch 2009, 168–169.

- Das Bestreben, den Jugendschutz im Rahmen der Pan European Gaming Information (PEGI) auf europäischer Ebene zu vereinheitlichen, ist beispielhaft für den dritten Zugang, die Alterseinstufung durch die Industrie. Die entsprechenden Kennzeichnungen werden mittlerweile in zahlreichen europäischen Ländern entweder als einzige (wie in der Schweiz) oder als ergänzende und alternative Alterseinstufung (wie in Österreich) verwendet.

Rechtliche Grundlagen

Im Hinblick auf digitale Spiele sind im Rahmen der bundesdeutschen Gesetzeslage vor allem fünf rechtliche Grundlagen relevant:
- das Grundgesetz für die Bundesrepublik Deutschland (GG),
- das deutsche Jugendschutzgesetz (JuschG),
- das Telemediengesetz (TMG),
- das Strafgesetzbuch (StGB/dStGB),
- der Staatsvertrag über den Schutz der Menschenwürde und den Jugendschutz in Rundfunk und Telemedien, kurz Jugendmedien-Staatsvertrag (JMStV).

Diese Rechtstexte regeln in einem teils komplexen, sich aufeinander ständig beziehenden juristischen Geflecht so gut wie alle Belange des Bereichs der digitalen Spiele in der Bundesrepublik Deutschland. Besonders relevant sind allerdings vor allem das Jugendschutzgesetz und der Jugendmedien-Staatsvertrag. Beide regeln jene Punkte, die – wenn auch mit abnehmender Frequenz – stets Teil der medialen Berichterstattung waren und sind: Alterseinstufung und Indizierung.

Aufgrund des großen Absatzmarktes ist die Bundesrepublik Deutschland de facto die vorherrschende rechtliche Instanz für digitale Spiele im gesamten deutschsprachigen Vertriebsraum. Nach ihren gesetzlichen Bestimmungen werden Spiele für diesen spezifischen Vertriebsraum angepasst. Relevant ist dies vor allem dann, wenn die jeweils adaptierten Versionen mit einem sogenannten *Regionlock* (auch Regionalcode oder *Regional lockout*) versehen werden, also einer technischen Schutzmaßnahme, um zu gewährleisten, dass ein bestimmtes Produkt nur in Regionen genutzt werden kann, für die es vorgesehen ist. Neben Spielen finden *Regionlocks* unter anderem bei Blu-ray Discs oder Druckerpatronen Anwendung. Auch in Österreich oder der Schweiz kann dann ausschließlich die bundesdeutsche Version eines Spiels gespielt und selbst importierte internationale Versionen können nicht aktiviert und damit auch nicht gespielt werden. Dies geschah zum Beispiel im Jahr

2014 bei *Wolfenstein: The New Order*[7]. In weiterer Folge dieses konkreten Falles erreichten österreichische Spieler/innen unter Berufung auf EU-Recht die Aufhebung des *Regionlocks* für Österreich. Auf Basis der EU-Dienstleistungsrichtlinie, in Österreich übergegangen ins sogenannte Gleichbehandlungsgebot, erstritt die österreichische Community durch Beschwerden direkt bei Bethesda, aber auch beim Europäischen Verbraucherzentrum in Österreich die Rücknahme der Maßnahme.

> „Die allgemeinen Geschäftsbedingungen eines Dienstleistungsbringers für den Zugang zu einer Dienstleistung dürfen keine auf der Staatsangehörigkeit oder dem Wohnsitz des Dienstleistungsempfängers beruhenden diskriminierenden Bestimmungen enthalten."[8]

Ein Fall, der nicht nur in österreichischen Medien für Aufsehen sorgte. Die österreichische Tageszeitung Der Standard etwa schrieb, die Gaming-Community fühle sich „um ihr Recht betrogen [...], ein im EU-Ausland erworbenes Produkt in ihrer Heimat nutzen zu können."[9] Die beim Europäischen Verbraucherzentrum Österreich eingelangte Beschwerde zeigte die gewünschte Wirkung[10] auf den Publisher Bethesda, ohne dass tatsächlich rechtliche Schritte eingeleitet werden mussten. Dennoch stellen solche Fälle die Ausnahme dar.

Um zu verstehen, wodurch sich die im Titel angesprochene Deglobalisierung ergibt, ist es relevant zu wissen, wie die Jugendschutzmechanismen in der Bundesrepublik Deutschland funktionieren. Denn sie haben indirekten und mitunter auch direkten Einfluss auf die Entwicklung von Spielen, auf deren Marketing und den Vertrieb über die bundesdeutschen Grenzen hinaus in den restlichen deutschsprachigen Markt Europas.

Dem gesamten bundesdeutschen Jugendschutz liegt das deutsche Grundgesetz zugrunde. Hier wird in Artikel 5 zwar die freie Meinungsäußerung garantiert, allerdings in Abschnitt 2 sofort wieder eingeschränkt. Dort heißt es:

> „Diese Rechte finden ihre Schranken in den Vorschriften der allgemeinen Gesetze, den gesetzlichen Bestimmungen zum Schutze der Jugend und in dem Recht der persönlichen Ehre."[11]

---

[7]   Wolfenstein: The New Order 2014.
[8]   DLG § 23.
[9]   Zsolt 2014.
[10] Vgl. Ritter 2014.
[11] GG Art. 5 Abs. 2.

Dem Jugendschutz wird also von der Bundesrepublik Deutschland durch die Festschreibung im Grundgesetz und damit der Erhebung in den Verfassungsrang große Bedeutung zugeschrieben. Hinzuzufügen ist, dass die Gesetzgebung der Bundesrepublik Deutschland in hohem Maße von der Nachkriegskultur des Zweiten Weltkrieges geprägt ist, daher auf Themen wie „verfassungsfeindliche Symbolik" ganz besonders ‚empfindlich' reagiert und die jeweiligen Gesetze auch mit entsprechender Härte exekutiert.

Organisation der Bundesprüfstelle für jugendgefährdende Medien (BPjM)

Hauptverantwortlich für Alterseinstufung und in weiterer Folge Indizierung – also das Setzen eines Mediums auf eine Liste jugendgefährdender Medien – sind die Unterhaltungssoftware Selbstkontrolle (USK) – eine zwar juristisch vorgeschriebene, jedoch vom Staat unabhängige Einrichtung – und die staatliche Bundesprüfstelle für jugendgefährdende Medien (BPjM). Beide Institutionen arbeiten zwar nicht direkt zusammen, ihre Arbeit geht jedoch ineinander über. Bevor ein Spiel oder auch nur Teile eines Spiels (Bilder, Trailer, Demo-Versionen, etc.) öffentlich zugänglich gemacht werden können, müssen sie zunächst durch die USK geprüft werden. Seit der Novellierung des bundesdeutschen Jugendschutzgesetzes im Jahr 2003 ist es nicht mehr möglich, dass Medien, die bereits durch die USK geprüft wurden, noch von der BPjM indiziert werden. Die USK muss aber im Falle einer möglichen Jugendgefährdung das entsprechende Medium der BPjM zur weiteren Überprüfung übergeben. Die BPjM stellt dann in einer sogenannten ‚ordentlichen Prüfung' fest, ob das Medium jugendgefährdende Inhalte enthält. Das dafür zuständige ‚Zwölfergremium' besteht aus folgenden Mitgliedern, wobei die Beisitzer/innen ihre Tätigkeit auf ehrenamtlicher Basis ausüben:

- einem/r Vorsitzende/n, ernannt durch das Bundesministerium für Familie, Senioren, Frauen und Jugend,
- drei Länderbeisitzer/innen, ernannt durch die Landesregierungen,
- acht Gruppenbeisitzer/innen, vorgeschlagen durch die ‚vorschlagsberechtigten Verbände'[12] und berufen durch das Bundesministerium für Familie, Senioren, Frauen und Jugend.

---

[12] Beispielsweise der Deutsche Kulturrat, der Schriftstellerverband, der Börsenverein des deutschen Buchhandels, der Bundesverband Video, die Kirchen und andere mehr. Für die genaue Auflistung siehe JuschG §19 und 20.

Vorsitzende und Beisitzer/innen haben ihr Amt für drei Jahre inne und sind nicht weisungsgebunden. Im Falle eines sogenannten ‚vereinfachten Verfahrens‘ besteht das Gremium nur aus drei Personen: Dem Vorsitzenden, einem Beisitz aus den ‚vorschlagsberechtigten Verbänden‘ der Bereiche Kunst, Literatur, Verlagswesen oder ‚Anbietern von Bildträgern und Telemedien‘ sowie einem weiteren beliebigen Beisitz. Das vereinfachte Verfahren kommt immer dann zur Anwendung, „[w]enn die Gefahr besteht, dass ein Träger- oder Telemedium kurzfristig in großem Umfange vertrieben, verbreitet oder zugänglich gemacht wird und die endgültige Listenaufnahme offensichtlich zu erwarten ist [...]“.[13] Da bei einem vereinfachten Verfahren ein Medium nicht auf eine der Listen gesetzt und damit indiziert werden kann, wird die Aufnahme hier nur vorläufig angewendet. Nach spätestens einem Monat hat die Bundesprüfstelle über den Verbleib oder die Streichung auf beziehungsweise von der Liste zu entscheiden.[14] Die Beschlüsse erfolgen im Zwölfergremium mit einer Zweidrittelmehrheit, im Dreiergremium einstimmig.[15]

Verfahrensablauf

Die BPjM kann nicht von sich aus tätig werden, um ein Indizierungsverfahren einzuleiten. Hierzu ist ein Antrag notwendig, der durch verschiedene Stellen erfolgen kann, etwa durch Jugendämter oder das Bundesfamilienministerium. Wird ein solcher Antrag eingebracht, ist die Bundesprüfstelle dazu verpflichtet, ein Prüfverfahren einzuleiten. Der wohl häufigste Fall solcher Anträge ergeht durch die USK, die aus ihrer Sicht jugendgefährdende digitale Spiele zur Prüfung der BPjM direkt übergibt.

In der Regel werden die Entscheidungen über eine Indizierung durch das Zwölfergremium getroffen, das ordentliche Entscheidungsorgan der BPjM. Für eine Entscheidung ist eine Zweidrittelmehrheit im Gremium notwendig. Kommt diese nicht zustande, so gilt der Antrag auf Indizierung als abgelehnt. Eine weitere Möglichkeit ist das vereinfachte Verfahren durch das 3er-Gremium. Ein vereinfachtes Verfahren kann jedoch nur stattfinden, wenn ein Medium offensichtlich jugendgefährdend ist, das heißt, wenn „es sich um ein Medium handelt, das

---

[13] JuschG § 23 Abs. 5.
[14] Vgl. JuschG § 23.
[15] 12er-Gremium.

vom Zwölfergremium gemäß seiner Spruchpraxis mit an Sicherheit grenzender Wahrscheinlichkeit indiziert wird."[16]

Liegt nach Ansicht eines der Gremien eine Jugendgefährdung durch ein Medium vor, so wird es in die entsprechenden Listenteile, die sich nach dem Grad der Jugendgefährdung und der Art der Veröffentlichung (Trägermedium oder digital) unterscheiden und nicht vollständig öffentlich einsehbar sind, aufgenommen und, sollte es sich um strafrechtlich relevante Inhalte handeln, ein Strafverfahren eingeleitet. Medien, für die ein Gericht entscheidet, dass ihre Inhalte strafrechtlich relevant sind, werden automatisch in die Liste der jugendgefährdenden Medien aufgenommen.

Mit der Aufnahme in die Liste ergeben sich weitreichende Konsequenzen für ein Medium. Bei Trägermedien, also etwa Spielen, die regulär im Handel erwerbbar sind, bedeutet es, dass sie Kindern und Jugendlichen in keiner Weise zugänglich gemacht werden dürfen. Dies schließt die Ausstellung in Geschäftsräumen ein. Des Weiteren dürfen entsprechende Medien weder beworben noch per Versandhandel vertrieben werden.[17] Medien, die strafrechtlich relevante Inhalte enthalten, können durch die Strafverfolgungsbehörden beschlagnahmt werden und dürfen darüber hinaus überhaupt nicht verkauft werden – auch nicht an Erwachsene.[18]

Indizierungslisten

Entscheidet die BPjM, dass ein Medium zu indizieren ist, wird es in die Liste der jugendgefährdenden Medien aufgenommen. In § 18 JuschG ist festgelegt, in welchen der entsprechenden Listenteile ein als jugendgefährdend zu betrachtendes Medium einzutragen ist. Für die Erforschung dieser Listen ist es überaus hinderlich, dass zwei davon, die Listenteile C und D, nicht öffentlich geführt werden. In diesen Listenteilen finden sich die indizierten Telemedien. Dabei sind Telemedien laut Telemediengesetz Medien „mit Inhalten, [...] die von einem Diensteanbieter zum individuellen Abruf zu einem vom Nutzer gewählten Zeitpunkt und aus einem vom Diensteanbieter festgelegten Inhalte-

---

16 3er-Gremium.
17 Vgl. JuschG § 15 Abs. 1
18 Vgl. Rechtsfolgen.

katalog bereitgestellt werden."[19] Gemeint sind hier selbstverständlich digitale Vertriebsplattformen wie Steam oder GOG.

Unterschieden wird weiter anhand der strafrechtlich relevanten Inhalte. In den Listenteil C werden indizierte Telemedien ohne strafrechtliche Relevanz eingetragen, in Listenteil D jene mit strafrechtlich relevanten Inhalten.

Selbiges gilt für die Listenteile A und B: In Listenteil A finden sich alle Nicht-Telemedien ohne strafrechtlich relevante Inhalte, auf Listenteil B strafrechtlich relevante. Dabei sind die nichtöffentlichen Listen auch unter Berufung auf das Informationsfreiheitsgesetz nicht zugänglich. Eine Anfrage über die Website Frag den Staat im Jahr 2014 direkt an die BPjM wurde damit beantwortet, dass „Eine Übermittlung der nichtöffentlichen Listenteile an Dritte […] einen Verstoß gegen § 18 Abs. 2 Jugendschutzgesetz (JuSchG) und damit eine konkrete Gefährdung der öffentlichen Sicherheit […]"[20] darstelle. Demnach ist nicht jede beliebige Person dazu berechtigt, die Liste einzusehen. Innerhalb der durch die Website zugänglich gemachten Korrespondenz heißt es aber seitens der BPjM ebenfalls: „Weil die Liste nichtöffentlich zu führen ist, bedeutet dies nicht zwangsläufig, dass Personen mit einem berechtigten Interesse keine Einsicht erhalten können."[21] Daher ist davon auszugehen, dass etwa Journalisten, aber auch Wissenschaftlern Einsicht gewährt werden kann, jedoch nur auf Anfrage direkt bei der BPjM. Eine bloße Berufung auf das Informationsfreiheitsgesetz scheint nicht ausreichend.

Hinzuzufügen ist, dass Entwicklerstudios das Anrecht haben, eine Streichung von der Liste zu beantragen. Dazu heißt es im Jugendschutzgesetz: „Medien sind aus der Liste zu streichen, wenn die Voraussetzungen für eine Aufnahme nicht mehr vorliegen."[22] Außerdem sind Medien nach 25 Jahren grundsätzlich von der Liste zu streichen.[23] Jedoch kann „die/der Vorsitzende […] auch in diesen Fällen die Listenaufnahme ausnahmsweise in einem neuen Prüfverfahren fortbestehen lassen, wenn weiterhin die Voraussetzungen für die Aufnahme in die Liste vorliegen."[24] Ist also ein Medium selbst nach Ablauf von 25 Jahren noch als jugendgefährdend einzustufen, verbleibt es auf der Liste.

---

[19] TMG §2 Abs. 6.
[20] Frag den Staat.
[21] Frag den Staat.
[22] JuschG § 18 Abs. 7 Satz 1.
[23] Vgl. JuschG § 18 Abs. 7 Satz 2.
[24] Listenstreichung.

Listenteile			
A	B	C	D
jugendgefähr-dende Medien ohne strafrechtli-che Relevanz	strafrecht-lich relevante jugendgefähr-dende Medien	jugendgefähr-dende Teleme-dien ohne straf-rechtliche Rele-vanz	strafrecht-lich relevante jugendgefähr-dende Teleme-dien
öffentlich	öffentlich	nicht öffentlich	nicht öffentlich

Die vollständigen Listenteile A und B werden in regelmäßigen Abstän-den durch die BPjM in einer eigenen Broschüre veröffentlicht, die in deutschen Bibliotheken eingesehen sowie direkt von der BPjM bezogen werden kann. Online finden sich die Listen aus Jugendschutzgründen nicht,[25] da man wohl davon ausgeht, dass eine Zugänglichmachung auf diesem Wege dazu führen könnte, dass vor allem Jugendliche bestrebt wären, dann genau jene Medien beziehen zu wollen – oft vermutlich nur des Reizes wegen, ein indiziertes Spiel zu besitzen.

Darüber hinaus besteht die Möglichkeit, ein Prüfverfahren anzu-regen. Das Recht auf Anregung eines Verfahrens haben bei Weitem mehr Stellen als das Recht auf Antrag zur Prüfung. Dabei wird zwi-schen Verfahren, welche von Amts wegen eingeleitet werden, und sol-chen, bei denen dies auf Antrag geschieht, kein Unterschied im Ver-fahrensablauf gemacht. Privatpersonen sind jedoch von diesem Recht ausgenommen, sie müssen sich an die zuständigen Jugendämter wen-den, sollten sie eine Jugendgefährdung wahrnehmen.[26]

Indizierungsgründe

Für eine endgültige Indizierung von Medien gibt es zahlreiche Gründe. Das deutsche Jugendschutzgesetz nennt in § 18 beispielhaft:

> „unsittliche, verrohend wirkende, zu Gewalttätigkeit, Verbrechen oder Rassenhass aufreizende Medien, sowie Medien in denen […] Gewalt-handlungen wie Mord- und Metzelszenen selbstzweckhaft und detail-liert dargestellt werden oder […] Selbstjustiz als bewährtes Mittel zur Durchsetzung der vermeintlichen Gerechtigkeit nahe gelegt wird."[27]

---

[25] Vgl. Bekanntmachung.
[26] Vgl. Indizierungsverfahren.
[27] JuschG § 18 Abs. 1.

Entscheidend ist hier der Begriff der „Mord- und Metzelszenen" zum Selbstzweck. Die deutsche Legislative sieht also Gewalt und deren Darstellung nicht als grundsätzlich jugendgefährdend an, sondern vor allem dann, wenn Gewalt nur um ihrer selbst willen dargestellt wird und keinen weiteren Zweck erfüllt. Das Gleiche gilt ebenso für die Darstellung nationalsozialistischer Symbolik, welche ebenso wie die Darstellung von Gewalt mehr sein kann als nur bloßes Darstellen um ihrer selbst willen, etwa zur Erzeugung größeren Medieninteresses.

Digitale Spiele werden zwar mittlerweile auch vom Gesetzgeber als Kunst wahrgenommen und teils auch als solche behandelt, dennoch werden nationalsozialistische Symbole für deutschsprachige Versionen in vielen Spielen bereits vorab entfernt.

Dabei ist festzuhalten, dass bei aller Anerkennung digitaler Spiele als Kunst im Zweifel stets der Jugendschutz das vorrangigere Argument ist. So heißt es im Indizierungsbericht zu *Call of Duty: World at War*[28]:

> „Die EU-Version von „Call of Duty – World at War" ist aus technischer Sicht [...] als deutlich überdurchschnittlich einzustufen; [...] Insgesamt konnte das Gremium jedoch keine Aspekte ausmachen, welche die EU-Version von „Call of Duty – World at War" zu einem Kunstwerk von nennenswertem Rang erheben könnten. Demgegenüber ist das Gremium jedoch der Überzeugung, dass das im Spiel enthaltene Maß an Brutalität deutlich die etwaigen künstlerischen Aspekte überwiegt. Die im vorliegenden Spiel visualisierte Gewalt verleiht der Jugendgefährdung eine Intensität, die eine andere Entscheidung als die zu Gunsten des Jugendschutzes nicht zulässt."[29]

Die Indizierungen durch die BPjM durchlaufen, wie viele Bereiche der Rechtsprechung, eine sich ständige verändernde Spruchpraxis. Aus heutiger Sicht erscheinen viele Entscheidungen der BPjM – damals noch Bundesprüfstelle für jugendgefährdende Schriften (BPjS) – aus den 1990er Jahren durchaus kurios. So indizierte die BPjM 1999 das Spiel *Commandos – Hinter feindlichen Linien*[30] nicht. Die Begründung dazu lautete, dass „nur besonnenes, teambezogenes, vielfältiges Handeln, das aus isometrischer Perspektive gesteuert werden müsse, [...]"[31] zum

---

28   Call of Duty: World at War 2008.
29   BPjM 2009a, 13.
30   Commandos: Behind Enemy Lines 1998.
31   BPjS 1999, 4.

Erfolg führe. Ein paar Jahre zuvor, 1996, kam die BPjM in Bezug auf das Spiel *Panzer General*[32] hingegen noch zu dem Schluss, dass das Spiel

• „kriegsverharmlosend und kriegsverherrlichend ist,

• Im weitesten Sinne die Ideologie des Nationalsozialismus verharmlost wird und

• Gegen Art 26 GG verstößt, da das Führen eines Angriffskrieges befürwortet wird."[33]

Besonders der letzte Punkt gibt – aus heutiger Sicht – zu denken. Denn unter diesem Gesichtspunkt wären so gut wie alle Strategiespiele von vorneherein wegen eines Verstoßes gegen Artikel 26 Grundgesetz zu indizieren. Dort heißt es:

> „Handlungen, die geeignet sind und in der Absicht vorgenommen werden, das friedliche Zusammenleben der Völker zu stören, insbesondere die Führung eines Angriffskrieges vorzubereiten, sind verfassungswidrig. Sie sind unter Strafe zu stellen."[34]

Dass dabei jedoch nur Personen gegen Art. 26 GG verstoßen, die diesen Tatbestand auch real erfüllen können, findet zumindest in der Begründung keine Beachtung. Es bleibt daher also die Frage offen, ob durch die BPjS bewusst ein so ‚starker' Grund – ein Verstoß gegen das Grundgesetz ist keine Lappalie – angeführt wurde, um der eigenen Entscheidung mehr Gewicht zu verleihen.

Doch damit der aus heutiger Sicht kuriosen Entscheidungen noch nicht genug. Denn genau die oben genannte Tatsache stellt die BPjM bei ihrer Prüfung fest: „Damit wird objektiv der Tatbestand der Kriegsverharmlosung durch nahezu alle Kriegssimulationsspiele erfüllt."[35] Die Entscheidung basiert dabei vorrangig auf der folgenden Begründung:

> „Das Spiel ist kriegsverharmlosend, weil die Schrecken und Leiden des Krieges, seine zahlreichen schmerzhaften Auswirkungen verschwiegen werden. Das Kriegsführen wird reduziert auf computergesteuerte Strategie, auf die Vorstellung, daß Kriegsführen eine ‚saubere' Angelegenheit sein kann, im Rahmen derer Tod, Verletzung, Schmerz und Leid nicht vorkommen."[36]

---

[32] Panzer General 1994.
[33] BPjS 1996, 8.
[34] GG Art. 26 Abs. 1.
[35] BPjS 1996, 8.
[36] BPjS 1996, 8.

An diesem kurzen Beispiel zeigt sich deutlich: 1996 ist die abstrahierende und distanzierte Darstellung von Krieg ein Problem für die BPjM und strafrechtlich relevant, sogar verfassungswidrig. Drei Jahre später, 1999, tritt der entgegengesetzte Fall ein: Die abstrahierende, distanzierte, kühl-taktische und berechnende Vorgehensweise, die *Commandos* verlangt, wird zum Grund, das Spiel eben nicht zu indizieren, wobei anzumerken ist, dass selbstverständlich auch noch andere Gründe zu einer Indizierung oder Nichtindizierung führen können.

Weiters bleibt die Frage offen, warum in der Begründung auf Art. 26 GG berufen wird. Der dort angesprochene Strafbestand kann nämlich nur von tatsächlich dazu befähigten Personen erfüllt werden – da der/die durchschnittliche Gamer/in allerdings nicht dazu in der Lage ist, einen realen Krieg vom Zaun zu brechen, wäre die entsprechende Argumentation der BPjM juristisch haltlos.

Prüfung durch die USK

Um ein Spiel in Deutschland (aber auch in Österreich oder der Schweiz) verkaufen zu können, muss dieses mit einer Alterskennzeichnung versehen werden. Zuständig für diese Alterseinstufung ist – in Deutschland – die Unterhaltungssoftware Selbstkontrolle (USK). Diese überprüft digitale Spiele gemäß ihrer Inhalte und vergibt eine der folgenden Altersfreigaben:
- Freigegeben ab 6 Jahren
- Freigegeben ab 12 Jahren
- Freigegeben ab 16 Jahren
- Keine Jugendfreigabe

Diese Einstufungen sind im JuschG festgelegt.[37] Stellt die USK bei ihrer Überprüfung eine Jugendgefährdung fest, wird das betroffene Medium zur Überprüfung der BPjM übergeben. Es wird ein Antrag auf Indizierung gestellt.

Die Alterseinstufungen sind nach wie vor jedoch kritisch zu betrachten – auch und vor allem, da sie nur auf Inhalte beschränkt sind, nicht aber zum Beispiel auf Kommunikationsmöglichkeiten. So warnt der Kriminologe Thomas-Gabriel Rüdiger in Bezug auf digitale Spiele immer wieder vor den Gefahren des sogenannten *Cybergrooming*, also dem gezielten Anbahnen von sexuellen Kontakten über das Internet,

---

[37] Vgl. JuschG § 14 Abs. 2.

besonders in solchen Spielen, die explizit für Kinder- und Jugendliche entworfen wurden.[38]

Jedoch prüft die USK Spiele nicht nur von Amts wegen, sondern stellt für Entwicklungsstudios auch ein umfangreiches Beratungsangebot zur Verfügung, um bereits vor der eigentlichen Prüfung tätig werden zu können. Dadurch nimmt die USK, entweder gewollt oder ungewollt, bereits in der Entwicklung teils massiven Einfluss auf das Spiel, was nicht nur den deutschsprachigen Vertriebsraum, sondern bei internationalen Entwicklungen auch einen wesentlich größeren Markt betrifft. Hier nimmt eine nationale Einrichtung Einfluss auf ein globalisiertes Produkt und bringt sich damit in die Situation, selbst Teil der Entwicklung und des Spiels zu werden – und damit auch Teil der Globalisierung.

Österreich

Anders als in der Bundesrepublik Deutschland ist der Jugend(medien)schutz in Österreich nicht bundesweit geregelt. Er obliegt den Bundesländern.[39] Während der Bundesrepublik Deutschland der Jugendschutz so wichtig ist, dass er sogar in die Verfassung Eingang gefunden hat, zersplittert er in Österreich zur Ländersache.

Dies führt dazu, dass in Österreich neun unterschiedliche Jugendschutzgesetze gelten, die unterschiedliche Regelungen für die verpflichtende Alterskennzeichnung digitaler Spiele vorsehen. So schreibt das Bundesland Wien eine PEGI-Kennzeichnung vor (eine genauere Erklärung zu PEGI folgt weiter unten), wobei aber eine Kennzeichnung durch die USK ebenfalls erlaubt ist. Ähnliches gilt für das Bundesland Kärnten. In Salzburg ist wiederum die Kennzeichnung durch die USK vorgeschrieben, während alle weiteren Bundesländer gar keine explizite Kennzeichnung nach einem bestimmten System fordern.[40]

Eine Prüfstelle wie die BPjM gibt es in Österreich nicht. Als vergleichbar anzusehen wäre höchstens die Bundesstelle für Positivprädikatisierung von Computer- und Konsolenspielen (BuPP), welche den pädagogisch entgegengesetzten Weg zur BPjM geht. Anstatt jugendgefährdende Medien zu verbieten, werden hier jugendfördernde Spiele empfohlen.

---

[38] Vgl. Rüdiger 2012.
[39] Vgl. B-VG Art. 15.
[40] Vgl. BuPP 2015.

Die BuPP greift dabei auf einen Pool von Gutachter/innen zurück,[41] welche Spiele in drei unterschiedlichen Stufen prüfen:

- Spiele-Kurzinfo
- Info & Pro/Contra
- Empfehlung

Diese drei Stufen sind konsekutiv. In der Spiele-Kurzinfo werden lediglich grundlegende Informationen zu Spielen gegeben, wie die Plattform, das Genre, das Erscheinungsdatum und eine kurze Spielbeschreibung. Wichtig hierbei ist zu erwähnen, dass ebenfalls angegeben wird, ob das Spiel Multiplayermodi, In-Game-Käufe oder In-Game-Werbung enthält. Hierbei werden die Spiele in der Regel nicht durch den/die Gutachter/in gespielt. Ziel der Kurzinfo ist es, eine möglichst umfangreiche Datenbank von Spielen zu erstellen. Die Gutachter/innen wählen dabei selbst aus, welche Spiele sie hier beschreiben. Darüber hinaus geben sie bei der Beschreibung auch an, ob sie das Potenzial für eine Empfehlung sehen.

In der weitergehenden Stufe Info & Pro/Contra finden sich zu den bereits gemachten Angaben der Kurzinfo eine kurze Pro- und Contraliste zu den Bereichen Spielspaß, Pädagogik und Technik. Das Spiel wird hierbei von dem/der Gutachter/in einige Stunden angespielt, um einen Eindruck zu erhalten. Die Spiele werden den einzelnen Gutachter/innen durch die BuPP zugewiesen, welche dann eine entsprechende Beschreibung verfassen. Diese baut meist auf der zuvor (oft von anderen Gutachter/innen erstellten) Kurzinfo auf.

In der obersten Stufe, der Empfehlung, wird das Spiel eingehend durch eine/n Gutachter/in gespielt und es wird ein entsprechender Prüfbericht erstellt. Das Spiel wird darüber hinaus nach Abschluss der Begutachtung von einer Bewertungskommission beurteilt und mit einer Empfehlung versehen – oder eben nicht. Auch bei der Empfehlung wird das Spiel dem/der Gutachter/in durch die BuPP zugewiesen und zur Verfügung gestellt. Besonders hervorzuheben ist außerdem, dass die BuPP in großem Umfang Spiele-Apps für Smartphones und Tablets testet.

Wichtig hierbei ist, dass die BuPP eine Altersempfehlung angibt, die sich mitunter von der PEGI- oder USK-Einstufung unterscheidet. Dies hängt damit zusammen, dass nicht ausschließlich auf den Inhalt des Spiels Bezug genommen wird, sondern auch auf die Spielbarkeit.

---

[41] Die Arbeitsabläufe der BuPP sind dem Autor aufgrund seiner eigenen Tätigkeit als Gutachter bekannt.

Denn nur, weil ein Spiel keine für ein achtjähriges Kind bedenklichen Inhalte enthält, heißt dies nicht automatisch, dass dieses Kind auch in der Lage ist, etwa die Spielmechanik zu verstehen oder die Steuerung entsprechend zu bedienen.[42]

Eine Kennzeichnung der Alterseinstufung durch die BuPP oder auch deren Empfehlungen sind weder vorgeschrieben, noch werden sie vorgenommen. Rechtlich bindend für den Vertrieb ist, je nach Bundesland, die Einstufung von USK oder PEGI. Die Empfehlungen sowie alle anderen Informationen seitens der BuPP zu Spielen sind lediglich auf deren Website abrufbar, die vorrangig eine Orientierungshilfe vor allem für Erziehungsberechtigte bieten soll.

Die Tätigkeiten der BuPP gehen in wesentlichem Maße auf die Überlegungen von Herbert Rosenstingl zurück, der federführend an ihrem Aufbau beteiligt war. Ihren Ursprung hat die BuPP in einer Initiative des österreichischen Jugendministeriums, das 2002 eine Machbarkeits- und 2003 eine entsprechende Akzeptanzstudie in Auftrag gab, welche schließlich 2005 zur Gründung der BuPP führte.[43]

Dennoch gilt auch für Österreich, dass Medien – in diesem Fall Spiele –, deren Inhalt strafrechtlich relevant ist, aufgrund eines entsprechenden Gesetzverstoßes mit einem Verkaufsverbot belegt werden können, wenn es auch keine so durchorganisierte Form dieses Vorgangs wie in der Bundesrepublik Deutschland mit der BPjM gibt.

In Bezug auf Globalisierung und Internationalisierung ist das Vorgehen der BuPP deswegen besonders interessant, da vermehrt Staaten in Betracht ziehen, ein ähnliches System anstatt oder ergänzend zu ihren bisherigen Jugendschutzmaßnahmen einzuführen, was aufgrund des pädagogischen Ansatzes durchaus wünschenswert wäre.

Schweiz

In der Schweiz haben sich Entwickler/-innen sowie Händler/-innen in einem eigenen Verhaltenskodex dazu verpflichtet, alle erscheinenden Spiele mit einer PEGI-Kennzeichnung zu versehen, wobei sich nicht alle diesem Verhaltenskodex angeschlossen haben dürften, da auf der entsprechenden Informationsseite der Schweiz nur vom „Grossteil der Hersteller, Händler und Verkaufsstellen"[44] die Rede ist, nicht jedoch

---

[42] Vgl. Garnitschig/Mitgutsch 2008, 24–26.
[43] Vgl. Rosenstingl 2008, 166–170.
[44] Jugend und Medien.

von allen. Auf einer Liste der Swiss Interactive Entertainment Association (SIEA) aus dem Jahr 2010, deren Vollständigkeit allerdings kaum
überprüfbar ist, sind 51 Unterzeichner/-innen vermerkt.[45]

Es gibt also in der Schweiz, wie auch in Österreich, keinen einheitlichen Jugendschutz, wobei entsprechende Regelungen des Straf-
gesetzbuches Anwendung finden, in denen etwa Gewaltdarstellungen
verboten werden.[46] Viele weitere Bestimmungen des Jugendschutzes,
wie etwa Ausgehzeiten oder der Verkauf von Tabakwaren, werden von
den einzelnen Kantonen geregelt. Der Jugendschutz stellt sich in der
Schweiz also – bis auf einige wenige bundesweite Regelungen, wie den
Verkauf von Alkohol betreffend – mindestens so fragmentiert dar wie
in Österreich.

Aufgrund der Tatsache, dass die Schweiz über kein stark ausgepräg-
tes Jugendmedienschutzsystem verfügt sowie der vergleichsweise geringen Kaufkraft dieses kleinen Marktes, ist sie, was die Globalisierung
und Internationalisierung von Jugendmedienschutzsystemen angeht,
de facto nicht relevant.

Internationalisierungsversuche – PEGI

Gegenläufig zur nationalen Fragmentierung durch Jugendschutzmechanismen gibt es ebenso Internationalisierungsbestrebungen, um eine
gewisse Einheitlichkeit und Vergleichbarkeit herzustellen. Für den europäischen Raum ist die Pan European Gaming Information (PEGI) zu
nennen, deren Entscheidungen sich bezüglich der Alterseinstufung mitunter doch von denen der USK unterscheiden. Hier zeigt sich, dass
nationale Gesichtspunkte und Traditionen durchaus weiter eine Rolle
spielen und auch weiterhin spielen werden.

PEGI ist als ,Selbstkontrolle durch die Industrie' zu betrachten.
Sie existiert seit 2003, findet in 28 Ländern des europäischen Wirt-
schaftsraums Anwendung und ist zu allererst „ein System der freiwil-
ligen Selbstkontrolle, das für eine sichere Verwendung von Videospielen eintritt" und „der Öffentlichkeit, insbesondere Eltern, zu erkennen [hilft], welche Unterhaltungssoftware für eine bestimmte Alters-
gruppe geeignet ist."[47]

---

[45]   SIEA 2015.
[46]   Vgl. Rosenstingl/Mitgutsch 2009, 183.
[47]   Bänsch/Mader 2008, 155.

PEGI ist jedoch kein staatlich vorgeschriebenes System, sondern basiert auf einem Verhaltenskodex und einer Selbstverpflichtung der PEGI-Mitglieder, also der Entwicklerstudios, ähnlich wie dies in Nordamerika mit der ESRB, dem Entertainment Software Rating Board, der Fall ist, welche ebenfalls auf der Selbstverpflichtung der Studios aufbaut und keiner staatlichen Kontrolle unterliegt.

Federführend für die Gründung waren in der Durchführung die belgische Interactive Federation of Europe (ISFE) und das niederländische Nederlands Instituut voor de Classificatie van Audiovisuele Media (NICAM). NICAM ist nach wie vor auch jene Stelle, die die Angaben der Entwicklerstudios prüft.

Zur Prüfung durch PEGI füllen Entwicklerstudios vor dem Erscheinen des entsprechenden Spiels ein Formular aus, in dem sie Angaben zu ihrem Spiel und dessen Inhalten machen. Diese Angaben werden durch ein Onlinesystem beurteilt und schließlich auf diesem Weg mit einer vorläufigen Alterseinstufung versehen. Hierbei werden Spiele mit der Einstufung ‚3+' und ‚7+' nur im Zufallsprinzip durch NICAM gegengeprüft und erhalten in der Regel die Freigabe sofort. Einstufungen für ‚12+', ‚16+' und ‚18+' werden auf jeden Fall von NICAM kontrolliert und nach Erstellung der entsprechenden Lizenz schließlich freigegeben.[48] Dabei ist davon auszugehen, dass ‚große' Titel ohnehin geprüft werden, um zu verhindern, dass Hersteller ihr Spiel von vornherein mit ‚3+' bewerten, um so eine Überprüfung durch NICAM zu umgehen. So ist zwar PEGI an sich zwar tatsächlich als ‚Selbstkontrolle durch die Industrie' einzustufen, wird aber dennoch schlussendlich von einem staatlichen Institut kontrolliert, was in gewisser Weise zu einer Mischform aus Selbstkontrolle und staatlicher Kontrolle führt.

Wie die USK-Einstufung macht die PEGI-Klassifizierung jedoch keine Angaben darüber, ob das Spiel für Kinder beziehungsweise Jugendliche der entsprechenden Altersstufe tatsächlich spielbar ist. Die Angaben beziehen sich alleine auf die Inhalte der Spiele.

IARC

Die International Age Rating Coalition (IARC), deren Ziel ein weltweit einheitliches System zur Alterskennzeichnung ist, steht vor noch größeren Problemen als die europäische PEGI. IARC wurde im Jahr 2013 mit dem Ziel vorgestellt, ein einheitliches, weltweit gültiges Jugendme-

---

[48] Vgl. Bänsch/Mader 2008, 156 f.

dienschutzsystem zu schaffen. Initiiert wurde sie von den verantwortlichen Organisationen als Zusammenarbeit einzelner Staaten im Bereich des Jugendmedienschutzes. Auch hier gilt, dass diese Globalisierungsbestrebungen eher an der nationalen Spruchpraxis scheitern dürften. Die einzelnen Mitglieder (Brasilien, Australien, USA und Kanada, PEGI, USK) sehen in unterschiedlichen Inhalten eine Jugendgefährdung. Hinzu kommt, dass zahlreiche Staaten zwar Alterskennzeichnungen vergeben, jedoch nicht Mitglied der IARC sind. Bis der Mitgliederkreis groß genug ist, kann es wohl nur das Ziel der IARC sein, ein zumindest vergleichbares System und vergleichbare Beurteilungskriterien für die Alterseinstufung zu schaffen, da eine Vereinheitlichung der gesamten Alterskennzeichnung und der gesamten Spruchpraxis aus heutiger Sicht so gut wie unmöglich scheint.

Nicht Teil der IARC ist der gesamte asiatische Raum, welcher zwar über seine jeweils eigenen Jugendmedienschutzmechanismen verfügt, sich aber offenbar nicht an einer Internationalisierung beteiligen will oder – was weitere Fragen aufwerfen würde – gar nicht erst gefragt wurde.

Fazit

Abschließend bleibt festzuhalten, dass, gleich welche der zu Beginn genannten Ansätze ein Staat in Bezug auf den Jugendschutz bei digitalen Spielen anwendet, diese oftmals ineinander übergehen. Nach wie vor spielt Deutschland besonders im deutschsprachigen Vertriebsraum, aber auch darüber hinaus bis hin zur globalen Ebene eine dominante Rolle – auch aufgrund des hohen Organisationsgrads von USK und BPjM, auf deren Einstufungen man sich beispielsweise in Österreich in manchen Bundesländern beruft. Hier findet eine nationale Bestimmung zumindest den Weg zur Internationalisierung, wenn auch nicht zur Globalisierung, da nach wie vor große Vertriebsregionen wie der asiatische Raum ausgeklammert werden, da dieser offenbar an einer internationalen Kooperation kein Interesse zeigt. Dennoch wird eine weitere Vereinheitlichung des Jugendschutzes notwendig sein, besonders aufgrund des zunehmenden Vertriebs von digitalen Spielen über Onlineplattformen. Denn die unterschiedlichen nationalen Bewertungssysteme bergen einen immensen wirtschaftlichen Nachteil.[49]

Globalisierungsbestrebungen – wie die der IARC – werden wohl noch viele Jahre benötigen, um umfassend anerkannt zu werden. Einer

---

[49]   Vgl. Bänsch/Mader 2008, 159.

Vereinheitlichung des Jugendschutzes stehen unterschiedliche Kultur-traditionen und Thementabuisierungen entgegen, die einen globalisier-ten Jugendschutz einschränken, wenn nicht sogar gänzlich verhindern. So gilt wohl weiterhin, wie Jürgen Bänsch und Katja Mader bereits anmerkten, „die politischen und kulturellen Gegebenheiten eines Lan-des beeinflussen, was es Minderjährigen zumutet."[50]

Schließlich bleibt festzuhalten, dass alle Arten des Jugendschutzes (Verbot, Empfehlung, Aufklärung, etc.) erfolglos bleiben, wenn „die empathische und respektvolle Anteilnahme am Leben der Kinder und Jugendlichen fehlt."[51] Pädagog/innen, Erziehungsberechtigte und staat-liche Stellen müssen anerkennen, dass digitale Spiele ein wesentlicher Teil der Lebenskultur von Kindern und Jugendlichen geworden sind, und sich dementsprechend damit auseinandersetzen, ohne dabei in eine reflexartige Abwehrhaltung zu geraten und alles verbieten zu wollen, was neu und unbekannt erscheint. Nur dadurch kann auf lange Sicht ein effektiver Jugendschutz gewährleistet werden, der auch Chancen hat, ebenso wie das zugrundeliegende Medium, internationalisiert oder gar globalisiert zu sein.

Literatur

Bänsch/Mader 2008 = Jürgen Bänsch/Katja Mader, Das PEGI-System (Pan Euro-pean Gaming Information). Verfahren, Vorteile, Herausforderungen, in: Kon-stantin Mitgutsch/Herbert Rosenstingl (Hg.), Faszination Computerspielen. Theorie – Kultur – Erleben, Wien 2008, 155–161.

Gamestar 2015 = Gamestar (Hg.), Mortal Kombat X nicht indiziert? – Diskus-sionsrunde: Warum blieb das Gewaltspiel verschont?, https://youtu.be/RoL 8rQOPugw. [15.06.2017].

Garnitschnig/Mitgutsch 2008 = Karl Garnitschnig/Konstantin Mitgutsch, Das Alter spielt eine Rolle. Altersstufen des Computerspielens, in: Konstantin Mit-gutsch/Herbert Rosenstingl (Hg.), Faszination Computerspielen. Theorie – Kultur – Erleben, Wien 2008, 19–32.

Kunczik/Zipfel 2006 = Michael Kunczik/Astrid Zipfel, Gewalt und Medien. Ein Studienhandbuch, Köln 2006.

Ritter 2014 = Tobias Ritter, Wolfenstein: The New Order – Ungeschnittene Ver-sionen für Österreich und die Schweiz, http://www.gamestar.de/spiele/wol-fenstein-the-new-order/news/wolfenstein_the_new_order,49503,3056154. html [15.06.2017].

---

[50] Bänsch/Mader 2008, 157.
[51] Rosenstingl 2008, 171.

Rosenstingl 2008 = Herbert Rosenstingl, Positivprädikatisierung als Strategie, in: Konstantin Mitgutsch/Herbert Rosenstingl (Hg.), Faszination Computerspielen. Theorie – Kultur – Erleben, Wien 2008, 163–171.

Rosenstingl/Mitgutsch 2009 = Herbert Rosenstingl/Konstantin Mitgutsch, Schauplatz Computerspiele, Wien 2009.

Rüdiger 2012 = Thomas-Gabriel Rüdiger, Cybergrooming in virtuellen Welten – Chancen für Sexualtäter, https://www.fhpolbb.de/sites/default/files/field/dokumente/Ruediger/cybergrooming_in_virtuellen_welten_-_ruedigerpolizei_2_2012.pdf [15.06.2017].

Zsolt 2014 = Wilhelm Zsolt, Ein Sieg der Community: Region-Lock von „Wolfenstein: The New Order" zu Fall gebracht, http://derstandard.at/2000001504549/Ein-Sieg-der-Community-Region-Lock-von-Wolfenstein-The-New?dst=t.co [15.06.2016].

Quellen

3er-Gremium = Bundesprüfstelle für jugendgefährdende Medien, 3er-Gremium, http://www.bundespruefstelle.de/bpjm/Aufgaben/Indizierungsverfahren/3ergremium.html [15.09.2017].

12er-Gremium = Bundesprüfstelle für jugendgefährdende Medien, 12er-Gremium, http://www.bundespruefstelle.de/bpjm/Aufgaben/Indizierungsverfahren/12ergremium.html [15.09.2017].

Bekanntmachung = Bundesprüfstelle für Jugendgefährdende Medien, Bekanntmachung, http://www.bundespruefstelle.de/bpjm/Aufgaben/Listenfuehrung/bekanntmachung.html [15.09.2017].BPjM 2009 = BPjM (Hg.), Indizierungsbericht Call of Duty: World at War. Entscheidung Nr. 8525 (V) vom 20.1.2009.

BPjS 1996 = BPjS (Hg.), Indizierungsbericht Panzer General. Entscheidung Nr. 4600 vom 13.06.1996.

BPjS 1999 = BPjS (Hg.), Indizierungsbericht Commandos – Hinter feindlichen Linien. Entscheidung Nr. 4948 vom 02.09.1999.

BuPP 2015 = BuPP (Hg.), Jugendschutzgesetzgebung in Österreich zum Thema „Medien", http://bupp.at/sites/default/files/Jugendschutzgesetze_%C3%96sterreich_Medien_Stand201503.pdf [15.06.2017].

B-VG = Bundes-Verfassungsgesetz, https://www.ris.bka.gv.at/GeltendeFassung.wxe?Abfrage=Bundesnormen&Gesetzesnummer=10000138 [15.06.2017].

DLG = Bundesgesetz über die Erbringung von Dienstleistungen, https://www.ris.bka.gv.at/GeltendeFassung.wxe?Abfrage=Bundesnormen&Gesetzesnummer=20007539 [15.06.2017].

Frag den Staat = Liste der indizierten Telemedien, https://fragdenstaat.de/anfrage/liste-der-indizierten-telemedien/ [15.09.2017].

GG = Grundgesetz für die Bundesrepublik Deutschland, https://dejure.org/gesetze/GG [15.06.2017].

Indizierungsverfahren = Bundesprüfstelle für jugendgefährdende Medien, Indizierungsverfahren, http://www.bundespruefstelle.de/bpjm/Aufgaben/indizierungsverfahren.html [15.09.2017].

Jugend und Medien = Jugend und Medien, Alterskennzeichnung für Computer-
und Videospiele (PEGI), http://www.jugendundmedien.ch/de/jugendschutz/
regulierung/computer-und-videospiele-pegi.html [15.06.2017].

JuschG = Jugendschutzgesetz, https://dejure.org/gesetze/JuSchG [15.06.2017].

Listenstreichung = Bundesprüfstelle für jugendgefährdende Medien, Listenstreichung, http://www.bundespruefstelle.de/bpjm/Aufgaben/Indizierungsverfah-
ren/listenstreichung.html [15.09.2017].

Rechtsfolgen = Bundesprüfstelle für jugendgefährdende Medien, Rechtsfolgen bei
strafbestandsrelevanten oder beschlagnahmten Medien, http://www.bundes-
pruefstelle.de/bpjm/rechtsfolgen,did=203634.html [15.09.2017].

SIEA 2015 = SIEA, Unterzeichner PEGI-Code of Conduct (Stand 11.03.2015),
http://www.siea.ch/wordpress/wp-content/files/Unterzeichner_PEGI_Code_
of_Conduct_Stand_11.03.2010.pdf [15.06.2017].

StGB = Strafgesetzbuch, https://dejure.org/gesetze/StGB [15.06.2017].

TMG = Telemediengesetz, https://dejure.org/gesetze/TMG [15.06.2017].

USK = Unterhaltungssoftware Selbstkontrolle, http://www.usk.de [15.06.2017].

Ludografie

Call of Duty: World at War, Treyarch, PC (Windows) [u. a.], Activision 2008.

Castle Wolfenstein, Muse Software, Apple II [u. a.], Muse Software 1981.

Commandos: Behind Enemy Lines, Pyro Studios, PC (Windows), Eidos Interactive 1998.

Doom, id Software, PC (MS-DOS), GT Interactive 1993.

Mortal-Kombat-Reihe, Midway Games [u. a.], Super NES [u. a.], Acclaim [u. a.]
1992–2016.

Panzer General, Strategic Simulations, PC (MS-DOS) [u. a.], Strategic Simulation 1994.

Wolfenstein: The New Order, MachineGames, PC (Windows) [u. a.], Bethesda
Softworks 2014.

Autorinnen und Autoren

Claus Celeda studierte Lehramt Deutsch und Geschichte an der Universität Wien und verfasste seine Diplomarbeit zum Thema „Darstellung des 2. Weltkrieges im Digitalen Spiel". Er arbeitet als Lehrer an einem Gymnasium in Wien und ist Gutachter für die Bundesstelle für Positivprädikatisierung von Computer- & Konsolenspielen. Seine Forschungsinteressen erstrecken sich vor allem auf historisierende Spiele, insbesondere die Darstellung von Geschichte und die Rezeption solcher Spiele, aber auch auf den pädagogischen Einsatz von Spielen und den Jugendschutz.

Janwillem Dubil ist Doktorand am Institut für Neuere Deutsche Literatur- und Medienwissenschaft der Christian-Albrechts-Universität zu Kiel, wo er zum Phänomen der Comicverfilmung promoviert. Veröffentlichung diverser Aufsätze, zuletzt „Moderne Zeiten und gallische Dörfer. Die Komik des Verschwindens im frankobelgischen Comic", in: Martin Ehrler/Marc Weiland (Hrsg.): Topografische Leerstellen – Ästhetisierungen verschwindender und verschwundener Dörfer und Landschaften, Bielefeld 2018.

Andreas Endl arbeitet als wissenschaftlicher Mitarbeiter am Institut für Nachhaltigkeitsmanagement der Wirtschaftsuniversität Wien an Forschungsthemen zu nachhaltigem Konsum und Produktion sowie Good Governance und Rohstoffpolitik. Durch seine Tätigkeit in internationalen und europäischen Forschungsprojekten hat er weitläufige Erfahrung in Politikfeldanalyse im Rohstoffsektor.

Daniel Giere ist Geschichtsdidaktiker und Gründungsmitglied des Arbeitskreises Geschichtswissenschaft und Digitale Spiele. Von 2014 bis 2017 arbeitete er als wissenschaftlicher Mitarbeiter an der Leibniz Universität Hannover und an der Ludwig-Maximilians-Universität in München. In seiner Dissertation erforschte er die Rezeption historischer Repräsentationen digitaler Spielwelten am Beispiel von *Assassin's Creed III*. Derzeit befindet sich Daniel Giere im Vorbereitungsdienst für das gymnasiale Lehramt in Niedersachsen mit den Fächern Geschichte und Mathematik.

Claas Henschel ist wissenschaftlicher Mitarbeiter am Lehrstuhl für Europäische Kulturgeschichte der Universität Augsburg. Seine Forschungsinteressen liegen in der globalhistorischen Betrachtung von Massenmedien, Tourismus, Migrations- und Warenströmen sowie von Kolonialismus und Imperialismus. In seiner Dissertation untersucht er die Interaktion zwischen touristischen Medien und Identitäten auf regionaler, nationaler und imperialer Ebene. Im Bereich der Game Studies, für den er sich bisher nur privat interessierte, stellt dies seinen ersten wissenschaftlichen Beitrag dar.

Florian Kerschbaumer ist Mitarbeiter an der Fakultät für Bildung, Kunst und Architektur der Donau-Universität Krems sowie Lehrbeauftragter an der Alpen-Adria-Universität Klagenfurt. Arbeits- und Forschungsschwerpunkte: Geschichte sozialer Bewegungen, Politische Bildung, Historische Netzwerkforschung und Public History.

Josef Köstlbauer ist Historiker und Mitbegründer des Arbeitskreises Geschichtswissenschaft und Digitale Spiele. Er forscht an der Universität Bremen zu Sklaverei und Unfreiheit in der Frühen Neuzeit (ERC Projekt „The Holy Roman Empire of the German Nation and its Slaves"). Weitere Arbeitsschwerpunkte: Atlantische Geschichte, koloniale Grenzregionen in der Frühen Neuzeit, Europabegriffe und -vorstellungen des 17. Jahrhunderts, digitaler Medienwandel, digitale Spiele.

Mahshid Mayar ist wissenschaftliche Mitarbeiterin am Lehrstuhl für North American Literature and Culture der Universität Bielefeld. Ihre Forschungsinteressen liegen im Bereich der Geschichte, Literaturwissenschaft und American Studies und umfassen US-amerikanische Kindheiten, das US-Kolonialreich des 19. Jahrhunderts, Critical Game Studies, Transnational American Studies sowie Arbeiten in den Bereichen Visuelle Kultur und Kulturgeografie. Ihr Buch „Citizens and Rulers of the World: American Children and World Geography at the Turn of the 20th Century" (erscheint 2019) liefert eine geografische Analyse des Aufstiegs der USA zur globalen Macht. Auf dem Gebiet der digitalen Spiele forscht sie zu Themen der Postcolonial History, Pazifismus und Krieg, der materiellen Kulturgeschichte und globaler Katastrophen.

Nico Nolden studierte an der Universität Hamburg Geschichte und Osteuropastudien. Er setzt sich u. a. auf seinem Blog (www.keimling.niconolden.de) für ein besseres Verständnis von digitalen Spielen bei

Historiker*innen ein. Seit 2014 baut er als wissenschaftlicher Mitarbeiter am Arbeitsbereich Public History an der Universität Hamburg das GameLab Geschichte auf und führt Interessierte in einer AG Games zusammen. Er ist Mitbegründer des Arbeitskreises Geschichtswissenschaft und Digitale Spiele. Seine Doktorarbeit befasst sich mit erinnerungskulturellen Wissenssystemen vor allem in Online-Rollenspielen und wurde 2018 an der Universität Hamburg eingereicht.

Eugen Pfister ist Historiker und Mitbegründer des Arbeitskreises Geschichtswissenschaft und Digitale Spiele. Seit 2018 leitet er das SNF-Ambizione Forschungsprojekt „Horror-Game-Politics – die Rhetorik des Grauens" an der Hochschule der Künste Bern – HKB. Er hat Geschichte und Politikwissenschaft in Wien und Paris studiert und zur Geschichte der Politischen Kommunikation an den Universitäten Frankfurt a. M. und Trento promoviert. Seine Forschungsschwerpunkte sind Spielgeschichte, Ideengeschichte und Geschichte der politischen Kommunikation.

Alexander Preisinger ist Senior Lecturer an der Universität Wien (Fachdidaktik Geschichte), Lehrer an einer Handelsakademie in Wien und externer Lektor an der Universität für Musik und darstellende Kunst in Wien. Seine Forschungsschwerpunkte sind Strukturalismus/Narratologie, digitale Spiele und Methodologie der Fachdidaktik Geschichte.

Kathrin Trattner studierte Germanistik und Religionswissenschaft. Derzeit ist sie Doktorandin und Lehrbeauftragte am Institut für Religionswissenschaft an der Karl-Franzens-Universität Graz. Ihre Forschungsschwerpunkte sind Religion und Othering in Computerspielen und Gamer*Innen-Diskussionen, sowie Religion, Gender und Sexualität im europäischen Exploitation-Kino. Derzeit arbeitet sie an ihrer Dissertation zu Darstellungen des Islam und des War on Terror in US-amerikanischen Kriegsspielen und deren Rezeption durch Gamer*Innen.

Tobias Winnerling ist Historiker und Mitbegründer des Arbeitskreises Geschichtswissenschaft und Digitale Spiele. Er arbeitet als wissenschaftlicher Mitarbeiter am Lehrstuhl für Geschichte der Frühen Neuzeit an der Heinrich-Heine-Universität Düsseldorf. Er forscht zurzeit an seinem Projekt „Charting the process of getting forgotten within the humanities, 18th – 20th centuries: a historical network research analysis"; weitere Forschungsfelder liegen im Bereich der Kulturgeschichte der europäischen Expansion, der materiellen Wissensgeschichte, der Geschichtstheorie und Geschichte in digitalen Spielen.

Andreas Womelsdorf ist wissenschaftlicher Mitarbeiter am Institut für Ethnologie der Universität Heidelberg. Er studierte Anthropologie, Geografie und Philosophie in Münster und Heidelberg und bereitet derzeit eine Dissertation vor, in der er die Effekte der Einrichtung kolonialer Verwaltungs- und Infrastrukturen sowie eines extraktiven Wirtschaftssystems in der Grenzregion zwischen Alaska und Kanada in den Blick nehmen will. Seine Forschungsinteressen liegen in den Bereichen der historischen und juristischen Anthropologie, der politischen Theorie, der Multi-Spezies-Ethnologie und der Game Studies.

Felix Zimmermann ist Historiker und Journalist aus Köln sowie Mitglied des Arbeitskreises Geschichtswissenschaft und Digitale Spiele. Anfang 2018 schloss er sein Masterstudium der Public History an der Universität zu Köln mit der Arbeit „Digitale Spiele als historische Erlebnisräume – Ein Zugang zu Vergangenheitsatmosphären im Explorative Game" ab. Er forscht zu sinnlichem Erleben von Vergangenheiten sowie zur Darstellung problematischer Vergangenheiten im digitalen Spiel.